博雅对外汉语知识丛书
陆俭明　主编

现代汉语语法答问（上）

杨玉玲　应晨锦　著

图书在版编目(CIP)数据

现代汉语语法答问(上)/陆俭明主编;杨玉玲,应晨锦著.—北京:北京大学出版社,2011.10

(博雅对外汉语知识丛书)

ISBN 978-7-301-19106-4

Ⅰ.现… Ⅱ.①陆…②杨…③应… Ⅲ.现代汉语—语法—对外汉语教学—教材 Ⅳ.H195.4

中国版本图书馆 CIP 数据核字(2011)第 119152 号

| 书　　　名：现代汉语语法答问(上)
| 著作责任者：陆俭明　主编　杨玉玲　应晨锦　著
| 责 任 编 辑：李 凌
| 封 面 设 计：彩奇风
| 标 准 书 号：ISBN 978-7-301-19106-4/H · 2867
| 出 版 发 行：北京大学出版社
| 地　　　　址：北京市海淀区成府路 205 号　100871
| 网　　　　址：http://www.pup.cn
| 电 子 邮 箱：zpup@pup.pku.edu.cn
| 电　　　话：邮购部 62752015　发行部 62750672　编辑部 62753374
| 出版部 62754962
| 印 刷 者：三河市博文印刷有限公司
| 经 销 者：新华书店
| 650 毫米×980 毫米　16 开本　18 印张　285 千字
| 2011 年 10 月第 1 版　2024 年 6 月第 6 次印刷
| 定　　　价：38.00 元

未经许可,不得以任何方式复制或抄袭本书之部分或全部内容。

版权所有,侵权必究　举报电话：010—62752024

电子邮箱：fd@pup.pku.edu.cn

总 序

　　无论是在国内进行的汉语作为第二语言教学,抑或是在国外进行的汉语作为外语教学,还是华文教学(以下统称为"汉语教学"),从学科的角度说,它是关涉到汉语言文字学、应用语言学、教育学、心理学、文学以及文化和艺术等多学科的交叉性学科。但是,作为汉语教学,它最基础、最核心的教学内容则是汉语言文字教学;汉语教学最直接的目的是要确保外国汉语学习者学习、掌握好汉语。因此,对每一个汉语教员来说,汉语言文字学知识应成为自身知识结构中最重要的组成部分,这样才能胜任汉语教学这一任务,才能使自己在汉语教学中做到游刃有余。

　　可是,汉语教学领域的教师队伍有其特殊性,不像一般院系的教师队伍那样基本都是科班出身。出于汉语教学的需要,汉语教师队伍的成员来自各个学科领域。这一情况,对汉语教学来说有它有利的一面,可以适应汉语教学各方面的需求;但也有不利的一面,那就是不少汉语教员由于汉语言文字学方面的知识欠缺,在教学过程中难以面对外国汉语学习者在学习过程中出现、提出的汉语言文字学方面的种种问题。即使是中文系出身的汉语教员,虽然系统学过《现代汉语》、《古代汉语》、《语言学概论》以及一些相关课程,但由于以往的汉语本体研究基本上都是为适应母语为汉语的中国人读书、写作之需而展开的,所以在课堂上所学的一些汉语言文字学方面的知识往往也难以满足汉语教学的需要。这样,汉语教员,不管原先是哪个学科出身的,都迫切需要补充有关汉语言文字学方面的知识。本套丛书就是为适应汉语教学的这种需要而编写的。

　　本套丛书定名为"博雅对外汉语知识丛书",目前暂时下分"现代汉语语音答问"、"现代汉语语法答问"、"现代汉语词汇答问"、"现代汉语修辞答问"、"现代汉语文字答问"和"现代汉语规范化答问"等分册。这套丛书主要有以下几个特点:

　　(一)这套丛书主要面向从事汉语教学的教员,特别是已经从事汉语教学但缺少实际教学经验的教师,以及希望日后从事汉语教学的学生和其他读者。

（二）这套丛书定位为翻检性丛书,即供汉语教员随时翻检,目的是为大家提供汉语教学最必需的汉语言文字学方面的基本知识,以及汉语教学过程中可能会面临、可能会碰到、可能会出现的种种问题,并使读者掌握解决这些问题所应具备的相关知识与能力。

（三）这套丛书在内容上,力求具有针对性、涵盖性,同时具有实用性和一定的理论性;其中也不乏作者个人的经验之谈。

（四）这套丛书在编写体例上,一改传统的编写方式,采用答问方式编写。具体做法是,选择章节中必须包含的内容和教学中最有代表性的问题作为切入点,将所要讲的内容化解为一个个问题,采用"一问一答"的答问方式,分析、讲解教学实践中可能会碰到、可能会出现的问题。问题的设置都从"一个刚走上汉语教学岗位的汉语教师可能会提出或存在这样的问题"这种角度来考虑。问题的抽取和解说,力求能说到读者的需要之处,能全面涵盖重要的知识点,让读者看了感到解渴。

（五）这套丛书在具体安排上,每一章节开头,有一个对该章节内容的简单提示;每一章节的正文,是涵盖该章节内容的各个问题的答问;正文之后,附有一定的练习,练习大多是复习性的,也有一些是思考性的。

（六）这套丛书在表述上,力求深入浅出,通俗易懂,尽量避免使用过多的专业术语。

本丛书有大致统一的编写体例,但因各分册内容不一,所以不强求完全一致。读者在翻检阅读过程中,将会感到各分册在提示语的详略、问题设置的大小、练习内容的多少、解说问题的深浅以及参考文献的摆放等方面,会有些差异。

敬请广大读者,特别是广大汉语教师多提意见,以便在日后修订时使这套丛书日臻完善,更符合大家的需要。

陆俭明

2010 年 5 月 5 日

于北大蓝旗营寓所

前　言

在任何一种语言教学中,语法的重要性都是不言而喻的。如果我们把词汇比作一个人的血肉,那么语法就是骨骼。如果没有健全的骨骼,无论血肉多么鲜活丰满,这个人都很难行动自如地完成各种功能项目。语法的重要性使得每一位语言教师都很重视其教学,可以说无论是何种教学流派,都或明或暗地进行着语法教学,但语法的复杂和抽象也使得很多语言教师"谈语法而色变"。为了把语法变得不那么复杂不那么抽象,从而避免二语学习者出现一些不必要的偏误,我们编写了《现代汉语语法答问》。

本书主要体现以下几个原则:

一、实用性原则

主要体现在内容的取舍、侧重和编写方式两个方面。

本书对现代汉语语法的讲解不是面面俱到,而是根据汉语教学的需要,选择那些语法难点。即"学生难以理解,经常出错或者回避不用的语法现象都是难点。"如留学生为什么常说"我要见面一个朋友"、"我做作业完了"、"我从爷爷知道这件事"、"她是一个美美丽丽的公主"、"她病了病,很快就好了"、"我们的老师40岁多了"、"她是最好学生"等等,我们都进行了比较详细的实用性地解释。那些二语学习者不容易出错的语法现象,我们则略讲或不讲。

对选定的语法现象不仅进行具体的描写还指出该语法现象在对外汉语教学中容易出现的问题以及对策,这也是本书有别于本体语法教材的地方之一。在尽量保证语法体系完善性的基础上,力求通过语法现象和语法规则的具体描写,指导读者进行汉语教学。

二、系统性原则

　　本书先对某个语法内容进行简单的说明,然后分解为若干个问题对语法现象进行细化处理。比如书中对动词的处理,我们先讲动词的语法功能、动词的分类,然后讲各类动词小类在对外汉语教学中容易出现的问题。这样不仅使读者对现代汉语语法体系有个系统的了解,而且对某个语法现象也有比较深入的了解,以帮助读者把语法内容更好地运用到对外汉语教学中去。如果说语法系统是一根银线,对外汉语教学中出现的问题就像一颗颗珍珠,二者构成一个有机整体。如果没有这根银线,那么众多的语法问题就只能像一堆散乱的珍珠,无法串成一串漂亮的项链。

三、细化的原则

　　本书的语法确切地讲是经过化整为零处理后的语法。比如别的语法著作不会去详细地分析"能"和"会"的不同,再如一般教材都会谈到形容词的重叠和动词的重叠,但不会详细地说明哪些形容词或动词可以重叠,哪些形容词或动词不可以重叠,但在本书中则进行了比较详细的描写。

　　对语法规则进行细化处理还表现在仅对语法形式进行了描写,还注意对语义和语用的说明,即从"语法、语义和语用"三个平面对某一语法现象进行描写。这样的描写看起来有点琐碎,有的地方甚至觉得像词典,但只要是对外汉语教学中的难点和重点,为了保证实用,我们就不厌其烦地进行了详细说明。

　　当然,人的记忆毕竟是有限的,规则太多、太烦琐,读者就很难记住,所以我们在对语法规则进行描写的时候,试图找到一个简繁适当的度,但是否合适,还有待于读者的检验。

　　这也是本书有别于其他语法著作的一个方面。

四、对比原则和偏误分析的原则

　　本书主要体现三个对比:一是外部对比/语际对比;二是内部比较,即汉语内部相似或易混淆语法现象的比较;三是留学生的偏误和正确句子的比较。这样可以在教学中尽量避免母语负迁移造成的偏误和因为过度类推而造成的偏误。

前言

　　本书付梓之际,要特别感谢我们的导师陆俭明先生、北京大学出版社的沈浦娜女士和责任编辑李凌女士。陆先生和沈女士独到的眼光使本套书得以孕育。陆先生对汉语教学基础性研究的重视和鼓励促使我在"雕虫小技"上狠下工夫,先生对后进的提携使得我们得此宝贵机会,先生"闭门审稿"使本书更加完善。在此我们衷心地向老师说声"谢谢您!"如果说是陆先生和沈女士独到的眼光使本书得以孕育,那么是李凌女士认真负责的态度和深厚的汉语功底使本书枝繁叶茂,开花结果。我们还要特别感谢复审和终审老师,他们中肯的意见和建议为本书增色颇多。在此一并表示感谢。

　　希望本书能够帮助有志于汉语国际教育事业的朋友们打开语法教学之门,提高教学技能,体验并享受语法教学之乐趣。

　　本书来自教学,还将继续在教学中接受检验。由于经验有限,加上对一些语法现象的研究和对前人研究成果的学习都还不够深入,书中瑕疵在所难免,敬请读者同行批评指正,以便将来进一步修改提高。

著者

2011年7月于美国明德大学

目 录

第一章　语法和语法单位 ……………………………………… 1
　一、语法 ……………………………………………………… 2
　二、语法单位 ………………………………………………… 8
　　思考与练习一 …………………………………………… 14

第二章　词类 …………………………………………………… 16
　第一节　现代汉语词类概说 ………………………………… 16
　　思考与练习二 …………………………………………… 20
　第二节　名词 ………………………………………………… 20
　　一、名词及其语法功能 ………………………………… 21
　　二、名词的分类 ………………………………………… 25
　　思考与练习三 …………………………………………… 36
　第三节　动词 ………………………………………………… 37
　　一、动词及其语法功能 ………………………………… 39
　　二、能愿动词及其教学 ………………………………… 42
　　三、及物动词和不及物动词 …………………………… 50
　　四、持续性动词和非持续性动词 ……………………… 52
　　五、自主动词和非自主动词 …………………………… 54
　　六、体宾动词和谓宾动词 ……………………………… 54
　　七、动词的重叠及其教学 ……………………………… 56
　　八、动词成句要求 ……………………………………… 60
　　九、动词的教学 ………………………………………… 61
　　思考与练习四 …………………………………………… 63
　第四节　形容词 ……………………………………………… 67
　　一、形容词及其语法功能 ……………………………… 68

1

二、形容词小类 …………………………………… 71
　　三、形容词的重叠 ………………………………… 73
　　四、形容词的偏误分析 …………………………… 77
　　五、形容词的教学 ………………………………… 80
　　思考与练习五 ……………………………………… 81
第五节　状态词 ………………………………………… 83
　　一、状态词及其语法功能 ………………………… 83
　　二、状态词的偏误分析 …………………………… 86
　　三、状态词的教学 ………………………………… 86
　　思考与练习六 ……………………………………… 87
第六节　区别词 ………………………………………… 88
　　一、区别词及其语法功能 ………………………… 88
　　二、区别词的偏误分析 …………………………… 90
　　三、区别词的教学 ………………………………… 91
　　思考与练习七 ……………………………………… 91
第七节　副词 …………………………………………… 92
　　一、副词及其语法功能 …………………………… 94
　　二、副词的小类 …………………………………… 97
　　三、近义副词辨析 ………………………………… 98
　　四、副词个案讲解 ………………………………… 110
　　五、副词的教学 …………………………………… 116
　　思考与练习八 ……………………………………… 121
第八节　数词 …………………………………………… 123
　　一、基数词 ………………………………………… 124
　　二、序数词 ………………………………………… 127
　　三、概数表达法 …………………………………… 128
　　四、数词的活用 …………………………………… 132
　　思考与练习九 ……………………………………… 132
第九节　量词 …………………………………………… 133
　　一、量词及其分类 ………………………………… 134
　　二、名量词 ………………………………………… 134

三、动量词 ·· 139
　　四、时量词 ·· 141
　　五、量词的重叠 ·· 142
　　六、量词的偏误分析 ·· 143
　　七、量词的教学 ·· 144
　　思考与练习十 ·· 146
第十节　代词 ·· 147
　　一、代词、代词语法功能及其小类 ·························· 148
　　二、人称代词 ·· 149
　　三、指示代词 ·· 151
　　四、疑问代词 ·· 154
　　五、代词的偏误分析 ·· 157
　　六、代词的教学 ·· 159
　　思考与练习十一 ·· 159
第十一节　介词 ·· 160
　　一、介词及其语法功能 ·· 161
　　二、常用介词用法举例 ·· 162
　　三、常用介词辨析 ·· 167
　　四、介词的偏误分析 ·· 173
　　五、介词的教学 ·· 175
　　思考与练习十二 ·· 176
第十二节　连词 ·· 177
　　一、连词及其分类 ·· 177
　　二、常用连词辨析 ·· 179
　　三、连词的偏误分析 ·· 182
　　思考与练习十三 ·· 183
第十三节　助词 ·· 184
　　一、助词及其分类 ·· 185
　　二、结构助词 ·· 186
　　三、动态助词 ·· 193
　　四、助词"们" ·· 212

思考与练习十四 ·················· 213
　第十四节　语气词、叹词和拟声词 ··········· 214
　　一、语气词 ···················· 214
　　二、叹词 ····················· 222
　　三、拟声词 ···················· 222
　　思考与练习十五 ·················· 223
　第十五节　关于词的兼类及其他 ············ 224
　　思考与练习十六 ·················· 226
　　词类总练习 ···················· 227

第三章　词组 ······················ 233
　第一节　词组的类型 ················· 233
　第二节　基本词组类型 ················ 235
　　思考与练习十七 ·················· 242
　第三节　其他词组类型 ················ 243
　　思考与练习十八 ·················· 254
　第四节　复杂词组和层次分析法 ············ 255
　　一、复杂词组 ··················· 255
　　二、层次分析法 ·················· 256
　　思考与练习十九 ·················· 261
　第五节　歧义现象 ·················· 263
　　思考与练习二十 ·················· 268

参考文献 ························ 270
附录 ·························· 274
　术语索引 ······················ 274

第一章　语法和语法单位

【内容简介】　本章主要说明什么是语法，汉语语法有什么特点，进行语法学习和研究需要用到的语法单位，即语素、词、词组和句子，怎么认清各语法单位的特点和相互之间的关系。

一、语法
　　1. 语法是什么？
　　2. 现代汉语语法的特点是什么？
　　3. 在对外汉语教学中讲授汉语语法的特点时需要注意什么？

二、语法单位
　　1. 什么是"语法单位"？
　　2. 怎么认识汉语的语素？
　　3. 语素和汉字是什么关系？
　　4. "菠菜"的"菠"和"奥运会"的"奥"是语素吗？
　　5. 怎么认识汉语的词？
　　6. 怎么认识词组？
　　7. "白菜""白马"是词还是词组？
　　8. 什么是句子？
　　9. "谁？""我。"是语素、词还是句子？
　　10. 语素、词、词组和句子之间是什么关系？

一、语法

1. 语法是什么?

语法是语言中组词造句的规则。汉语语法就是汉族人组词造句的规则。

虽然我们从小就学会了说话,交流时不觉得有什么规则,但是我们在交际过程中实际上是遵循着一定的规则的。说话人在按照一定的规则表达自己的意思,听话人也是在按照一定的规则理解对方的话语。如果有人不按照这些规则说话,那么别人就听不懂。例如:

① 兔子不吃肉。
② 肉兔子不吃。
③ 不吃兔子肉。
④ *不兔子吃肉。[①]
⑤ *吃不兔子肉。

上面五个句子都包含"兔子""不""吃"和"肉"这四个成分,但是说汉语的人都会觉得例①、②和③能说,例④和⑤不能说。这就是因为例①、②和③是按照汉族人的说话规则组织起来的,而例④和⑤根本不合汉族人的说话规则,是胡乱拼凑起来的。而例①、②和③虽然能说,而且包含的成分也相同,但意思却不一样。这又是为什么呢?这是因为它们各自所依据的具体规则是不一样的。由此可见,说话是有一定的规则的。

我们说话所要遵守的规则,其实不只有语法规则,还有语音规则、语义规则等。例如例①中,如果把去声"tù"念成阴平"tū",说话人就违背了普通话的语音规则,听话人就会理解成"秃子不吃肉"。因此,语法不是一般的说话规则,而是组词造句的规则。

人们说话总是一句一句说的,一个个句子组成段落和篇章。句子本身又是由词按一定的规则组合而成的,而词又是由更小的单位组成的。段落和篇章属于作文法的研究范围。语法主要研究怎么组词、怎么造句,也就是说,"语法是一种语言中由小的音义结合体组合成大的音义结合体所依

---

① *表示偏误句,下同。书中偏误多来自我们在教学中自建的小型中介语语料库,对这些偏误的来源,书中不再一一标明。

据的一套规则。"(陆俭明 2003)就汉语来说,研究、学习句子的构造规则,要比研究、学习词的构造规则重要得多。从实用的角度说,学习汉语语法,主要是学习汉语的造句法。因此,本书主要讲现代汉语的造句法。由于普通话是现代汉语的规范语言,所以本书描写的现代汉语语法是现代汉语普通话的语法,兼顾书面语和口语。

2. 现代汉语语法的特点是什么?

无论是留学生学习汉语还是我们对外汉语老师教授汉语,首先都必须了解汉语的特点。而特点是通过比较才显现出来的,没有比较就没有特点。跟英语、俄语等外语相比,现代汉语的语法有以下特点:

(1) 现代汉语缺乏形态标志和形态变化。

俄语、英语等语言形态变化很丰富,名词、代词、动词等进入句子时,为了表示某种语法意义或语法关系,需要改变原来的形式。以英语为例:

① 名词有单数和复数形式

  one pen(一支钢笔)——two pens(两支钢笔)

  one man(一个男人)——two men(两个男人)

② 代词有主格和宾格形式

  He is coming.(他来了。)

  I love him.(我爱他。)

③ 动词有不同时体形式

  I will wash my hands.(我要洗手。)

  I am washing my hands.(我正在洗手。)

  I washed my hands.(我洗手了。)

  I have washed my hands.(我洗过手了。)

在英语中这些形态变化是强制性的,而且具有普遍性。现代汉语缺乏像英语这样的形态变化,名词、动词等进入句子没有形态变化。以动词"开"为例:

  我开车。(I drive a car.)

  开车很容易。(Driving a car is easy.)

  这车很好开。(The car drives smoothly.)

即使有一些形态变化,也不具有普遍性。如有些动词和形容词可以重叠,如"介绍"可以重叠成"介绍介绍","漂亮"可以重叠成"漂漂亮亮",但不是所有的动词、形容词都可以这样重叠。

(2) 汉语主要用语序和虚词来表达语法意义和语法关系。

俄语,因为名词、代词、动词等都有丰富的形态变化,所以语序非常灵活。下面四种语序都表示"我读书"的意思,只是语气上略有区别:

Я	читаю	книгу.
我	读	书
第一格	第一人称单数	第四格
Читаю	книгу	я.
读	书	我
第一人称单数	第四格	第一格
Книгу	я	читаю.
书	我	读
第四格	第一格	第一人称单数
Читаю	я	книгу.
读	我	书
第一人称单数	第一格	第四格

但是现代汉语只能说"我读书",不能说"读书我""我书读"等。汉语的语序基本是固定的,基本语序是:"主语－动词－宾语","修饰语－中心语"。

汉语的虚词很多,虚词可以表示不同的语法意义。例如:

我吃了一只烤鸭。("了"表示完成)

我吃着烤鸭呢。("着"表示动作持续)

我吃过一只烤鸭。("过"表示经历)

(3) 汉语的词类与句法成分基本上是一对多的关系。

朱德熙(1985)指出,在英语等印欧语中,词类和句法成分之间是一对一的关系,如下图所示:

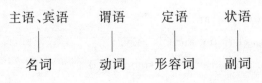

可是汉语词类与句法成分之间是一对多的关系,如下图所示:

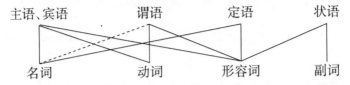

因此,汉语里同样的词类序列,可能是不同的句法关系,例如"动词＋名词":

复习材料(偏正关系)

复习功课(述宾关系)

甚至相同的词类序列包含相同的词也可能是不同的句法关系。如:

进口机器(述宾关系)(偏正关系)

(4) 汉语句子的构造规则跟词组的构造规则基本一致。

朱德熙(1985)指出,在印欧语里,句子和词组是对立的:句子中一定有一个定式动词(finite verb),而词组里一定没有定式动词;主谓结构不是词组。例如:

He flies a plane. (他开飞机。)

It's easy to fly a plane. (开飞机很容易。)

Flying a plane is easy. (开飞机很容易。)

＊ It's easy fly a plane.

＊ Fly a plane is easy.

由于汉语缺乏形态变化,动词和动词结构不论出现在什么句法位置,形式都一样。另外,汉语的主谓结构是词组的一种,跟其他类型的词组地位一样。它可以加上一定的句调独立成句,也可以跟别的词组构成句子。

(5) 只要语境允许,汉语的句法成分常常可以省略。

英语的主语、动词、宾语一般是不可省略的,但只要在一定的语境中,这些成分在汉语中常常可以省略,不会影响语义的表达。例如:

What do you drink every morning? (你每天早上喝什么?)

—I drink a cup of milk every morning. (我每天早上喝一杯牛奶。)

— * drink a cup of milk every morning.（每天早上喝一杯牛奶。）

— * drink a cup of milk.（喝一杯牛奶。）

我们都知道汉语的虚词很重要，但有时候重要的虚词也可以省略。例如：

我没时间就不去看电影了。（如果我没时间就不去看电影了。）

我把书放桌上了。（我把书放在桌上了。）

（6）汉语的量词非常丰富。

在英语、俄语等语言，量词非常贫乏，数词可以和绝大多数名词直接组合。而汉语的量词却非常丰富。在说明事物的数量时，现代汉语不能直接用"数词＋量词"的形式，中间一定要有一个量词，而且不同的名词使用的量词也往往不同。例如：

一本书　　一支笔　　一条裤子　　一件衣服

下面的例子可以说明量词在汉语中的作用。

小明给了我一把刀。

小明给了我一刀。

上面我们就汉语和印欧语进行了一个大致的对比。当然，我们还可以有针对性地把汉语和某种语言进行单独的语法对比，这样可以在比较小的范围内得出汉语语法的特点。这样做针对某些具体教学更有用，如对汉韩、汉日的语法进行对比，可以得出这样的结论：汉语谓语动词总是处于宾语之前，而韩语、日语的动词总是处于宾语的后面；汉语的否定是把否定词"不""没有"放在动词、形容词的前面做状语来表示，而韩语、日语是把否定助词放在句尾来表示等。这样的对比结果对母语为韩语、日语的留学生更为有效。

3. 在对外汉语教学[①]中讲授汉语语法的特点时需要注意什么？

（1）要注意汉语的语序。

首先要注意汉语跟学生母语在语序上的不同之处。例如汉语跟英语

---

① 对外汉语教学：确切地说，应该是"汉语作为第二语言教学"。但为了方便起见，我们仍采用传统的"对外汉语教学"。

都是"主—动—宾"的语序,但日语、韩语是"主—宾—动"的语序。这种不同在教学中如果被忽视,韩、日留学生①就会出现如下偏误:

① *他汉语学习。
② *你学生是吗?

再如,虽然汉语跟英语的基本语序都是"主—动—宾",但在时间、地点状语和动词的位置关系上,汉语是"时间地点状语—动词",而英语是"动词—时间、地点状语"。对母语为英语的留学生进行教学,我们就应该注意这种不同,否则学生就会出现如下偏误:

① *我来北京 16 日。
② *我学习汉语在北京。

其次,汉语的语序一般是固定的,由同样的词语构成但如果语序不同,意思上就会不同。如:

① a. 他们都不是留学生。
　 b. 他们不都是留学生。

例①的 a 句和 b 句包含的词语相同,但由于"都"和"不"的位置不同,表示的意思就很不一样:a 句是说他们没有人是留学生,b 句是说他们中有的是留学生,有的不是留学生。再看下面的例子:

② a. 我买衣服了。
　 b. 衣服我买了。

两句的基本意思相同,但是,对听话者来说,至少有这样的不同:a 句中的"衣服"是不确定的,是新信息,而 b 句中的"衣服"是确定的,是已知的信息。

(2)要重视虚词教学。

虚词在汉语中占有非常重要的地位,用不用虚词、用不同的虚词,往往会影响到整个句子的结构和意义。例如:

---

① 留学生:确切地说,应该是"第二语言学习者"。但为了方便起见,我们仍采用通用的"留学生"。

③ a. 那个人对我很感兴趣。
　　b. 那个人我很感兴趣。
④ a. 小偷把他杀死了。
　　b. 小偷被他杀死了。

例③两句相比，b句只少了一个介词"对"，但是b句的意思是"我对那个人很感兴趣"，跟a句的意思正好相反。例④的两句只是介词不同：一个用"把"，一个用"被"，意思截然相反：前者是"小偷杀死了他"，后者是"他杀死了小偷"。

在对外汉语教学中，还要注意近义虚词的比较。如"或者"和"还是"都表示选择关系，英文的翻译都是or。但"还是"表示疑问性选择，一般用于选择疑问句；"或者"表示非疑问性选择，只能用于不包含疑问性选择的句子中（详见第二章第十二节"连词"）。再如"离"和"从"，用英文解释都是from，但"从"后面常常是表示处所、方位或时间的名词，表示动作行为的起点；而"离"常用于"A离B……"，表示两个处所之间的距离，两个事物或事件在时间上的间隔（详见第二章第十一节"介词"）。

二、语法单位

1. 什么是"语法单位"？

前面说过，一个大的语言结构是由若干个小的语言单位按照一定的规则组合而成的。反之，一个大的语言结构也可以根据一定的规则分解成若干个小的语言单位。为了语法研究的需要，我们有必要设立若干单位。语法研究中所使用的单位就叫"语法单位"，任何一种语法单位都是语音和语义结合的成分，即音义结合体。语法单位一般包括语素、词、词组和句子。例如：

那个学生不吃巧克力。

上面这个句子是由六个词组成的：那、个、学生、不、吃、巧克力，其中"学生"是由"学"和"生"这两个语素组成的；"巧克力"是音译词，虽然含有三个音节，但它是由一个语素构成的词。"那个学生"和"不吃巧克力"都是词组。

2. 怎么认识汉语的语素？

语素是语言中最小的音义结合体，是最小的语法单位。如"人、吃、民、玻璃、巧克力"都是语素。语素的特点是：第一，是音义结合体；第二，是最小的音义结合体。

这里说的"意义"，不仅指语素表示具体概念的词汇意义，还包括它表示语法作用的语法意义。如我们很难说出"吗""吧"表示什么具体意义，但是"你去吗"和"你去吧"的意思明显不同，这个不同就是由"吗"和"吧"表示的语法意义带来的，可见"吗、吧"也是有意义的。

所谓"最小"是指语素不能再细分为更小的音义结合体。如"哥"，从语音上可以再分析为三个更小的单位：声母 g、韵母 e 和阴平声调，但这三个更小的单位不能表示意义，所以它们都不是语素。从意义上也可以将"哥"分割为几个更小的单位：[＋有生命],[＋人类],[＋男性]……这些更小的单位表示一定的意义但却没有相应的语音形式，所以也不是语素。从音义结合体的角度说，"哥"不能再被分割为更小的单位了，所以"哥"是汉语中的一个语素。再如"玻璃"从形体上似乎还可以分成"玻"和"璃"，"玻"和"璃"分别是一个音节，但都没有意义，所以说"玻"和"璃"都不是语素，"玻璃"才是一个语素。

语素的功用是构成词，它是词的建筑材料。有的语素可以单独构成词，如"我写汉字"中"写"就是由语素"写"直接构成的词。在汉语中，语素通常是跟别的语素按照一定的规则构成词，如"写意""写生""写实""描写""速写""写字台"等就是由语素"写"和别的语素组合成的。"写字台"是由三个语素组成的，其内部组合是有层级的，语素"写"和"字"先组合，然后"写字"和语素"台"组合。像"写字"这样的组合我们称之为"语素组"。也就是说，语素组是指包含在词内部的、作为词的组成成分的一种语素的组合。再如"洗衣机"中的"洗衣""止痛膏"中的"止痛""快车道"中的"车道"都是语素组。

要注意的是，"语素组"不等于"语素的组合"。"语素的组合"可能是语素组，可能是词，也可能是词组。同一个"语素的组合"，在有的场合可能是语素组，在别的场合可能是词或词组。例如"辅导$_1$员给学生辅导$_2$功课"里的"辅导$_1$"和"辅导$_2$"都是语素的组合，但前者是语素组，后者是词。再如"我在写字$_1$台上写字$_2$"中的"写字$_1$"和"写字$_2$"都是语素的组合，但前者是语素组，后者是词组。

3. 语素和汉字是什么关系?

语素和汉字是两个不同层面上的概念,其性质不同:语素是语言中最小的音义结合体,是最小的语法单位;而汉字是书面上记录汉语的书写单位。每个语素都是有意义的,但是汉字并不都是有意义的。如"垃"和"圾"都是没有意义的,合在一起才有意义。所以"垃"和"圾"都是汉字,但都不是语素;"垃圾"才是一个语素。汉字和语素的关系比较复杂,为了便于理解,我们分为以下几种情况来说明:

第一种情况:一个汉字＝一个语素,也就是说一个汉字就是一个语素。这种情况是最多的。如"人""民"和"吗"。

第二种情况:一个汉字＜一个语素,也就是说一个汉字并不是一个语素,这样的汉字往往没有意义,而是和别的汉字结合在一起才是一个语素。如"玻"是一个汉字,但不是一个语素,要和"璃"结合在一起构成"玻璃"才是一个语素。

第三种情况:一个汉字＞一个语素,也就是说一个汉字有好几个意思,代表几个不同的语素。例如"米"起码代表两个语素——"米$_1$":表示"稻米、大米"的意思,如"米饭";"米$_2$":长度单位,如"跑五十米"。

第四种情况:一个汉字＝两个语素,也就是说有时候一个汉字包含两个语素,是两个语素语音融合的结果,如"俩"就是"两个","仨"就是"三个","甭"就是"不用"。

第五种情况:有些汉字在某个场合是语素,在别的场合却不是语素。如在"沙土""巧遇"里,"沙""巧"都有意义,都分别是语素。可是在"沙发""巧克力"中,"沙""巧"不表示意义,只是表示音节,因此都不是语素。

4. "菠菜"的"菠"和"奥运会"的"奥"是语素吗?

语素是语言中最小的音义结合体,我们可以从"有语音、有意义"和"不能再分割为更小的音义结合体"这两个方面来判断一个成分是不是语素。

语素"是通过最小同一性对比提取出来的"(陈保亚 1997)。比如"树苗"这个语言片段,可以进行如下对比:

  树苗 树枝 树干 树根 ……
  树苗 秧苗 菜苗 花苗 ……

"树"和"苗"都有语音形式:shù 和 miáo,也有意义;而且这两个部分不能再往下对比,即不能分割为更小的音义结合体,可见"树""苗"都是语素。

再如"菠菜"也可以对比如下:

菠菜　？　　？
白菜　生菜　油菜　……

这里的"菜"能找到对比的材料,本身有语音形式和意义,不可再分割为更小的音义结合体,是一个语素。而"菠"虽然有语音形式也有意义,不可再分割为更小的音义结合体,但找不到对比的材料,通常被看做是一个"剩余语素"。(陈保亚 1997)

再如"啤酒"可以对比如下:

啤酒　？　　……
啤酒　白酒　……
生啤　干啤　……

"啤酒"中的"啤"是对英文"beer"的音译,表示"啤酒"的意思,虽然没有其他"啤X"的对比材料,但可以找到"生啤、干啤"这样的搭配,而且"啤"不能再分割为更小的音义结合体,可见"啤"是一个语素。

"奥林匹克"是对英文"Olympic"的音译,其中的"奥"只表示一个音节,没有意义,因此不是一个语素;只有"奥林匹克"有意义,才是一个语素。"奥运会"是"奥林匹克运动会"的简称,"奥运会"中的"奥"其实代表"奥林匹克",不但有语音形式还有意义,因此可以看做一个语素。

5. 怎么认识汉语的词?

词是最小的能独立运用的语法单位。词是由语素构成的,是比语素高一级的语法单位。

所谓"最小"是指词不能再分割为更小的能独立运用的语法单位。例如"人民",能独立运用,如"人民管理国家""我爱人民"。其构成成分"人"可以独立运用,但"民"不能独立运用,可见"人民"是词。

"能独立运用"这一点使词跟语素区别开来。例如"桌"表示"桌子"的意思,是个音义结合体,但它不能独立运用,我们不说"我买了一张桌""桌很干净",而要说成"我买了一张桌子""桌子很干净"。所以"桌子"是一个词,而"桌"只是语素,不是词。

要注意的是:"能独立运用"并不是指单独成句的意思。汉语中有些词独立性较差,如"被、了、吗"等都不能单独成句,只能跟别的词组合构成词组或句子。因此一句话中去掉能单说的词以后剩下的成分也看做是能独立运用的成分。例如:"明天再来"包括三个词:明天、再、来;"学生都走了"包含四个词:学生、都、走、了。

词的功用是构成词组,如"白衬衫""不抽烟"。词也可以单独形成句子,例如:

A:你什么时候来北京?
B:明天。

6. 怎么认识词组?

词组是词和词按一定的句法规则组合成的比词大的语法单位。如"白衬衫""马上回来""喝咖啡"与"北京上海"等就是词组。

词组的功用是跟别的词或词组构成更复杂的词组,例如"白衬衫"这个词组可以组成"买白衬衫""一件白衬衫""那件白衬衫很漂亮"等复杂词组。当然,词组也可以单独构成句子,例如:

A:你买什么了?
B:白衬衫。

7. "白菜""白马"是词还是词组?

汉语是以字为书写单位,因此词和简单词组的界限是很模糊的,从表面上很难一下子区分出来。以两个语素构成的结构为例,我们可以从两个方面来判断它是词还是词组。

(1)看组成成分能否独立运用。只要其中一个成分是不能单独成词的语素,那么这个结构就一定是词。如"人民"中的"人"可以独立运用,但"民"不能单独成词,所以"人民"是词,不是词组。这样的例子还有"权利""剪子""近视""化妆""企图"等。

(2)看组成成分之间结合得是否紧密,能否在中间插入别的成分,如果结合得比较松,中间可以插入别的成分,就是词组,相反,如果结合得比较紧,中间不可以插入别的成分,就是词。"白菜"中的"白"和"菜"结合得很紧,不能随意拆开,中间也不能插入别的成分,"白菜"不能说成"白的菜",所以"白菜"是词。而"白马"中的"白"和"马"结合得比较松,中间可以插入别的成分,如"白马"可以说成"白的马",所以"白马"是词组。

(3)看整体的意义是不是组成成分的意义和结构关系语法意义的相加。如果从组成成分的意义和结构关系语法意义可以推知整体的意义,那这个结构就是词组。相反,如果不能从组成成分的意义和结构关系语法意义推知整体的意义,那这个结构就是词。如从"白"和"马"的意思就能推知"白马"的意思"白色的马"。而"白菜"的意思并不等于"白"和"菜"这两个语素意思的简单相加,而是指一种蔬菜的名字,"一年生或二年生草本植物,叶子大,花淡黄色。"所以"白菜"是词,"白马"是词组。

8. 什么是句子?

句子是由词或词组按一定的规则组成的、表示相对完整意义的语法单位。句子的前后有较大的停顿并伴有一定的句调,书面上用句号"。"问号"?"或叹号"!"来表示。例如:

① 我是北京人。

② 你喝咖啡吗?

③ 太好了!

有时,一个词也能形成一个句子。例如下面的对话:

A:谁?

B:我。

句子是语言中最大的语法单位,是交际中的基本单位。研究语法只管到句子为止。句子以上,段落、篇章的研究属于作文法的范围。

9. "谁?""我。"是语素、词还是句子?

A:谁?

B:我。

上面这一问一答都伴有句调,分别表示疑问和陈述的语气;而且在一定的语境中能表示相对完整的意义,能完成交际目的。所以这一问一答都是句子。不过从构成材料上看,这两个句子都是由单个词独立形成的,而这两个词也都是由单个语素独立构成的。

10. 语素、词、词组和句子之间是什么关系?

在现代汉语里,语素、词、词组、句子这四种语法单位可以分成三级:

语素——最小的一级语法单位

词、词组——介于语素和句子中间的一级语法单位

句子——最大的一级语法单位

句子跟语素、词、词组这些语法单位之间有很大的区别:语素是词的"建筑材料",词和词组是句子的"建筑材料",这三级语法单位是静态的语法单位;而句子是交际的基本单位,是动态的语法单位。这四种语法单位之间的关系,可以用下图表示:(陆俭明 2005a)

→ 表示组成关系　↓↓ 表示实现关系

思考与练习一

一、简答题:

1. 语法是什么?
2. 请举例说明汉语语法的特点,以及在对外汉语教学中应该注意的地方。
3. 汉语的语法单位是什么?这些语法单位之间是什么关系?
4. "巴士"和"大巴"中的"巴"是语素吗?
5. 为什么字不是语法单位?
6. 为什么说词和词组是属于同一级别的语法单位?
7. 举例说明汉字和语素的关系。

二、指出下列词组分别包含几个语素、几个词。

不化妆的姑娘　　学习逻辑

中国留学生　　　蜻蜓飞走了

还没买票的乘客　嘴里吃着萝卜干儿

三、指出下列汉字是语素还是词,还是别的什么成分,并说明理由。

鸡 鹌 地 夫 邮 在 决 蝙 子

眼 镜 多 定 页 座 桌 能 规

四、下列加点字是不是词？如果不是词,那是什么？为什么？

1. 我买车了
2. 火车晚点了
3. 请开门
4. 开关坏了
5. 我们打的去
6. "的士"就是"出租车"

第二章 词 类

【内容简介】 本章主要介绍现代汉语词类的基本情况,各词类的语法功能以及各词类在对外汉语教学中最容易出现偏误的问题以及所应注意的事项等。重点介绍在对外汉语教学中特别重要的动词、形容词、副词、介词、助词及其在对外汉语教学中容易出现的问题及对策。

第一节 现代汉语词类概说

1. 什么是词类?
2. 为什么要划分词类?
3. 汉语划分词类的主要依据是什么?
4. 能否根据意义划分词类?
5. 现代汉语的词可分为多少类?
6. 什么是实词?什么是虚词?
7. 什么是体词?什么是谓词?

1. 什么是词类?

在任何科学研究领域,分类都是必不可少的,可以说,没有分类便没有科学。语言中的词成千上万,在造句中所起的作用也是各不相同。例如:

第二章　词　类

A. 不　　　常常　　　马上
B. 买　　　修　　　　介绍
C. 笔　　　汽车　　　姓名

上面三组词中,A组词和B组词可以组合,如"不买""常常修"(A+B);B组词和C组词也可以组合,如"买笔""介绍姓名"(B+C)或"汽车修(了)"(C+B);A组词和C组词则不能组合,如不能说"不笔""常常汽车"等。

我们要学习、研究语法,就必须对这个语言里的词进行必要的分类。根据不同的分类目的,我们可以选取不同的分类依据对词进行不同的分类。例如,可以按照词的音节数目,把词分成单音节词、双音节词和多音节词;也可以依据词所包含的语素数目把词分成单纯词和合成词;等等。现在,我们是为了学习、研究语法而需要给词分类,所以语法研究中说的词类,当然是指词的语法分类,把语法功能相同或者相近的词归在一起,这就是"词类"。

2. 为什么要划分词类?

对词进行语法分类,有利于我们在学习和研究语法的过程中分析描写语言事实,有效地构建各种语法规则。如上面我们所举的三组词,如果把它们分为三类,把A组词叫副词,B组词叫动词,C组词叫名词,我们描写"买笔""修汽车"这一类词组(B+C)时就可以这样说:动词加名词可以构成表示支配关系的述宾词组。如果不建立词类的概念,描写起来就会很繁琐、很麻烦。

词的语法分类也有助于我们更好地了解、掌握各类词的语法特点,以便更准确地使用它们。如果不了解不同词类的词的语法性质,就容易把甲类词误用成乙类词,例如:

① *老人家很感触地说:"这就是小柱儿的爷爷当年扛过的红缨枪。"

② *他很热情朋友。

例①把名词"感触"误用为了形容词,"感触"不能修饰动词"说",也不能受"很"修饰,"感触"应改成"感慨";或改为"很有感触"。例②中的"热情"是形容词,不能带宾语,"很热情朋友"应改成"对朋友很热情"。

3. 汉语划分词类的主要依据是什么?

词类是词的语法功能的分类。划分词类的目的是要说明句子的结构和各类词的用法,这一目的就决定了划分词类的依据应该是词的语法功能,尤其是对汉语这种形态贫乏的语言来说更是如此。其实即使是对形态发达的印欧语来说,表面上看是根据形态,但归根结底也是根据词的语法功能,即词在句中所起的作用,也就是说词和词的组合能力,主要是指:

(1) 词在句中充当句法成分的能力,表现在能不能充当句法成分和充当什么句法成分:能够单独充当句法成分的是实词,不能单独充当句法成分的是虚词。

(2) 实词的不同语法功能表现在与另一类词的组合能力上:哪些词可以同哪些词组合,怎样组合,组合起来发生什么样的关系,哪些词不能同哪些词组合。通过这样的区别,划分出实词的不同小类。

(3) 虚词的语法功能主要表现在它同实词或短语的关系上:能与哪些实词或短语组合,组合后发生什么关系,在组合中处于什么位置,通过这样的区别,可以划分出虚词的小类来。

4. 能否根据意义划分词类?

词类是根据词的语法功能分出来的类,但是从意义上看,每一类词往往也都有共同之处。例如名词多表示事物的名称;数词都表示数目;量词多表示事物的单位等。但是我们划分词类的依据仍然只能是语法功能,其意义只能作为参考。由于意义极为复杂,所以如果单纯根据词的意义划分词类,将会存在以下两个问题:

(1) 感觉上意义相同的词,其语法功能不一定相同。如"忽然"和"突然"意思相近,都可以作状语("忽然下雨了。""突然下雨了。"),但是"突然"还可以受"很"的修饰("很突然")、作名词的定语("突然事故"),而"忽然"没有这样的用法。再如意义相近的"战争"和"打仗",根据它们的语法功能,"战争"是名词,因为它可以受数量词"一场"的修饰,经常作主、宾语;而"打仗"是动词,因为它可以带"着、了、过",经常作谓语。如果从意义出发给词进行分类,是不能达到语法分类的要求的,也是行不通的。

(2) 表示同类概念的词,其语法功能也不一定相同。如"金、银、铜、铁"都指称金属,但是"铜、铁"可以作主语("铜/铁买来了")、宾语("这是铜/铁"),可以受数量词修饰("一块铜/铁"),但是"金、银"没有这些语法功能,只能作定语("金/银戒指")或构成"的"字结构("金/银的")。

词义无法直接观察,意义上的概念很难把握。"事物、动作、性质、状态"等很难下定义、定标准,根据意义来分词类会很难操作。

5. 现代汉语的词可分为多少类?

一般来说,现代汉语中的词可以分为以下十五类:

名词:如"人、书、中国、北京、人民、思想、友谊、教室、前天"等。

动词:如"看、坐、是、姓、研究、愿意、可以、喜欢、洗澡、离婚"等。

形容词:如"新、大、甜、累、漂亮、干净、优秀、认真、快乐"等。

状态词:如"雪白、蜡黄、冷冰冰、红通通、黑不溜秋、白不呲咧"等。

区别词:如"男、女、金、银、彩色、黑白、国营、私立、急性、慢性"等。

数词:如"一、六、十、百、千、万、亿"和"第一、第二"等。

量词:如"个、条、双、副、米、斤;次、遍、回;分钟、天、周、年"等。

代词:如"你、我、他们;这、那、这样、那么;谁、什么、怎么、哪儿"等。

副词:如"才、就、刚、常常、总是、已经、简直、竟然、重新、正在"等。

介词:如"对、对于、从、往、向、离、把、按照、自从、根据、至于"等。

连词:如"而、并、和、或者、然后、如果、不但、于是、因为、所以"等。

助词:如"的、地、得;着、了、过;似的、等等"等。

语气词:如"呢、吗、吧、啊、罢了"等。

叹词:如"唉、咦、哦、哼、嗯、哎呀"等。

拟声词:如"咚、哗、吱、叮当、轰隆、噼里啪啦、丁零当啷"等。

这些词类是根据词的语法功能分出来的,但是从意义上看,每一类词往往都有共同之处。例如名词都表示事物的名称,数词都表示数目,代词都具有称代或指示的作用。

6. 什么是实词?什么是虚词?

为了研究的方便,我们可以依据某种共性将这些词类往上归大类。一般把名词、动词、形容词、状态词、区别词、数词、量词以及代词等八类词称作实词。从意义上看,它们表示的意义比较实在;从语法上看,它们都能在造句中充任主要句法成分,如主语、谓语、述语、中心语等。副词[①]、介词、连词、助词、语气词等五类词,我们称作虚词。虚词在意义上比较虚灵,只表示抽象的语法意义,起某种语法作用,而且不能充当主语、谓语、述语、宾

[①] 关于副词到底应该归入实词还是虚词,学界有不同的观点。详见本章第七节"副词"。我们采用使用比较广泛的观点,即把副词归入虚词。

语、中心语等主要的句法成分(详见下册第四章"句子成分")。

7. 什么是体词？什么是谓词？

根据其主要语法功能是能作主语、宾语还是谓语，我们可以把现代汉语中的词类进一步归并成体词和谓词两类。

体词的主要语法功能是作主语和宾语，一般不作谓语。谓词的主要功能是作谓语，同时也能作主语和宾语。体词包括名词、区别词、数词和量词，谓词包括动词、形容词和状态词。代词中多数属于体词，如人称代词、指示代词中的"这"和"那"，疑问代词的"谁"和"什么"等；而"这样、那样、这么、那么、怎么、怎么样"等属于谓词一类。

思考与练习二

1. 为什么要划分词类？划分词类的依据是什么？
2. 我们可以根据意义给词划分词类吗？为什么？
3. 请列举现代汉语的词类，并每类分别举一两个例子。
4. 什么是实词？什么是虚词？实词和虚词有什么不同？
5. 什么叫体词？什么叫谓词？请举例说明。

第二节 名 词

一、名词及其语法功能
  1. 名词的语法功能是什么？
  2. 能说"巴掌大的地方"，能否说汉语的名词可自由作状语？
  3. "很中国"中"中国"还是名词吗？
  4. 为什么不能说"他很有经历"？

二、名词的分类
  1. 名词可分为哪些小类？

2. 可数名词和不可数名词:"教室里充满了学生"为何不能说?
3. 抽象名词和具体名词:为何能说"很有能力"却不能说"很有书"?
4. 个体名词和集体名词:"词"和"词汇"有什么区别?
5. 什么是时间名词? 有何语法功能?
6. 时点和时段:为何不能说"我在北京生活六月了"?
7. 处所名词:为何不能说"从朋友借钱"?
8. "房子"和"房间"有什么不同?
9. 时间和处所表达的语序:留学生为何常说"六点明天""纽约市美国"?
10. 方位名词:留学生为何常说"以后他结婚就出国了"?
11. 名词偏误分析:"这本书很趣味"为什么不能说?

一、名词及其语法功能

1. 名词的语法功能是什么?

从意义上看,名词都表示事物。这个事物可以是具体的,如"书、学生、水"等;也可以是抽象的,如"思想、感觉、友谊"等;也可以指时间、处所,如"今天、去年","上海、前边"等。

汉语名词的语法功能主要如下:

(1) 名词经常做主语、宾语(包括介词宾语),一般不作谓语和状语。如:

① 这个<u>孩子</u>很可爱。(主语)
② 她在喝<u>啤酒</u>。(宾语)
③ 他买了一本关于<u>历史</u>的书。(宾语)
④ *我很<u>兴趣</u>中国文化。(谓语)
⑤ *他<u>愿望</u>妈妈来看他。(谓语)

只有表示天气、日期、籍贯、长相、身份、性格、职业或表示顺序义等的名词或名词短语可以作谓语。(参见第五章第二节"名词谓语句")如:

① 今天<u>晴天</u>。

21

② 昨天星期天。

③ 他北京人。

④ 赵雅芝,著名演员。

⑤ 老张都师长了。

在口语里,当主语为"的"字结构时,名词也有可能作谓语。如:

① 我写的散文,他写的诗歌。

② 她买的裙子,我买的T恤衫。

(2) 名词一般不能直接受数词的修饰,要在数词之后加上量词组成数量词组才可以修饰名词。如:

* 三书　　　* 五马　　　* 十苹果

三本书　　　五匹马　　　十个苹果

(3) 名词能受形容词、状态词、区别词、名词等定语的修饰。如:

① 新学生已经报到了。　(受形容词定语的修饰)

② 红通通的苹果。　　　(受状态词定语的修饰)

③ 这是农民意识在作祟。(受名词定语的修饰)

④ 我买了一本语法书。　(受名词定语的修饰)

特别要注意的是,汉语的名词既可以直接受名词修饰,也可以直接修饰名词,而不发生任何变化。如:

⑤ 我们在加快编写速度时,一定不能忽视教材质量。(名词"质量"直接受名词"教材"修饰)

⑥ 厂家应该保证商品的质量问题。(名词"质量"作定语修饰名词"问题")

⑦ 汉语语法其实并不难。(名词"语法"直接受名词"汉语"修饰)

⑧ 我买了一本语法教材。(名词"语法"作定语修饰名词"教材")

而在有形态的语言中名词修饰名词,常常要发生形态上的变化。如:

wood(木头)　　　　　wooden house(木头房子)

Дерево(木头)　　　　Деревянные дом(木头房子)

China(中国)　　　　　Chinese history(中国历史)

Китай(中国)　　　　　Китайская история(中国历史)

(4) 名词一般不能受"不"的修饰。如我们不说：

不学生　　　　　　　不钢笔

2. 能说"巴掌大的地方"，能否说汉语的名词可自由作状语？

汉语中有一些名词确实能作状语，但能作状语的名词极为有限，而且这些名词后面一般修饰的是表示动作行为的动词，主要有以下四种情况：

(1) 表示处所的名词。如：

① 大家<u>客厅</u>坐吧。

② 我们明天可是<u>主场</u>作战，不能在老乡面前丢人。

③ 咱们<u>上海</u>见吧。

(2) 表示时间的名词。如：

我们<u>明天</u>出发。

印尼班<u>下午</u>试讲。

我们<u>将来</u>还要发展新的领域。

(3) 具有比喻义的名词。如：

① 那条蛇有<u>碗口</u>粗。

② 他那心眼<u>针尖</u>细。

③ <u>巴掌</u>大的地盘，你还能干什么。

(4) 表示方式或工具义的名词。如：

① 我们不希望<u>武力</u>解决。

② 双方已经<u>口头</u>达成了协议。

③ <u>掌声</u>有请我们可爱的王大姐。

④ 我<u>实话</u>告诉你吧，我也不知道。

⑤ 那我们就<u>电话</u>联系吧。

⑥ 我们一定杜绝<u>公款</u>吃喝。

第一种情况是"处所名词＋动词"结构，处所名词表示动作行为发生的处所。处所名词前可以加上"在"而意义不变,如"客厅坐"就是"在客厅坐";第二种情况是"时间名词+动词";第三种情况是"名词+形容词"结构,这里的名词表示比喻,对形容词表示的性质状态进行描写说明,如"巴掌大"的意思是"像巴掌一样大";第四种情况是"名词+动词"结构,动词表示动作行为,名词表示进行动作的工具或手段,如"电话联系"是"用电话联系"的意思。

这些结构数量不多,也不是"状语+中心语"偏正结构的典型现象。即使在上述情况下,这类结构的类推性和能产性也比较差,如"在宿舍睡觉"不能说成"宿舍睡觉""像西湖一样美丽"不能说成"西湖美丽""用手吃饭"不能说成"手吃饭"。所以说,汉语的名词一般不能作状语,能作状语的极为有限。

3. "很中国"中"中国"还是名词吗?

汉语中的名词一般不能受"很"修饰,如不能说"很学生""很馒头";能受"很"修饰主要是形容词的语法功能。但近些年出现了大量的"很+名词"结构,例如:

　　很贵族　很青春　很农民　很中国　很西方　很淑女　很女人　很香港

这里的名词是不是已经变成了形容词了?

我们认为,这里的名词还不能说已经变成形容词了。因为在这类结构中,进入的名词是很有限的,只有很少一部分名词能进入"很~"结构。如能说"很农民",但跟"农民"同类的"工人、教师、医生"等却还没见进入"很~"结构:

　　*很工人　　*很教师　　*很医生

"很+名词"这类结构中,并不凸显名词指称的事物,而是凸显在一定社会文化背景下该事物某一个典型特点,如"很贵族"凸显的是"贵族的优雅、有品味","很农民"凸显的是"农民的憨厚和淳朴"或"农民的愚昧和无知"。而这个新出现的义项还没有固定下来,还不能很自由地跟别类的词组合。

4. 为什么不能说"他很有经历"?

留学生之所以会出现这样的偏误,主要是不明白"经历"和"经验"的区别以及母语的负迁移所致。在英语、韩语和泰语等语言中,"经验"和"经历"都是用一个词来表达。如英语中用 experience 来表达,但在汉语中"经

验"和"经历"属于不同的词类。这种一对多的现象给留学生造成一定的学习困难。对比如下:

"经验"是名词;而"经历"是名词兼动词。

经验: (名词)某人+很有经验/很有经验的+某人/某人的经验很丰富
　　　如:她在这方面很有经验。
　　　　他是一位很有经验的老师。
　　　　他的经验很丰富。

经历:
　　(名词)某人(没)有……的经历
　　　如:我没有一个人旅游的经历。
　　(动词)某人经历过/了……
　　　如:我奶奶100岁了,经历过两次世界大战。
　　　　我也经历过这样的事情。

即使同样是名词,二者意义仍有不同:"经验"是说一个人在某方面从事的时间比较长,所以做得比较好;而"经历"只要是自己遇到过一次某种事情都可以说"有……的经历"。

所以在对外汉语教学中,虽然不必让留学生知道名词、动词等语法术语,但应该用格式化的办法让学生明白其用法上的不同。

二、名词的分类

1. 名词可分为哪些小类?

汉语的名词可以分为如下几类:

名词
- 专有名词　　　如:中国、孔子、长城、颐和园、故宫、美国等
- 普通名词
  - 可数名词
    - 个体名词:如:书、树、人、椅子、扇子、朋友等
    - 集合名词:如:书籍、车辆、枪支、船只、马匹、纸张等
  - 不可数名词:如:经验、人品、希望、精神、意识、观念、能力等
- 方位名词　　　如:上(面)、下(面)、左边、前边、里面、外面等
- 时间名词　　　如:将来、今天、早上、星期一、现在、目前等
- 处所名词　　　如:学校、郊区、图书馆、邮局等

2. 可数名词和不可数名词："教室里充满了学生"为何不能说？

大自然中的事物有的可以用"1、2、3、4"等来称数，如："书、苹果、桌子"等；而有的事物则不可以用"1、2、3、4"等来称数，如"水、阳光、欢声笑语、烟味、希望"等。我们把表示前者的名词称为"可数名词"；而把表示后者的名词称为"不可数名词"。汉语中有些动词要求其宾语必须是可数名词，而有的则要求必须是不可数名词。如："充满"的宾语就应该是不可数名词。如：

① 我们教室里每天都充满了欢声笑语。
② 他的眼里充满了泪花。
③ 他的父母和老师都对他充满了希望。

"充满"的宾语不能是可数名词，如：

① *教室里充满了学生。（教室里坐满了学生。）
② *晚会后，操场上充满了垃圾。（晚会后，操场上到处都是垃圾。）

所以在教学过程中如果遇到这种对名词有特殊要求的词语或结构，我们应该通过举例的办法告诉学生，否则就会出现一些偏误。

3. 抽象名词和具体名词：为何能说"很有能力"却不能说"很有书"？

根据名词所表示的事物的特点，我们可以把名词分为抽象名词和具体名词。这一概念在对外汉语教学过程中经常会遇到，有些词语或结构往往对其前后的名词有这方面的要求。比如说进入"很＋有＋名词"中的必须是抽象名词。如：

① 他很有能力，刚工作一年就被提拔为科长。
② 他做什么事情都很有毅力。
③ 这孩子从小就很有理想。
④ 我们的汉语老师很有经验。
⑤ 她男朋友很有才华。

这里的"有＋抽象名词"意义比较虚化，在使用中具有形容词的性质。如："很有能力"是说能力强；"很有经验"的意思是经验丰富。而普通名词不能进入"很＋有＋名词"中，如下面句子都是不合格的：

① *我很有书。(我有很多书。)
② *妈妈很有衣服。(妈妈有很多衣服。)
③ *那棵树很有叶子。(那棵树有很多叶子。)

再看下面两个例子:

① 她对此毫无办法,只好袖手旁观。
② *她在北京毫无朋友。(她在北京一个朋友也没有。)

例①能说,而例②不能说,是因为"毫无"要求后面的名词必须是抽象名词,如"兴趣、共同语言、感情、感觉、爱心、志向、眼光、办法、同情心"等。而"朋友"是具体名词不是抽象名词。再如:

③ 我对运动毫无兴趣。
④ 他和媒妁之言定下的妻子毫无共同语言。
⑤ *她家毫无衣服。(她家没有衣服。)
⑥ *那条河现在毫无水。(那条河现在没有一滴水。)

形容词"宝贵"和"珍贵"都是形容很有价值,对与之搭配的名词也有特殊的要求,即"宝贵"多用于非常难得到的东西,多为抽象名词;而"珍贵"多指有意义、值得收藏的实物,多为具体名词。对比如下:

宝贵:～的财富　～的经验　～的时间　～的意见　～的精神
　　　～的生命　～的文化遗产
珍贵:～的礼物　～的邮票　～的书籍　～的衣服　～的动物
　　　～的书画　～的纪念品

例如:

① *请您提出珍贵的意见。(请您提出宝贵的意见。)
② *他收藏了很多宝贵的邮票。(他收藏了很多珍贵的邮票。)

所以在对外汉语教学过程中,如果遇到这种对名词有特殊要求的词语或结构,最好用举例的办法,让留学生明白这种特殊性。

4. 个体名词和集体名词:"词"和"词汇"有什么区别?

"词"和"词汇"、"马"和"马匹"的意思好像差不多,其实不同。先看一下它们在用法上的差别:

一个词	一些词	一部分词
*一个词汇	一些词汇	一部分词汇
一匹马	一些马	一部分马
*一匹马匹	一些马匹	一部分马匹

"词、马"既可以跟表示个体数量的"一个、一匹"组合,也可以跟表示群体数量的"一些、一部分"组合;"词汇、马匹"只能跟表示群体数量的"一些、一部分"组合。这是因为"词汇、马匹"这类名词是表示一类事物的集合,因此我们称之为集合名词。这样的名词还有"人民、书籍、纸张、书本、人口、布匹、枪支、船只"等。而"词、马"这样的名词我们称之为个体名词。

5. 什么是时间名词?有何语法功能?

时间名词是指表示时间且能用"这个时候、那个时候"来指称的名词,如"去年、星期一、今天、凌晨、早上、中午、晚上、周末、现在、刚才、过去、从前、将来、春节、圣诞节"等。时间名词表示的是时点。

(1)跟普通名词一样,时间名词可以作主语、宾语和定语。如:

① <u>昨天</u>没下雨。　　<u>春节</u>快到了。　　　　(作主语)
② 从<u>早上</u>到<u>晚上</u>　　在<u>将来</u>　　　　　　(作宾语)
③ <u>今天</u>的报纸来了吗?　<u>明天</u>天气不好怎么办?(作定语)

(2)跟普通名词不同的是,表示节日、星期、月份等的时间名词可以直接作谓语。如:

① 明天<u>圣诞节</u>。
② 昨天<u>星期天</u>。

时间名词能作"在、到"的宾语,普通名词没有这样的用法。例如:

| 在过去 | 在星期一 | 到现在 | 到周末 |
| *在桌子 | *在学生 | *到面包 | *到苹果 |

(3)时间名词和普通名词最大的不同表现在时间名词可以作状语。如:

① 我们<u>明天</u>去吧。
② 她<u>下午</u>到达。

6. 时点和时段：为何不能说"我在北京生活六月了"?

同样表示时间,有的表示的时间在时间轴上只是一个点,有的表示的时间在时间轴上是一段。我们把表示时间位置、时间点的词语称为时点词语;而把表示时间长短、时间段的词语称为时段词语。我们可图示如下:

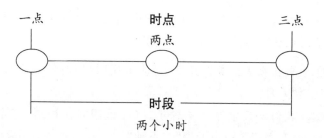

时点：三点、今天、星期一、四月、春节、初五、年初、21世纪等。
时段：三个小时、一天、一个星期、四个月、一年、一个世纪等。
时点在句中经常作状语,表示动作发生的时间。如：

① 我<u>明天</u>出发去马来西亚。
② 我爷爷天天都是<u>五点</u>起床。
③ 她父母<u>五月</u>要来北京旅游。
④ 我们学校<u>上个星期</u>去电影博物馆参观了。

这个时间在时间轴上可能是一个比较小的点,也可能是一个比较大的点,如上例中"五点"可能比较小,而"五月"可能比较大,"21世纪"就更大,但仍然是时点。

时段在句中经常做补语,表示动作持续的时间。如：

① 我在北京生活<u>三年</u>了。
② 我们等了你<u>一个多小时</u>。
③ 惠芳打算等他<u>一辈子</u>。
④ 我们相信大干<u>二十年</u>一定能干出点名堂。
⑤ 我只看<u>半分钟</u>就还回去。

时段词语有时也可以作状语,表示后面所说的行为动作经历的时间。如：

① 她三天没来上课了。
② 我两天就看完了一本小说。

　　和时点词语可能表示比较大的时间点一样,时段名词既可表示比较长的时间段,也可能表示比较短的时间段。如上例"一辈子"和"二十年"比较长,而"半分钟""一秒钟"则比较短。

　　时点和时段的区分在对外汉语教学中是比较有价值的。因为留学生有时分不清时点还是时段,从而出现偏误。如:

　　①＊我在北京生活六月了。(应该用时段词语"六个月",误用了时点词语"六月")
　　②＊我们今天学习三点钟了。(应该用时段词语"三个钟头"或"三个小时",误用了时点词语"三点钟")
　　③＊我在门口等了他一刻。(应该用时段词语"一刻钟",误用了时点词语"一刻")
　　④＊我是七天来北京的。(应该用时点词语"七日/号",误用了时段词语"七天")

　　在教学过程中,如果我们用简单易懂的办法告诉留学生时点和时段的不同,如我们可以用回答不同问题的办法来让学生明白其不同。在汉语中对"多长时间"我们是用时段来回答的,而对"什么时候"我们是用时点来回答的。对比如下:

问题	回答
你打算什么时候起床?	我打算七点起床。
你们什么时候考试?	我们下星期二考试。
你什么时候回国?	我七月十五号回国。
你每天睡多长时间?	我每天睡七个小时。
你妈妈在北京住多长时间?	我妈妈在北京住一个星期。
你在北京住了多长时间了?	我在北京住了七个月了。

　　还可以用格式化配以例句,然后进行大量操练的办法,帮助学生掌握二者的不同,从而避免一些偏误。如:

主语 ＋ 时点 ＋ 动词

她　　　七点　　　起床。

我　　　八点　　　开始上课。

我们　　明天　　　出发。

主语 ＋ 动词 ＋ 了 ＋ 时段

她　　　睡　　　了　　十个小时。

哥哥　　玩　　　了　　一天。

他　　　看　　　了　　一个星期。

7. 处所名词：为何不能说"从朋友借钱"？

处所名词，顾名思义表示处所。处所名词有两类：

（1）地名，如"亚洲、中国、北京、海淀、中关村"等。

（2）可以看成是地方的机构和单位，如"学校、图书馆、教室、宿舍、邮局、银行、餐厅"等。

应注意的是，有些名词有时候表示处所、地方，可看做是处所名词；有时候表示一般的事物，可作为一般名词看待。例如：

① a. 他们计划明年捐建一百所学校。（一般事物）

　 b. 我们要去<u>学校</u>上课。（处所）

② a. 我们家只有两个房间。（一般事物）

　 b. 他在<u>房间</u>看书。（处所）

处所名词能作"在、从、到"的宾语。如：

① 他们在教室上课。

② 他从北京出发。

③ 我到邮局取包裹。

汉语要表示一个处所就必须用处所词语，如果要用非处所词语表示处所，就必须在非处所词语之后加上方位名词"上、下、里、外"等或代词"这儿、那儿、这里、那里"等。留学生经常把非处所名词当作处所名词使用，出现以下偏误：

① ＊她把照片挂在墙。（她把照片挂在墙上。）

②*她一边说一边从口袋掏出儿子的照片。(她一边说一边从口袋里掏出儿子的照片。)

③*他们把垃圾扔到地。(他们把垃圾扔到地上。)

④*我从朋友借了钱。(我从朋友那儿借了钱。)

⑤*她在我看到了电话本。(她在我这儿看到了电话本。)

⑥*孩子,走到妈妈来。(孩子,走到妈妈这儿来。)

为了避免出现此类偏误,我们在教学时最好用格式加以强化。如:

把……＋动词＋在…上/里

从＋某人＋这儿/那儿＋动词

8. "房子"和"房间"有什么不同?

"房子"和"房间"意思相近,在语法功能上也有相似之处,如都能作主语、宾语、定语,都能受数量词组的修饰:

房子　房子很干净　找到一个房子　房子的位置　一套房子
房间　房间很干净　找到一个房间　房间的面积　一个房间

但也有不一样的地方:

房子　*他从房子出来　　*我在房子　　*我到房子了
　　　他从房子里出来　　我在房子里
房间　他从房间出来　　我在房间　　我到房间了
　　　他从房间里出来　　我在房间里

"房间"可以作"从、在、到"的宾语,而"房子"要加上表示方位的"里"才能作"从、在、到"的宾语。这是因为"房间"表示的事物可以当作一个处所,而"房子"表示的事物不能当作一个处所。换句话说,"房间"既可以看做一般名词,也可以看做处所名词;而"房子"只能看做一般名词,不能看做处所名词。

9. 时间和处所表达的语序:留学生为何常说"六点明天""纽约市美国"?

外国学生出现像"六点明天""在纽约市美国"这样的偏误,多数是受母语的影响导致的。汉语的时间、处所表达顺序和英语等其他语言不同,汉语的时间处所名词的顺序一般是从大到小,即按照"年—月—日—上午/下午/晚上—点—分"、"国—省—市—县—区—镇—村—街道"的顺序排列。如:

① 2010年4月24日上午8点25分发生了一起特殊的交通事故。
② 他的通讯地址是中国北京海淀区西三环北路83号。

而有些语言(如英语)中,表示时间和处所的词语按照从小到大的顺序排列。例如:

① at seven o'clock in the morning of 19 May (5月19日上午七点)
② 891 Amsterdam Avenue, New York, U.S.A(美国纽约市阿姆斯特丹大街891号)

留学生经常受母语负迁移的影响,按照从小到大的顺序排列,从而出现一些偏误。如:

① *我6点明天到广州。(明天6点)
② *我爷爷8月16日2000年去世了。(2000年8月16日)
③ *我家在纽约市美国。(在美国纽约市)
④ *她住在202房间留学生宿舍楼。(在留学生宿舍楼202房间)

这种从大到小的排列顺序在对外汉语教学中应特别注意。

10. 方位名词:留学生为何常说"以后他结婚就出国了"?

方位名词是指"上、下、前边、后边"等表示方向位置的词,也叫做"方位词"。方位名词包括两类:

(1) 单纯方位名词,如"上、下、前、后、里、外、内、中、左、右、东、西、南、北";

(2) 合成方位名词,是由单纯方位名词跟"边(儿)""面(儿)""头(儿)""之""以"等构成的,如"上边、下面、里头、中间、之内、以下"等。

	上	下	前	后	里	外	左	右	旁	中	内
一边(儿)	上边	下边	前边	后边	里边	外边	左边	右边	旁边	—	—
一面(儿)	上面	下面	前面	后面	里面	外面	左面	右面	—	—	—
一头(儿)	上头	下头	前头	后头	里头	外头	—	—	—	—	—
以一	以上	以下	以前	以后	以里	以外	—	—	—	—	以内
之一	之上	之下	之前	之后	—	之外	—	—	—	之中	之内

单纯方位名词一般用在名词后边("左、右"除外),如"窗户上、椅子下、心里、朋友中"等,一般不能单独作主语和宾语,只有在对举格式中可作主、宾语或在表示方向的介词"往、向、从"后边作宾语,例如:

① <u>上</u>有天堂,<u>下</u>有苏杭。
② 男主<u>外</u>,女主<u>内</u>。
③ 一直往<u>前</u>走然后往<u>左</u>拐就到了。
④ 大家都向<u>前</u>看。
⑤ 从<u>前</u>往<u>后</u>数第五个就是。

合成方位名词的使用比单纯方位词自由得多,能用在名词后边,如"桌子上边""盒子里面""同学之间"等,也能作名词的定语,如"上边的桌子""外边的车子"等。合成方位名词还能单独作主、宾语,例如:

① 里边有人!
② 前边停着很多车。
③ 大家向中间靠拢!
④ 你坐前边吧。
⑤ 我把东西放外边了。

汉语的方位名词和名词组合表示处所位置时,语序是:**名词＋(的)＋方位名词**。但留学生常常颠倒这个语序,出现下面的病句:

① *他的车停在后边的教学楼。(他的车停在教学楼的后边。)
② *我的词典放在上面的桌子了。(我的词典放在桌子的上面了。)

在"以前""以后"的使用上,留学生出现词序颠倒的频率非常高。这是受母语或英语的负迁移所致。例如:

① *以前我来中国没学过中文。(我来中国以前没学过中文。)
② *以前睡觉,她喜欢洗澡。(她喜欢睡觉以前洗澡。)
③ *以后我毕业,就去英国。(我毕业以后就去英国。)
④ *以后他们下课,回宿舍了。(他们下课以后回宿舍了。)

11. 名词偏误分析:"这本书很趣味"为什么不能说?

留学生在使用名词方面出现的偏误不太多,主要有以下几种情况:

(1) 名词误作动词,单独作谓语。如:

① *我觉得有好处,也坏处。(误作动词,应改为"有坏处")
② *他只兴趣钱。(误作动词,应改为"看重"或"对钱感兴趣")
③ *我小时愿望当空姐。(误作动词,应改为"希望")
④ *她觉得丈夫不爱情自己,就不开心。(误作动词,应改为"爱")
⑤ *她暗暗地决心:一定要成为一个优秀的翻译。(误作动词,应改为"下决心")

(2) 名词误作形容词,单独作谓语。如:

① *她对我们非常友谊。(误作形容词,应改为"友好")
② *这本书很趣味。(误作形容词,应改为"有趣"或"有意思")
③ *他的想法不太远见。(误作形容词,应改为"有远见")
④ *他们虽然结婚已经十几年了,依然甜蜜蜜的日子。(名词性词组误作形容词,应改为"日子依然甜蜜")

(3) 受母语(如英语)的影响,多用了一些成分,比如在名词后加上"里"。如:

① *我在北京里住了三年。(I'v lived in Beijing for three years.)
② *他在上海里工作。(He works in Shanghai.)

汉语的国名、地名后面一般不加"里",上例应改成:

① 我在北京住了三年。
② 他在上海工作。

有时留学生还会受母语的影响,在名词前误加"在"。如:

① *在北京有很多名胜古迹。
② *在昨天我来了一个朋友。

汉语中时间名词、处所名词在句首作主语时前面不用"在"。上面例子去掉"在"即可。

(4)近义词的误用。如：

①＊那个老女士蹲在河边洗衣服。

②＊在日本一年级的女人叫"姑娘"，二年级的女人叫"阿姨"，三年级的女人叫"奶奶"，四年级的女人叫"死尸"。

①中"女士"一般用在正式场合，不适用于上面的句子，宜改成近义词"女人"；②的"女人"应改为"女生"。因此教师在对外汉语教学中要特别注意近义词语的辨析。

思考与练习三

一、简答题：

1. 什么是名词？名词的语法功能是什么？
2. 跟普通名词相比，时间名词、处所名词和方位名词有什么功能？
3. 留学生在名词的使用中容易出现哪些偏误？教学中应注意什么？

二、选择合适的词语进行填空，并根据这些句子总结二者的不同。

（一）15分　15分钟

1. 从我家到学校需要_____。
2. 我们打算8点_____出发。

（二）两点钟　两个小时

1. A：你什么时候到的？

　　B：我_____来的。

2. A：你来了多长时间了？

　　B：我来了已经_____。

（三）两年前　两年

1. A：你什么时候开始学习中文的？

　　B：我_____开始学习的。

2. A：你学了多长时间汉语了？

　　B：我学了_____了。

三、判断正误,如果句子是错的,请加以改正,并说明为什么。

1. 妈妈三年前面去了中国。
2. 这些行李先搬到门,一会儿车就来了。
3. 爷爷在屋后面种了很多菜。
4. 我没有时候看书。
5. 这一年中,我经验了很多事情。
6. 我刚到中国里那天,心里紧张极了。
7. 她不好的学生。
8. 他们很兴趣汉语。
9. 孩子们欢快地从山跑下来。
10. 他们在外边的学校买了很多水果。
11. 请你把我的词典放在书架。
12. 我看到一只猴子从树爬下来。
13. 以后他出国,从没给我打过电话。
14. 哈尔滨在中国的北东。
15. 我看电影看了三点钟。

第三节 动 词

一、动词及其语法功能
  1. 什么是动词？有何语法功能？
  2. 动词可分成哪些小类？
  3. 心理动词及其教学：为何能说"很喜欢物理"而不能说"很钻研物理"？

二、能愿动词及其教学
  1. 什么是能愿动词？有何语法功能？
  2. 留学生习得能愿动词时常出现哪些偏误？

3. "能"有哪些表达功能?
4. "要"有哪些表达功能?
5. 表示能力的"能"和"会":"我会游泳了"和"我能游泳了"一样吗?
6. 表示可能的"能"和"会":"他能帮你"和"他会帮你"一样吗?
7. "会"和表示"准许"的"能":"他现在不会出来"和"他现在不能出来"有何不同?
8. "想"和"要"有何不同?
9. "愿意"和"肯":"他愿意去吗"和"他肯去吗"有何不同?
10. "应该"和"必须":"你应该去"和"你必须去"一样吗?

三、及物动词和不及物动词
1. 什么叫及物动词?什么叫不及物动词?
2. 为什么不能说"见面一个中国朋友"?
3. 在及物动词教学中要注意哪些问题?

四、持续性动词和非持续性动词
1. 持续性动词和非持续性动词:为何能说"看着"却不能说"死着"?
2. 能说"看了两个小时书了",为何不能说"来了两个月中国了"?

五、自主动词和非自主动词

六、体宾动词和谓宾动词
1. 为何留学生会说"这件衣服值得500块"?
2. 为什么能说"讨厌他"而不能说"嫌他"?

七、动词的重叠及其教学
1. 动词重叠的形式是什么?有何语法意义?
2. 动词重叠的范围:为什么能说"看看"但不能说"死死"?
3. "我看了看"和"我看一看"有何不同?
4. 在动词重叠的教学中应注意些什么?

八、动词成句要求

九、动词的教学
1. 细化动词使用情况的说明
2. 注意对近义或近形动词进行辨析
3. 重视动词重叠的教学

第二章 词 类

一、动词及其语法功能

1. 什么是动词？有何语法功能？

动词是表示动作、行为、存在、变化或意愿的一些词。如：吃、商量、有、讨厌、成为、能等。

汉语动词内部情况比较复杂，不同类的动词具有不同的语法特征，而动词和形容词之间又有一些共同的语法特征，所以很难概括出适合于所有的动词而又只属于动词的语法特征。适合于多数动词的语法功能主要有以下几点：

（1）在句中主要作谓语。

① 他<u>走</u>了。
② 你<u>说</u>！

动词有时还可以作定语、主语和宾语。如：

① <u>买</u>的东西撒了一地。（作定语）
② <u>跑步</u>对身体有好处。（作主语）
③ 他哥哥喜欢<u>游泳</u>。（作宾语）

（2）部分动词还可以作补语。如：

① 他做<u>完</u>了。
② 那个人跑<u>出去</u>了。

（3）动词经常受状语的修饰。如：

① 他正在认真<u>研究</u>那个瓶子。
② 请你仔细<u>检查</u>一下。
③ 你别<u>参加</u>了。

（4）一般动词可受"不"的否定，多数动词还可受"没"的否定。如：

① 我不<u>去</u>游泳。
② 他没<u>买</u>那本词典。

（5）多数动词可以带动态助词"着、了、过"。如：

① 他<u>看</u>着书呢。

②他去了上海。

③我没说过这样的话。

(6) 多数动词可以带宾语。如：

①他希望学习法语。

②陈佳欣仔细地欣赏着那幅画。

(7) 多数动词可以用"动词＋不＋动词"或"动词＋没＋动词"肯定否定并列的形式表示疑问。如：

①你去不去？

②我们现在走不走？

③《失街亭》你听没听过？

④你到底喜不喜欢他？

2. 动词可分成哪些小类？

虽然动词有不少相同的语法功能,比如作谓语等,但并不是说动词的语法功能都是相同的。我们还可以根据它们语法功能的不同,对动词进行进一步的分类。动词可以从不同的角度进行分类,不同的分类有不同的意义和用途。简要介绍几种：

(1) 根据语义特征,动词可以分为：

$$\begin{cases} 动作动词：跑、看、听、说、写、走、研究、买等 \\ 存现动词：在、有、发生、出现、具有等 \\ 关系动词：是、像、姓、属于、成为、仿佛等 \\ 能愿动词：会、能、可以、能够、要、肯、必须、应该等 \\ 趋向动词：来、去、上、下、进、出、回、上来、进去等 \\ 心理动词：爱、恨、想、喜欢、讨厌、希望等 \\ 使令动词：使、叫、让、请、要求等 \end{cases}$$

(2) 根据能否带宾语以及带哪种宾语,可分为：

$$\begin{cases} 及物动词 \begin{cases} 体宾动词 \begin{cases} 单宾动词：学习、吃、保护等 \\ 双宾动词：给、寄、送、递等 \end{cases} \\ 谓宾动词：开始、进行、加以、以为、促使、博得等 \end{cases} \\ 不及物动词：咳嗽、游行、休息、毕业、来、失败、见面等 \end{cases}$$

(3) 根据动词所表示的动作的情状,可分为:
{ 持续性动词:等、盼、看、听、躺、坐等
  非持续性动词:成为、放松、抓紧、改正、提高等

(4) 根据动词所表示的动作能否被人的意志控制,可分为:
{ 自主动词:看、帮、听、尝、唱、问、打、等、借、考虑、学习、休息、调查等
  非自主动词:病、丢(丢失)、懂、瘫、忘、死等

3. 心理动词及其教学:为何能说"很喜欢物理"而不能说"很钻研物理"?

同样是动词,"打、喝、钻研"等不能受"很"的修饰,而"想、喜欢、讨厌"等能受"很"的修饰,这是因为:虽然同为动词,但"打、喝、钻研"等是一般的动作行为动词,而"想、喜欢、讨厌"等是心理动词。

心理动词是根据动词的语义分出来的小类,是指表示人或动物的精神、心理动作或状态的动词,比如"喜欢""爱""讨厌"等。心理动词和一般动作动词相比,有一个明显的不同点,就是心理动词可以受程度副词"很""非常""十分""最""特别"等的修饰,而动作动词是不可以受这些程度副词修饰的。对比如下:

① 我们的数学老师很喜欢物理。("喜欢"是心理动词,可以受程度副词修饰)

② 我弟弟特别讨厌学习历史。("讨厌"是心理动词,可以受程度副词修饰)

③ *我们的数学老师很钻研物理。("钻研"是动作动词,不能受程度副词修饰)

④ *我弟弟特别不学习历史。("学习"是动作动词,不能受程度副词修饰)

在对外汉语教学中,如果遇到心理动词,我们应该用格式化的形式(如:很+~)明白地告诉学生,这个词是可以受程度副词修饰的,否则留学生不知道汉语中到底哪些动词可以受程度副词的修饰,哪些不可以。当学生学到一定数量的心理动词后,老师可以适当地总结心理动词在语义和句法上的特点,帮助学生系统地掌握这类动词。

二、能愿动词及其教学

1. 什么是能愿动词？有何语法功能？

能愿动词，也叫"助动词"，是表示可能、必要、必然、意愿、估价等意义的动词。如：

表示可能：能 能够 会 可 可能 可以 得以
表示意愿：愿意 情愿 肯 要 愿 想要 要想 敢 敢于 乐于
表示必要：应 应该 应当 得(děi) 该 当 须得 理当
表示评价：配 值得

能愿动词的语法功能主要表现在以下几个方面：

(1) 绝大多数都能单独作谓语，主要出现在答话中。如：

  A. 你愿意参加吗？
  B. 愿意。

(2) 能用肯定否定并列的形式表示疑问。如：

  ① 你能不能去？
  ② 你愿不愿意参加？

(3) 能愿动词的宾语①只能是动词、动词词组、主谓词组，不能是名词或代词等体词性成分。如：

  ① 你应该知道这件事。
  ＊你应该这件事。
  ② 这部贺岁片值得一看。
  ＊这件衣服值得200块钱。

(4) 能愿动词不能重叠，不能带"着、了、过"等动态助词。

当然，汉语中有些动词既是能愿动词，又是一般的心理动词或动作行为动词，如"想"。作为心理动词和动作动词，"想"可以重叠，也可以带动态

---

① 能愿动词和其后的动词性成分的关系，目前学界有不同的认识。一种观点认为二者构成动宾关系；另一种观点认为二者构成状中式的偏正关系。本书取第一种观点，即能愿动词是能带动词宾语的谓宾动词。

助词"着、了、过"。如：

① 我仔细想想,还是不去好。

② 我想过了,无论如何,我都要再试一次。

但作为能愿动词,"想"就不再具有这些特征。如：

① *他想想去上海。

② *他想了去上海。

2. 留学生习得能愿动词时常出现哪些偏误?

能愿动词在对外汉语教学中是一个难点,也是重点,留学生在学习和使用的过程中会出现各种各样的偏误。在对外汉语教学中,我们发现关于能愿动词,留学生经常会出现如下偏误。

第一种：位置有误。如：

① *能不能我骑你的自行车？（我能不能骑你的自行车？）

② *会你唱中国歌吗？（你会唱中国歌吗？）

这种偏误多数是由留学生的母语（如英语）造成的一种负迁移。在他们的母语中,表示疑问时,能愿动词要放在句首,而汉语中要放在主语后动词前。

第二种：近义能愿动词用错。这种偏误的数量是最多的。如：

① *我会走路了,你让我出去(院)吧。（"会"改用"能",表示恢复某种能力。）

② *老师,我妈妈明天到北京,我不会参加考试,怎么办？（"会"改用"能",表示具有某种客观条件。）

③ *如果你努力工作,以后不能失业。（"能"改用"会",表示有某种可能性。）

④ *奶奶出院后会吃饭了。（"会"改用"能",表示恢复某种能力。）

⑤ *她一分钟会打300个汉字。（"会"改用"能",表示能力达到一定的水平。）

第三种：该用没用,不该用而用了。如：

① *只要你每天和中国人聊天,你的中文越来越好。（遗漏了"会"）

② *我觉得安慰她。（遗漏了"应该"）

③ *我来中国的目的是必须了解中国文化。（误加"必须"）

从上面留学生的偏误我们可以发现,最严重的偏误不是不知道能愿动词的语法功能,而是常常把这个能愿动词用成那个能愿能词,也就是说对能愿动词的个体掌握不好。所以我们有必要对能愿动词的用法一一进行说明,特别是那些有多个表达功能的能愿动词。

3. "能"有哪些表达功能?

"能"有多个用法。简单说明如下:

(1) "能"表示具有某种能力。如:

① 奶奶的眼睛坏了,不能看见任何东西。

② 受伤后他还能走路吗?

(2) "能"表示具有某种客观条件,有"可能"之意。如:

① 你十点能出来一下儿吗?

② 我们天黑之前能赶到石家庄。

(3) "能"表示"准许",多用于疑问句和否定句。例如:

① 没有教育部的通知,你不能离开这里。

② 在教室你不能随便乱画。

③ 老师,我能出去一下吗?

4. "要"有哪些表达功能?

能愿动词"要"有多种用法,分别介绍如下:

(1) 表示有做某事的意愿。如:

① 我明天要去图书馆,你呢?

② 他非要离婚不可,我们怎么劝也劝不住。

这种用法的否定表达一般用"不想",不用"不要"。（一些南方方言可以）如:

① A:明天我要去长城,你呢?

　B:我不想去。/我不去。

(2) 表示事实上或情理上需要,有"应该"的意思,多用在未然的情况。例如：

① 无论做什么事情都要用脑子。
② 这么好的方法不要只服务于你个人,要介绍给大家。
③ 这么优秀的学员当然要奖励。

(3) 表示"可能""会"的意思,但是语气更肯定。如：

① 你这样的说话方式,迟早要吃大亏的。
② 这样做要出问题的。

这种用法的否定表达一般用"不会""不可能"。如：

① A：你这么用人唯亲是要出问题的。
　　B：你放心吧,不会的。
② A：你这样的说话方式,要吃大亏的。
　　B：不可能。

5. 表示能力的"能"和"会"："我会游泳了"和"我能游泳了"一样吗?

能愿动词"能"和"会"都可以表示"能力",但表示"能力"时,二者存在不同。对比如下：

(1) 表示通过学习具有的某种能力,一般用"会",表示没有某种能力用"不会"；表示能力达到一定的程度、水平或效率的时候,用"能"；表示恢复了某种能力用"能"。如：

① 我姐姐会说三种语言。(通过学习具有的某种能力)
② 她一分钟能打 300 个字。(能力达到一定的程度、水平或效率)
③ *她一分钟会打 300 个字。
④ 你生活在海边,怎么不会游泳呢?(通过学习具有的某种能力)
⑤ 他的腿好了,又能游泳了。(恢复了某种能力)
⑥ *他的腿好了,又会游泳了。

(2) 表示某人在某方面有特长,善于做某事的时候,"能"和"会"都可以,但表意上仍有不同：用"能"时侧重从量上强调具有的能力,用"会"时更强调技巧。对比如下：

① 他真能唱，唱了三个小时都不知道累。
② 他真会唱，和大明星唱得不相上下。
③ 这人真能说，半天不带停的。
④ 她真会说，在她的劝说下，矛盾双方终于握手言和了。

表示能力的"能"和"会"在英语中都是"can"，所以留学生经常容易混淆二者的区别。在对外汉语教学中需要特别注意，一定要通过鲜明的对比让学生明白："会"表示通过学而后会；"能"重在表示是否具有某种能力。对比如下：

① 我的一个朋友会说好几种语言。
② 你会开车吗？
③ 他不会做饭。
④ 现在爷爷能下床了吗？
⑤ 他胳膊受伤了，不能拿重东西。

否则学生就会出现偏误。如：

① ＊我会走路了，你让我出院吧。（"会"改用"能"）
② ＊奶奶出院后会吃饭了，也会说话了。（"会"改用"能"）

在谈到学习汉语的时候，经常听到学生说"会说汉语、会写汉字"，但是不能说"会听中文、会看中国电影"。这是因为"说"和"写"都是要通过学习才会的，而"听"和"看"都是不用学习就会的。对比如下：

① 你会说广东话吗？
② ＊你会听广东话吗？（"会"改用"能"）

6. 表示可能的"能"和"会"："他能帮你"和"他会帮你"一样吗？

"能"和"会"都可以表示"可能"，但表示可能时，二者存在不同。对比如下：

"能"表示客观上有做某事的可能性和条件；而"会"则是在告诉别人某种可能性或估计某种可能性，并不强调客观条件。如：

① 你去找老张吧，他认识的人多，能帮你这个忙。

＊你去找老张吧，他认识的人多，会帮你这个忙。（"认识人多"是

"帮忙"的客观条件,但不一定愿意,不能换成"会")

② 你去找老张吧,他热心肠,会帮你这个忙的。

＊你去找老张吧,他热心肠,能帮你这个忙。("热心肠"的人愿意"帮忙",但不一定有"帮忙"的客观条件,所以不能换成"能")

留学生也经常会出现二者混用的偏误。如：

① ＊如果你努力工作,以后就不能失业。(表示有某种可能性,"能"改用"会")

② ＊老师,我妈妈明天到北京,我不会参加考试,怎么办?(表示客观可能性,"会"改用"能")

③ ＊出院后她只会喝粥,不会吃米饭。(表示客观可能性,"会"改用"能")

7. "会"和表示"准许"的"能"："他现在不会出来"和"他现在不能出来"有何不同?

"他现在不会出来。"表示估计他没有出来这种可能性,"他"主观上没有这个意愿,比如他正在干重要的事情。

"他现在不能出来。"的意思是在某种情况下或情理上不准许他出来,比如他正在讲课或正在考试,都不准许随便离开。"能"除了表示"能力"和"可能"之外,还可以表示"准许、许可"。这种用法多用于疑问或否定。

8. "想"和"要"有何不同?

"想"和"要"虽然都可以表示个人的愿望和打算,但它们的语气不同。对比如下：

想：只是表示某人有这种想法和打算,可是去不去实施还不一定,所以语气比较弱。

要：常表示一种很强烈的愿望,甚至是一种决定、决心,说话人一般也会这样去做,所以语气很坚决,愿望很强烈。

例如：

① 我想买这台电脑。(可能只是想法,不一定付诸实施)

② 我要买这台电脑。(不仅有此想法,还要付诸实施)

③ 我也想帮你,可我实在是力不从心。("想帮你"表示的帮忙意

愿不太强,与后边的"力不从心"语义一致)

④＊我也要帮你,可我实在是力不从心。("要帮你"表示的帮忙意愿很强,跟后边的"力不从心"语义矛盾)

因为"想"的语气比较弱,所以当我们向别人提出请求时,多用"想",这样显得客气,有礼貌。如:

① 老师,我想请您帮个忙。

② ? 老师,我要请您帮个忙。

需要注意的是,当我们表示没有某种想法或打算时,通常用"不"或"不想",而不用"不要"。因为"不要"一般用来禁止或劝阻别人做某事,相当于"别"。这一点在对外汉语教学中应特别注意。留学生经常将"不要"误用为"要"的否定形式。如:

③ A:你要去看演出吗?

B:不,我不想去。

＊不,我不要去。

另外,因为"想"的语气比较弱,所以前面可以加上"很""非常""有点儿"等程度副词来表示其程度;而"要"的语气比较强,前面常用"一定""非""决"等来表示其语气之坚决。如:

① 我觉得篮球有点"野蛮",不让他报名,可他非要报不可。

② 我今天有点儿想去看看他。

9. "愿意"和"肯":"他愿意去吗"和"他肯去吗"有何不同?

"愿意"和"肯"都是能愿动词,都用在动词的前面,但它们的意思有所不同,不能互相替换。

"愿意"表达的是一个人的心理感受,即从心里接受甚至是喜欢去做某事,没有不高兴或被强迫的感觉;而"肯"表达的是一个人用语言或行动表现出接受某事,这种接受往往是需要付出一定的努力甚至是作出一定牺牲的。用"肯"的时候,往往有两种情况:一是自己并不愿意,但在别人的要求下答应去做某事;二是没有人要求,主观上愿意付出,这种情况一般是说平时一贯的表现。另外,"愿意"前面常可以受"很""非常"等程度副词的修

饰,而"肯"很少受程度副词的修饰。对比如下:

① A:你是否愿意娶张淑雅小姐为妻?不管……
　B:我愿意。
　　*我肯。
② A:他肯帮我们出这个钱吗?
　B:开始的时候怎么也不肯,后来在我们再三请求下,终于肯出手相救。
③ 她很聪明,又肯吃苦,所以很快就掌握了基本功。

10. "应该"和"必须":"你应该去"和"你必须去"一样吗?

这两个句子语义不同,因为"应该"和"必须"语义不同,在句中不可互换。具体不同表现在:

"应该"表达说话人认为怎么做是正确的,用来说明自己对某事的建议或看法,相当于英语的"should";"必须"表达的是一定要这样做,不这样做不行,没有别的办法,相当于英语的"must"。对比如下:

① 这么重要的事,你应该早点告诉我啊!
② 这么重要的事,你必须早点告诉我啊!
③ 明天的会议你必须参加,这是经理的决定,如果不去,你找经理请假。(如换成"应该"语义有变,由命令变成了建议。)
④ 明天这个议题和你的论文有关,你应该参加。(如换成"必须"语义有变,由建议变成了命令。)

"必须"通常用在以下两种场合。一是发出命令或决定;二是客观叙述在某种情况下只能这么做,或者说事实上不这么做不行。这种情况下留学生经常误用成"应该"。如:

① 我明天不能和你们一起去郊游,因为我必须帮妈妈看摊儿。
② *昨天晚上我没去看老师,因为我应该去机场送朋友,他不会说中文。("应该"改用"必须")

另外,"应该"还可以表示说话人对某种情况的猜测,"必须"没有这种用法。如:

① 我想他这个时候应该在家。
② ＊我想他这个时候必须在家。（"必须"改用"应该"）

三、及物动词和不及物动词

1. 什么叫及物动词？什么叫不及物动词？

所谓"及物动词"是指能带宾语的动词。如：看书、发动群众、写字等。"及物动词"包括能带体词性宾语的动词，如"吃、听、看"；也包括能带谓词性宾语的动词，如"开始、进行、以为；能、应该"等。

所谓"不及物动词"是指不能带宾语的动词。如：着想、休息、毕业、出发、送行、见面。

有的动词可能包含几个意义，可能分属于及物和不及物两类。如：

笑$_1$：你别笑我。（及物动词）　　跑$_1$：他跑生意去了。（及物动词）
笑$_2$：他终于笑了。（不及物动词）跑$_2$：他跑了。（不及物动词）

在对外汉语教学的过程中，如果遇到及物动词，我们最好用格式告诉学生这个动词是可以带宾语的（如：～＋宾语），并且最好能够列举出留学生已经掌握的宾语名词；相反，如果要传授的是一个不及物动词，我们也最好能以格式化的方式告诉学生这个动词是不可以带宾语的。例如：

　　动词＋宾语　　　　　　　　　动词＋宾语
　　帮助＋朋友/同学/父母……　　背叛＋组织/祖国/党/朋友……
　　帮忙＋—①　　　　　　　　　叛变＋—

2. 为什么不能说"见面一个中国朋友"？

留学生出现这一偏误的原因是把不及物动词"见面"误作及物动词使用造成的。"见面"这个行为动作虽然涉及另一个对象，但因为"见面"内部就是动宾结构，整体不能再带宾语，"见面"的对象只能用介词引入，例如：

① 我今天要跟一个中国朋友见面。

或者插在"见"和"面"之间，如：

---

① —表示动词不能带宾语。

② 你别急,我今天见了他面再问问。

③ 我昨天见了他一面。

这样的动词还有"结婚、洗澡、散步、鼓掌、照相"等。

3. 在及物动词教学中要注意哪些问题?

在及物动词的教学过程中,我们要注意以下几个问题:

(1) 宾语能否省略的问题:同样是及物动词,为什么"吃、看"的宾语能在上下文中省略,而"姓、属于"的宾语不能在上下文中省略?

大多数及物动词的宾语在一定的语言环境中可以省略。如:

你看这本书吗?——看。

"姓、属于、成为"等也是及物动词,但其主要作用是联系主语和宾语,表示二者之间存在某种关系,可以叫做"关系动词"。关系动词后往往要出现宾语,并且宾语基本上是不可或缺的。这些宾语无法省略的动词在对外汉语教学中应该用格式强化其特点。如:

A 属于 B:这个小区也属于西城区吗?

某人+姓……:他姓张。

某人+属……:我属猪,不属鸡。

A 成为 B:他成为我最好的朋友。

"企图、从事、盼望"等虽不是关系动词,但其宾语也不能在上下文中省略,像这种宾语不能省却的动词也有人称之为"黏宾动词"。

(2) 具体宾语的问题:为什么可以说"班长告诉我一件事。"而不能说"班长说我一件事。"?

虽然都是及物动词,但具体所带宾语并不都一样。有的只能带体词性宾语(即名词、代词、数量词组作宾语),有的只能带谓词性宾语(即动词、形容词性成分作宾语);带体词性宾语的,有的只能带抽象名词,有的只能带具体名词;有的只能带不可数名词,有的只能带可数名词;有的只能带人作为宾语,有的只能带地方作为宾语。如之所以可以说"班长告诉我一件事"却不能说"班长说我一件事。"就是因为"说"和"告诉"所要求的宾语不一样。对比如下:

说＋具体内容①，　　如：他说他去不了。　　　他说过这件事。

告诉＋人＋(内容)　　如：他告诉我他去不了。他告诉过我们这件事。

再如，我们不能说"上个周末我们参观了老师"，也不能说"明天我们去拜访故宫"。这是因为虽然"参观"和"拜访"都是"visit"的意思，而且都是及物动词，但是它们所带的宾语不同，不能随意替换。对比如下：

参观＋某个地方　　如：你们参观了哪些地方？
　　　　　　　　　　　我们参观了故宫、国家图书馆等。
拜访＋某个人　　　如：你们拜访了谁？
　　　　　　　　　　　我们拜访了几位知名作家。

所以在对外汉语教学中，遇到动词，不仅要告诉学生这个动词能不能带宾语，而且还要告诉学生能带什么宾语，最好是能把学生已经掌握的宾语尽量多列举一些。

四、持续性动词和非持续性动词

1. 持续性动词和非持续性动词：为何能说"看着"却不能说"死着"？

同样是动词，为什么"看、坐"等的后边可以用"着"，而"死、结婚"等的后边不可以用"着"呢？这个问题主要涉及持续性动词和非持续性动词。

所谓"持续性动词"指的是像"看、坐、等、学习、听"这样的动词，它们表示的动作是可以持续、可以反复进行的；而所谓"非持续性动词"指的是像"死、结婚、离开、来、认识、出国"这样的动词，它们表示的动作是不能持续的，往往一发即逝。持续性动作动词后边可以用"着"，如"看着书、坐着"，而非持续性动词后边不能用"着"，如不能说"死着、丢着"等。

汉语中持续性动词数量很大，而非持续性动词数量有限，所以在对外汉语教学中，如果遇到非持续性动词，我们应该告诉学生这个动词是不能带"着"。如不可以说"他正死着"。

---

① "说"的另一义项，即"责备、批评"意，可以带指人的宾语，如"你别说他了"和"他说他不去了"中的"说"是不同义项。

2. 能说"看了两个小时书了",为何不能说"来了两个月中国了"?

这个问题也主要涉及动词的持续性和非持续性的问题。我们先来看下面两组对比性例句:

	A组 动词＋时段＋宾语	B组 动词＋宾语＋动词	C组 动词＋(宾语)＋时段
"看"类	她看了两个小时书了。 她听了半天音乐了。	她看书看了两个小时了。 她听音乐听了半天了。	*她看书两个小时了。 *她听音乐半天了。
"离开"类	*哥哥离开半年北京了。 *她回三个月英国了。 *他来两个月中国了。	*哥哥离开北京离开半年。 *她回英国回三个月了。 *他来中国来两个月。	哥哥离开北京半年了。 她回英国三个月了。 他来中国两个月了。

通过对比,我们发现,"看"类动词所表示的行为都是可以持续的,这样的动词都可以出现在 A、B 两种语序,但不能出现在 C 语序;而"离开"类动词如"离开、来、去、回"等所表示的行为是不能延续的,它们都能出现在 C 语序,但不能出现在 A、B 两种语序。"看"类动词用于 A、B 两种语序都表示在一段时间内一直在做某一动作,可图示为:

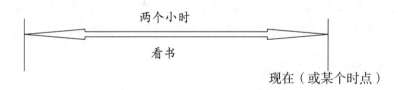

"离开"类动词用于 C 语序表示某个不可持续的动作发生后到现在所经历的时间,可图示为:

也就是说,持续性动词可用在"动词＋时段＋宾语"或"动词＋宾语＋动词＋时段"序列中,表示动作持续的时间;而非持续性动词不可以用在这两种序列中,只能用在"动词＋(宾语)＋时段"序列中表示动作发生后所经历的时间。当然,如果持续性动词带代词宾语,则可用在 B、C 两种语序。如:

① 我等他等了半个小时。
② 我等了他半个小时。

另外,如果一个动词后加上一个结果补语,如"看完、吃完、洗好"等,那么它的用法等同于一个非持续性动词,只能出现在 C 语序。如:

① 我看完电影半个小时了。
② 我们吃完饭半个小时她才来。

五、自主动词和非自主动词

我们可以说"请坐!""快走! 快吃! 快读!"等,但是不可以说"请懂!""快知道!""快病!""快怕!",这主要涉及动词的另一个分类角度,即自主动词和非自主动词。

汉语的动词根据所表示的动作能否被动作者所控制,可以分为自主动词和非自主动词。所谓"自主动词"指的是这样一些动词,它们所表示的动作可以被动作者所控制,如"走、吃、喝、跑"等;而所谓"非自主动词"指的是这样一些动词,它们所表示的动作不可以被动作者所控制,如"病、完、知道、怕"等。祈使句"快+动词""请+动词"自然只有自主动词才可以进入。

六、体宾动词和谓宾动词

1. 为何留学生会说"这件衣服值得500块"?

留学生之所以出现此类问题当然首先是他们没有明白"值"和"值得"意义上的区别,同时他们也不明白汉语中体宾动词和谓宾动词的区别。汉语中大部分动词都能带体词(名词、代词、数量词)宾语,这类动词叫"体宾动词",如"吃、卖、买"等;有的动词只能带谓词性(动词、形容词)宾语,这类动词叫"谓宾动词",如"加以、进行、开始、认为、企图"等。

汉语中的及物动词大多都是体宾动词,而谓宾动词数量有限,如"进行、加以、给予、给以、开始、继续、结束、决定、希望、装作、假装、从事、值得、敢于、勇于、乐于、企图、觉得、主张、盼望、打算、感到、以为、认为、嫌"等。这类只能带谓词性宾语的动词在对外汉语教学中应该特别注意,应该用格式化的办法强化其特点。如:

第二章 词 类

　　加以＋动词：加以讨论、加以研究、加以重视
　　进行＋动词：进行考试、进行研究、进行讨论
　　开始＋动词：开始上课、开始讨论、开始学习、开始休息
　　装作＋动词：装作没看见、装作睡着
　　感到＋形容词：感到累、感到失望、感到痛苦
　　打算＋动词＋(宾语)：打算买东西、打算学习法语
　　认为＋小句(主语＋……)：认为他对了、认为应该去

当然，汉语中还有大量动词既能带体词性宾语，又能带谓词性宾语。如：喜欢、讨厌、通知、记得、同意、看(见)、听等。

2. 为什么能说"讨厌他"而不能说"嫌他"？

　　虽然"讨厌"和"嫌"都是及物动词，但是它们所带的宾语不同。汉语中像"喜欢、讨厌"这样的动词，既能带体词性宾语，又能带谓词性宾语，而"嫌"只能带谓词性宾语，而且后面一定要出现"嫌"的原因。如"我嫌他矮"，"他"是"嫌"的宾语，"他矮"是"嫌他"的原因。

　　在对外汉语教学中，遇到谓宾动词，应该明确告诉学生该动词的特点，即只能带动词(短语)或形容词(短语)作宾语。

　　否则留学生就会说出：

　　　　① ＊我嫌学习汉语。("嫌"改用"讨厌"，或后加"太难")
　　　　② ＊他嫌我朋友。("嫌"改用"讨厌"或后加"嫌"的原因如"太矮""太笨")
　　　　③ ＊我们都嫌学校的食堂。("嫌"改用"讨厌"或后加"嫌"的原因如"太脏""太贵")
　　　　④ ＊他讨厌贵，所以没买。("讨厌"改用"嫌")
　　　　⑤ ＊他们都讨厌太远，都不去了。("讨厌"改用"嫌")

　　我们应该指出，"嫌"的用法是："嫌"＋某人/物/事＋"嫌"的原因，"嫌"一般表现为对某一具体的人、事物或活动所具有的某种性质或性状特点的不满意或厌恶，因此宾语只有具备了与动词相匹配的性质或性状特点的语义特征，搭配才有可能。正因为"嫌"和它所连带的事物在语义上的这种联系，结构上才往往要求"嫌"后出现表示事物性质的形容词或形容词性短语或具有性状状语或补语的动词性短语等成分。如：

① 我嫌学习汉语太难。
② 他嫌我朋友太吵。
③ 我们都嫌学校的食堂太脏。
④ 他嫌贵,所以没买。
⑤ 他们都嫌太远,都不去了。
⑥ 妈妈嫌孩子走得慢,干脆抱起他走。

如果能用格式化(如:主语+嫌+宾语+怎么样/主语+讨厌+宾语)的办法明确告诉学生谓宾动词的使用特点,留学生出现"他嫌同屋"这样别扭的句子的概率就会降低很多。

七、动词的重叠及其教学

1. 动词重叠的形式是什么?有何语法意义?

动词重叠是现代汉语很有特色的一种语法现象,也是对外汉语教学中一个非常重要的语法现象。所以我们有必要对动词重叠作一个大概的介绍。

1) 动词重叠的形式

单音节动词的重叠形式有四种:AA、A一A、A了A、A了一A,其中第二个音节读轻声。如"看看、听听、画画"等;

双音节动词的重叠形式是"ABAB"式,如"休息休息、打扫打扫、商量商量、复习复习"等。

离合词的重叠形式是"AAB"式,如"游游泳、散散步、帮帮忙、见见面"等。

2) 动词重叠的语法意义

汉语有的动词可以重叠,重叠后表示短时、轻微和尝试的意义。但根据动词本身性质的不同,其重叠形式所表示语法意义也有所不同。分述如下:

(1) 表示时间短:持续性动词重叠后相对于动词单用,具有持续时间短的特点。

① 你在这里等等我,我马上回来。
② 你在这里等我,我不回来你别走。

(2) 表示重复的次数少：非持续性动词或者说瞬间动词,虽不能持续但可以反复多次进行,这样动词重叠后表示重复的次数少。如：

① 我敲了敲门,没人应。
② 听了我的汇报,他微笑着点了点头。

以上我们说的是动词重叠最基本的语法意义。在具体的使用中,动词重叠往往具有一些不同的表达功能。当然,这些表达功能都是从"短时、量少"的基本意义派生出来的。比如：

(1) 表示尝试：动词重叠形式在一定的语言环境中带有尝试的特点。这种句子一般表示期望、使令的意思。例如：

① 这颜色挺好的,要不您试试。
② 我觉得这面条不错,快尝尝。

有时用在"动词重叠式＋看",尝试的意味更浓。如：

① 这些菜都是我妈妈自己做的,不知道你喜欢不喜欢,你尝尝看吧。

(2) 表示语气轻缓、委婉。在表示祈求、亲昵、谦恭和随便的句子里,动词重叠可以使句子带上轻微、舒缓、委婉的语气。如：

① 明天我打算去逛逛商场。
① 周末去欢乐谷玩玩吧。

请求别人或告诉别人做某事时,一般用动词重叠,以示委婉,如果不重叠动词,语气就显得生硬,甚至含有命令的意味。如：

① 老师,这个句子我不明白,请您给我解释解释！
② ？老师,这个句子我不明白,请您给我解释！
③ 你的电子词典怎么样？给我看看！
④ ？你的电子词典怎么样？给我看！

动词重叠常用于例举,此时轻松、随便的意味更浓。如：

① 我退休后,经常和朋友聊聊天,下下棋,倒也不怎么寂寞。
② 放假了,每天上上网,看看书,惬意极了。

2. 动词重叠的范围：为什么能说"看看"但不能说"死死"？

汉语动词可以重叠，但并不是说所有的动词都可以重叠。到底哪些可以重叠？哪些不可以呢？汉语中大部分行为动作动词和小部分心理动词都可以重叠，但能愿动词、趋向动词、关系动词、存现动词、使令动词则不能重叠。如：

　　看看　听听　想想　休息休息　请教请教　打听打听
　　＊能能　＊会会　＊应该应该
　　＊是是　＊有有　＊在在
　　＊进进　＊来来
　　＊这使使他很生气。
　　＊你让让她去吧。

可以重叠的动词大部分是持续性动词，即表示动作可以持续进行的动词，有的虽不能持续，但可以多次进行。而非持续性动词或者说瞬间动作动词即表示一次就结束不可重复进行的动词不可以重叠。如：

　　走走　看看　听听　唱一唱　笑一笑（持续性动词）
　　＊原谅原谅　＊成立成立　＊花花　＊来来　＊丢丢　＊死死（非持续性动词）

可以重叠的动词一般是自主动词，即表示人的意志可以控制的动作的动词；而非自主动词，即表示人的意志不可以控制的动作的动词则不可以重叠。如：

　　试试　跳跳　逛逛　挑挑　选选（自主动词）
　　＊丢丢　＊忘忘　＊病病　＊掉掉　＊迷失迷失（人力不可控）
　　＊生长生长　＊流流　＊落落　＊弥漫弥漫　＊塌塌（自然界的运动）

另外，动词重叠在口语中的使用频率比较高，所以书面色彩浓厚的动词多不能重叠。如：

　　商量商量　　研究研究
　　＊商榷商榷　　＊研发研发

3. "我看了看"和"我看一看"有何不同？

"我看了看"和"我看一看"都表示动作持续的时间短或者次数少。

但动词重叠的中间加"了",即"动词+了+动词"表示动作已经完成;不用"了",即"动词+动词"或者"动词+一+动词",表示动作还没有进行。对比如下:

① 小王说这盘磁带不是原声的,我听了听,果然不是原声的。
② 这盘磁带我听不清楚,你帮我听(一)听。
③ 听到有人敲门,她打开门看了看,但没发现有人。
④ 你新买的词典我可以看(一)看吗?

4. 在动词重叠的教学中应注意些什么?

在对外汉语教学中,留学生经常出现一些关于动词重叠的偏误。关于动词重叠我们应该注意以下几点:

(1) 动词重叠跟一般动词的使用范围有很大不同,有些情况下,即使句中动词可以重叠,也不适合用动词重叠。如动词重叠一般只用于口语或文艺语体,公文、政论或科技语体中一般不适合用动词重叠。如:

① 快,坐下给大伙儿汇报汇报。
② *现将本季度的生产和销售情况汇报汇报如下。
③ 现将本季度的生产和销售情况汇报如下。

(2) 汉语动词或动词短语作定语是自由的,但动词重叠不能作定语。如:

① 她唱的歌是民歌。
② 那个唱歌的女孩是他姐姐。
③ *我突然听到了敲敲门的声音。
④ *我试试衣服的时候,钱包丢了。

(3) 现代汉语里动词可带结果、时量、动量补语,而动词重叠后不能再带这些成分。如:

① 请你把这个问题说清楚,好吗?
 *请你把这个问题说说清楚,好吗?
② 考完试,我要好好玩几天。
 *考完试,我要好好玩玩几天。

③ 让我用一下儿你的词典,行吗?

* 让我用用一下儿你的词典,行吗?

(4) 动词重叠后带宾语时,宾语前如有数量词语作定语,数量词语应该是确定的。否则动词就不能重叠。如:

① 我想试试这件衣服。

* 我想试试一件衣服。

② 请您看看这本书的封面怎么样?

* 请您看看一本书的封面怎么样?

(5) 非持续性动词一般不可重叠。如:

① * 小王,请你来来。

② * 这是我们的礼物,请你收收吧。

(6) "正在""一直""总是"等副词不与动词重叠共现。如:

① * 老师进来的时候,我们正在讨论讨论她。

② * 见到他后,我一直想一想,他是谁呢?

③ * 上课时她总是说说话,这让老师很生气。

这是因为"一直""总是"等副词表示动作持续的时间长,而动词重叠表示动作进行的时间短或次数少,二者语义矛盾,不能共现。

八、动词成句要求

我们常说动词经常作句子的谓语或谓语中心,但并不是说每个动词都可以单独充当句子的谓语。动词不能单独作句子谓语,常见的有以下几种情况:

第一种情况:有些动词(宣传、表示、说明、观察、打听、逛、活动等)构成句子时需要重叠或加上动量词"一下"或"了"。如:

① 醒醒!

② 醒一下!

③ 他醒了。

第二种情况:有些单音节动词表示的动作往往会自然产生一个结果或方向,如藏、站、躺、关、合、存等,这样的动词构成句子时一般需要带上补语。如:

① 他藏起来了。
② 站起来!

第三种情况:有些动词构成句子时常常要求同时出现状语(如否定副词、介宾短语)或前加能愿动词。如:

① 别吵!
② *节约!
③ 要节约!

第四种情况:有些动词构成句子时常常要求同时出现宾语(如"姓、属于、企图"等)。如:

① *他姓。　　　　　他姓张。
② *他企图　　　　　他企图逃跑。

九、动词的教学

留学生在习得汉语的过程中,动词方面的偏误不仅种类繁多,数量也很大,所以我们应该特别重视动词的教学。

1. 细化动词使用情况的说明

说明有些动词的使用条件时不能太宽泛,不仅要告诉学生该动词能否带宾语,还要用大量例句告诉学生其宾语有什么特殊性,比如是名词性宾语还是动词性宾语,宾语比较有限的那些动词更应该说明;不仅要告诉学生该动词能否重叠,还要告诉他们其重叠形式是 AAB 还是 ABAB 等等。比如在讲解"打消"这个动词的时候,如果我们只向学生说明,"打消"可以带宾语,学生就会出现"我们打消了比赛。"这样的偏误。其实"打消"的宾语是比较有限的,常用的只有"打消(某人的)念头、……疑问、……顾虑、对……的怀疑"等。留学生的下列偏误就是由于教材和教师没有细化动词使用条件的说明造成的。如:

①＊我爸爸特别讲究吃饭。(我爸爸特别讲究饮食/吃。"讲究"一般带名词宾语,带动词宾语时一般是单音节动词。)

②＊我想当导游,因为我想旅游很多国家。(……因为我想去很多国家旅游。"旅游"是不及物动词,不能带宾语。)

同时,对那些不能带宾语,但又涉及另一对象的动词,要用格式化的办法告诉学生引进另一对象的方法,加助词或介词等。如:

给＋某人＋让座

给＋某人＋赔不是

给、为＋某人＋鼓掌

请＋某人＋的＋客

给＋某人＋帮忙、帮＋某人＋的＋忙

否则就可能出现如下偏误。如:

③＊她结婚了我哥哥。(她跟我哥哥结婚了。)

④＊请你帮忙我。(请你帮我一个忙。)

2. 注意对近义或近形动词进行辨析

在教学过程中,我们发现留学生经常把 A 动词用成了 B 动词,比如把"帮助"用成"帮忙",把"参观"用成"拜访",把"信任"用成"相信","培养"用成"抚养"等,为了避免学生出现这种偏误,我们应该对这些近义或近形动词进行简单的辨析。当然,在进行辨析的时候,应突出重点,抓住它们最主要的不同。辨析的角度包括动作的方式、与之搭配的词语的特点、能否带宾语、带什么宾语、语义的轻重、使用场合比如书面语体还是口语语体等。比如"参观"应指出只能"参观某个地方","拜访"只能"拜访某人"。否则学生就会出现如下偏误。

①＊如果你想做一个传统婚礼,就可以坐轿子。("做"改成"举行")

②＊由于他工作认真,他得到了我们的相信。("相信"改成"信任")

③＊明天我们去参观老师。("参观"改成"拜访")

④＊她穿着眼镜,穿着项链,很时髦。("穿"改成"戴")

3. 重视动词重叠的教学

采取"语法词汇化"的办法,每遇到一个能重叠的动词,就通过举例告诉学生是怎么重叠的。

当然,在教学的过程中,以上内容我们应尽量用举例的办法,让学生明白、会说即可,而不应该使用大量的语法术语。

思考与练习四

一、判断下列词语哪些是名词,哪些是动词。

负责　责任　任务　处理　结束　起色　经验　开始　才能
事情　规律　游泳　洗澡　规则　代表　规定　中心　规模
模式　展览　表示　节约　享受　游览　参观　旅游　访问
参加　体系　体现　制度　方法　方案　水平　特点　素质
重点　使命　知识　能力　队伍　品牌　整理　解决　代替
推动　处理　思想　把握　经理　讨厌　观念　问题　提问
机构　优势　重视　考虑　优点　缺点

二、判断下列动词哪些是心理动词。

参加　了解　熟悉　喜欢　讨厌　恨　理解　感动　激动
变化　改变　参观　访问　讨论　商量

三、判断下列动词哪些是及物动词,哪些是不及物动词。

举行　进行　举办　感到　考察　加以　嫌　研究　思考
重视　研究　享受　以为　认为　着想　问世　休息　毕业
送行　上　回　睡觉　帮忙　帮助　发现　请客　知道
散步　理解　解决　发展　结束　游览

四、及物动词带宾语的情况不一样,有些只能带体词性宾语,有些只能带谓词性宾语,有些既可以带体词性宾语,又可以带谓词性宾语。请指出下面动词分别属于哪一类。

说　学　买　会　踢　想　爱　乐意　出席
企图　说明　研究　认为　相信　计划　采取　生产　利用
同意　解释　调查　以为　知道　了解　熟悉　进行　加以
促使　借以　予以　给以

五、判断下列动词哪些能够重叠,不能重叠的请简要说明原因。

  走 吃 看 丢 忘 开 伤 尝 试
  敲 休息 想 考虑 死 迷失 商量 塌

六、判断下列句子是否正确,如果不正确,请改正,并扼要说明理由。

1. 老师,珉正很病了,所以他没来上课。
2. 那首歌我反复听了听好几遍,还是听不懂。
3. 我明天下午要见面一个中国朋友。
4. 昨天晚上我们聊聊天了就回家了。
5. 明年我就毕业大学了。
6. 昨天我们正在散散步的时候他来了。
7. 这本 HSK 辅导书对你们很帮助吗?
  对,很帮助我们。
8. 明天上午你能有上课吗?
9. 明天晚上我们学院要进行一个晚会。
10. 回到宿舍她就哭了,后来一边哭哭,一边说说。
11. 请你把那件衣服洗洗干净。
12. 他们打算一场比赛。
13. 我听听了这盘磁带,发现不是原来(正版)的。
14. 我从小就希望教师这个职业。
15. 我进去的时候,大家都在商量商量这个问题。
16. 他是什么样的人,我非常知道。
17. 这就是老师让我们买买的书。
18. 我毕业高中的时候,父母不让出国。
19. 以前我们在一起学习学习过。
20. 他很喜欢旅游,在中国他已经旅游过很多地方。
21. 明天我们出发宿舍门口。
22. 请代我问好你的父母。
23. 你去送送他们出去吧。
24. 老师,周末我想去参观您。

25. 昨天我上当出租车司机了。

26. 他已经订婚玛丽了。

27. 他请客过好几次了。

28. 任务圆满完成了,今天晚上唱歌唱歌,跳舞跳舞。

39. 我小时候我身体不好,妈妈非常操心我。

30. 我的同屋经常生气我。

31. 他住院了一个月。

32. 我非常决心要通过 HSK 考试。

33. 刚到北京,就我们旅游了很多名胜古迹。

34. 啊!你发烧39度,你可以死。

35. 这个问题我们应该研究一研究。

36. 他尝尝了菜。

37. 他正学习学习呢,你别去叫他。

38. 他一边看看电视,一边吃吃饭。

39. 他们研究研究过了这个问题。

40. 我刚才尝尝的那个菜很好吃。

41. 医生对他说:你的病还没完全好,还不会出院。

42. 我最讨厌人说谎,别再解释了,我不会相信的。

43. 我会进来吗?

44. 请问,这儿能吸烟吗?

45. 你愿意去不去上海?

46. 那时候我想了去英国学习。

47. 我的钱花完了,不会去旅游了。

48. 她真能说,让所有人都很高兴。

49. 妈妈的眼睛好了,现在会看东西了。

50. 她一分钟会写50个字。

七、说出下列句中动词重叠表示哪种语法意义。

(一)时间短、次数少　(二)缓和语气

(三)尝试　(四)有"随便"的意味

1. 榴莲真的很好吃,不信你尝尝。
2. 他来到看了看就离开了。
3. 放假后他每天看看书,睡睡懒觉,游游泳,有时还和朋友一起喝喝酒,过得非常轻松。
4. 他朝我挥了挥手就出去了。
5. 客人太多,我忙不过来,你帮帮我吧。
6. 你等等,我马上给你拿来。
7. 老师,这个问题我还不明白,请您给我再讲一讲。
8. 听说这盘CD更好,来让我听听。
9. 他看了看,会心地点了点头。
10. 他敲了敲那个箱子,感觉里面是空的。

八、简答题:
1. 从意义上分,动词可以分为哪几类?
2. 从能否带宾语的角度分,动词可以分为哪几类?
3. 动词重叠形式有哪些类型,表示什么语法意义?是否每个动词能能重叠?

九、选择合适的词语填空,并根据这些例子总结二者的不同。

(一) 会 和 能
1. 我表弟刚四岁就(　　)游泳了。
2. 我奶奶出院后,又(　　)自己走路了。
3. 你一分钟(　　)跑多远?
4. 她特别喜欢热闹,今天的聚会她肯定(　　)参加。
5. 还有一个小时的时间,我们还(　　)赶上这趟班车吗?
6. 看样子,今天晚上(　　)下雨。

(二) 想 和 要
1. 你不能就这样自暴自弃了,我一定(　　)帮助你。
2. 今年暑假我(　　)跟同学去昆明玩几天,可我妈妈就是不同意。
3. 把他的东西都拿走吧,我(　　)再看到这些东西。(不想

不要)

4. 他们请我参加这次中期评审会议,我也很(　　)去,可最近工作上的事情实在脱不开身。

5. 孩子的事情,让他们自己解决吧,我(　　)参与。(不想　不要)

(三) 肯　和　愿意

1. 我虽然出生在美国,可我同学都说我还是中国人。这都是我父母的教育的结果。记得小的时候,我爸妈从来都不(　　)让我去男同学家去玩。

2. 你别怪他,是我自己(　　)的,没有人强迫我这么做。

3. 不管你以后怎么样,我都(　　)终身陪伴着你。

4. 我儿子很贪玩,只要楼下有小朋友喊一声,他就飞出去疯玩,不喊破嗓子,他是不(　　)回来的。

(四) 应该　和　必须

1. 植物(　　)有水才能生存。

2. 他(　　)是昨天到的。

3. 这种事情你能骗到什么时候,你(　　)告诉她实情。

4. 这批货你(　　)明天送到,否则后果自负。

第四节　形容词

一、形容词及其语法功能

1. 什么是形容词?有何语法功能?
2. 为什么不能说"她很友好我们"?
3. "方便群众、很方便"中"方便"都是形容词吗?
4. 为什么能说"难题"却不能说"难问题"?

5. "他哥哥高"可以说吗？

二、形容词小类

1. 正向形容词和负向形容词：为何不能说"我不如姐姐懒惰"？

2. 一价形容词和二价形容词：为什么能说"对人很友好"而不能说"对人很聪明"？

三、形容词的重叠

1. 形容词重叠的形式：为何不能说"她打扮得漂亮漂亮的"？
2. 形容词重叠有什么语法意义？
3. 形容词重叠的范围：为什么不能说"打扮得美美丽丽的"？
4. "咱们也高兴高兴去"中"高兴高兴"是形容词重叠吗？
5. "糊涂"可重叠成"糊里糊涂"，"干净"为何不能重叠成"干里干净"？
6. 形容词重叠偏误分析："他个子高高"为什么不能说？

四、形容词偏误分析

五、形容词的教学

一、形容词及其语法功能

1. 什么是形容词？有何语法功能？

形容词是表示人或事物的性质的词。形容词的语法功能主要如下：
(1) 形容词能作谓语、定语、状语和补语。例如：

① 北方冷，南方热。（作谓语）

② 那个聪明的孩子不见了。（作定语）

③ 我们努力学习汉语。（作状语）

④ 这衣服洗干净了。（作补语）

(2) 在一定条件下形容词也能作主语、宾语。例如：

① 虚心使人进步，骄傲使人落后。（作主语）

② 愤怒不利于健康。（作主语）

③ 他不喜欢热闹。（作宾语）

④ 第一次看见那个女孩时,他就觉得不错。(作宾语)

(3) 形容词能带补语,但不能带宾语。

① 烤鸭好吃极了。(带补语)

② ＊我好吃烤鸭。(不能带宾语)

(4) 形容词能受"不""很"的修饰。如:"不高、不瘦;很干净、很脏"。

(5) 有些形容词可以重叠。如:

好→好好儿　慢→慢慢　干净→干干净净　高兴→高高兴兴

2. 为什么不能说"她很友好我们"?

之所以不能说"她很友好我们",是因为"友好"是形容词,而汉语的形容词是不能带宾语的。这句话宜改成:

① 她对我们很友好。

这样的例子还有:

② ＊李老师非常严格学生。(李老师对学生非常严格。)

③ ＊我陌生这个城市。(我对这个城市很陌生。)

3. "方便群众、很方便"中"方便"都是形容词吗?

"方便、端正、喜欢、想念"在语法功能上有些共同的特点:都能作谓语,都能带宾语和补语,都能受"不、很"的修饰。例如:

方便	这项措施方便了顾客。	方便极了	不方便	很方便
端正	我们端正了态度。	端正得很	不端正	很端正
喜欢	我喜欢中国文化。	喜欢极了	不喜欢	很喜欢
想念	他想念妈妈。	想念得很	不想念	很想念

但是"方便、端正"和"喜欢、想念"有一点是不同的:"方便、端正"在带宾语的时候不能同时受"很"修饰,而"喜欢、想念"在带宾语的时候能同时受"很"修饰。例如:

方便　＊这项措施很方便了顾客。

端正　＊我们很端正了态度。

喜欢　我很喜欢中国文化。
想念　他很想念妈妈。

所以我们把"喜欢、想念"归入心理动词。"方便、端正"受"很"修饰的同时不能带宾语，它们带宾语和受"很"修饰时意思上有紧密关联，因此我们认为"方便、端正"是形容词兼动词——当它们带宾语时是动词，其他情况下是形容词。（关于兼类词，可参见本章第十五节）

4. 为什么能说"难题"却不能说"难问题"？

前面我们说形容词可以作定语，但并不是说形容词和名词可以任意组合。如：

矮个子/短衣服	*矮衣服/短个子
坚强的意志/坚定的态度	*坚强的态度/坚定的意志
丰富的经验/丰盛的晚宴	*丰富的晚宴/丰盛的经验
难题	*难问题
方桌	*方桌子
老实人	*老实工人

通过对比，我们发现，形容词与所修饰的名词之间有互相选择的关系，即形名搭配是有限制的。这种限制主要表现在意义上，其次表现在音节上。有的甚至是在长期使用中由于经常组合凝固而成的，是习惯性的、没有理据的，对留学生来说需要逐一记忆。所以留学生经常在这方面出现偏误。尤其是那些可以构成不同的形名组合的形容词，在其他语言中常常要用不同的形容词来表达。如："大树、大事、大个子、大雨"等中的"大"。

另外，我们还应该注意，有些形容词是不可以直接修饰名词的。比如表示数量的"多""少"。

① *他有多钱，所以经常请我们客。（他有很多钱，所以经常请我们客。）

② *我们刚考完试，现在有多时间。（我们刚考完试，现在有很多时间。）

③ *清华大学有少女生。（本来要表达：清华大学女生很少。）

④ *我带了少衣服。（我带了很少的衣服。）

5. "他哥哥高"可以说吗?

汉语的形容词可以作谓语,但单独作谓语时有一定的限制,一般只能用于对照、比较的情况。如:

① 南方潮湿,北方干燥。

② 他人小鬼大。

在没有对比意味的句子中,只用一个形容词作谓语,会给人一种语义未完,句子不完整的感觉。所以通常要在形容词前加上"很"。我们一般不会说"他哥哥高",而会说"他哥哥很高"。如果将他和他哥哥进行比较时,可以说"他哥哥高,他矮。"这里的"很"表示程度的意思已经很弱,只是语法上的要求。这一点在对外汉语教学中要特别注意,留学生经常不敢用"很",因为在他们的意识中"很"就是 very。我们在教学过程中要通过举例加以强化。

二、形容词小类

形容词可以从多个角度进行分类,但我们这里仅从实用性的角度出发,谈在对外汉语教学中比较实用的两种。

1. 正向形容词和负向形容词:为何不能说"我不如姐姐懒惰"?

这一问题主要涉及形容词的语义分类。在对外汉语教学过程中,我们有必要了解一下形容词根据语义特征进行的分类。即从人们对某一性质的态度来说,形容词可以分为:

正向形容词:大、长、粗、厚、快、高、胖、好、积极、漂亮、聪明、勤快、善良等

负向形容词:小、短、细、薄、慢、矮、瘦、坏、消极、丑、愚蠢/笨、懒惰、恶毒等

这种分类在对外汉语教学中有时是很有用的。比如在比较句"A 不如 B+形容词"和"A 没有 B+形容词"中,一般只能用正向形容词,而不能用负向形容词。对比如下:

① 我不如姐姐聪明/勤快。

＊我不如姐姐愚蠢/懒惰。

② 哥哥没有弟弟高。

＊哥哥没有弟弟矮。

需注意的是,如果形容词前出现"这么/那么",负向形容词也可以出现在"A没有B那么＋形容词"中。如：

① 他可没你那么笨。

② 北京没有你说的那么脏。

其实,这种句子不是单纯的性质比较,而是对性质的程度的比较。

再如,在用"多＋形容词"表示疑问时,一般也是只能用正向形容词,而不能用负向形容词。对比如下：

你儿子多高/大了？

＊你儿子多矮/小了？

又如,在格式"有点儿＋形容词"中则只能用负向形容词,而不能使用正向形容词。对比如下：

① 那个教室有点脏。

＊那个教室有点干净。

② 他哥哥有点儿懒。

＊他哥哥有点儿勤快。

其实,在对外汉语教学中,我们还会发现很多对形容词有这方面要求的格式。如：祈使句"形容词＋点儿（谦虚点儿）""数量词＋形容词（三斤重）"与表示状态意义的趋向补语连用,如"形容词＋起来"和"形容词＋下来"等,这里不再一一分析。

当然,有时候,所谓正向和负向因人因环境而异,比如买衣服时有人喜欢长,他就可以说"这一件有点儿短"；有人喜欢短,他就可以说"这一件有点儿长。"

2. 一价形容词和二价形容词：为什么能说"对人很友好"而不能说"对人很聪明"？

有些形容词可以受"对……"修饰,如：

① a. 她对陌生人很友好。

② a. 老师对学生很严格。
③ a. 奶奶对客人很热情。
④ a. 他对这一片很熟。

但不是所有的形容词都能受"对……"的修饰,如:

① b. *她对陌生人很聪明。
② b. *老师对学生很漂亮。
③ b. *她对我们很善良。
④ b. *他对我们很富裕。

哪些形容词能受"对……"修饰?这些形容词有什么特点?

一般形容词都是一价形容词,在语义上只要求必须有一种性质的名词性词语(一般看做主体)与它相关联,如上面 b 组例子中的"聪明、漂亮、善良、富裕"等。但是有少数形容词在语义上要求必须有两种不同性质的名词性词语与它相关联,这种形容词被称之为二价形容词,如上面 a 组例子中的"友好、严格、热情、熟"等。也就是说,只有二价形容词才能受"对……"修饰的形容词。(奥田宽 1982,刘丹青 1987)

三、形容词的重叠

形容词重叠是现代汉语很有特色的一个语法现象,留学生在学习形容词重叠时经常出现一些偏误。我们先分析形容词重叠的形式和意义,然后分析留学生的偏误,最后总结形容词重叠在教学中应该注意的问题。

1. 形容词重叠的形式:为何不能说"她打扮得漂亮漂亮的"?

现代汉语中形容词可以重叠,重叠形式有两种情况。

(1) 单音节形容词有两种重叠形式:

a. 重叠后不儿化,形式是"AA"(第二个音节声调不变),如"好好""慢慢"等;

b. 重叠后儿化,形式是"AA 儿"(第二个音节念阴平,且儿化),如"好好儿""慢慢儿"等。

(2) 双音节形容词的重叠形式是 AABB,如"干干净净、漂漂亮亮、快快乐乐、清清楚楚、高高兴兴、漂漂亮亮、轻轻松松"。

"漂亮"是形容词,重叠形式为"漂漂亮亮",所以不能说"她打扮得漂亮漂亮的",而应改成"她打扮得漂漂亮亮的"。

2. 形容词重叠有什么语法意义?

形容词重叠在句中充当的句法成分不同,所表达的语法意义也有所不同。

(1) 形容词重叠作谓语时,重在表示某种感受或体验。对比如下:

① 她的眼睛红红的。(描写+感受)

他的眼睛很红。(客观描写)

② 他的房间天天都干干净净的。(描写+感受)

他的房间天天都很干净。(客观描写)

(2) 形容词重叠作状语和补语时,表示程度深。如:

① 考完了,我要好好儿地玩几天!

② 她把那个名字写得大大的,唯恐来的人看不到。

(3) 形容词重叠作定语时,有描写的作用,一般同时带有喜爱的感情色彩。如:

① 你看这小女孩多可爱,弯弯的眉毛,大大的眼睛,小小的嘴唇。

② 她留着短短的头发,穿着短短的牛仔裙,斜挎着一个小小的背包,很是精神。

3. 形容词重叠的范围:为什么不能说"打扮得美美丽丽的"?

我们说形容词可以重叠,但不是每个形容词都可以重叠。据李大忠(1984)统计,双音节形容词中能重叠的只占1/5左右。但教材中一般并没有明确指出,到底哪些形容词不能重叠。下面我们来看一下哪些形容词不可以重叠。

(1) 带有贬义色彩的形容词一般不可以重叠。如:狠毒、卑鄙、丑、困难、冷漠等。

(2) 带有明显书面色彩的形容词一般不可以重叠。如:美丽、勇敢、伟大、清洁、繁茂、漫长、空旷、艰巨、自豪等。如:

① *她每天都打扮得美美丽丽的。

② 她每天都打扮得漂漂亮亮的。

①句之所以不能说,是因为"美丽"书面语色彩比较浓,不能重叠;而"漂亮"则多用于口语,所以能重叠。

(3) 有一部分口语词也不能重叠。如:合适、新鲜、容易、愉快等。如:

① 我们高高兴兴地玩了一天。

② *我们愉愉快快地玩了一天。

但到底哪些形容词可以重叠,哪些不可以重叠? 目前还没有一个明确的简单的规则,我们只能在教学过程中用格式化的办法(如:AABB)一个一个地告诉学生。

4. "咱们也高兴高兴去"中"高兴高兴"是形容词重叠吗?

汉语中有些双音节形容词表面上看,有两种重叠形式:AABB 和 ABAB 式重叠,例如:

① a. 他们高高兴兴地走了进来。

　b. 别难过了,咱们也跳舞去,也高兴高兴去。

② a. 她们亲亲热热地挽着手。

　b. 他们母女好久不见了,让他们先亲热亲热,我们别去打扰了。

③ a. 他们轻轻松松地拿下了第一局。

　b. 终于考完了! 走,咱们也轻松轻松去。

其实,这些词按照 AABB 式重叠时是形容词,而按照 ABAB 式重叠时是动词。汉语中这样的词并不是很多,常见的有"高兴、痛快、舒服、轻松、亲热、安静、漂亮、干净、快活"等。

5. "糊涂"可重叠成"糊里糊涂","干净"为何不能重叠成"干里干净"?

汉语中能按"A 里 AB"式重叠的形容词并不多,除了"糊涂",还有:

啰嗦	啰里啰嗦	慌张	慌里慌张
邋遢	邋里邋遢	小气	小里小气
土气	土里土气	傻气	傻里傻气
女气	女里女气	流气	流里流气

"糊涂、啰嗦、小气"这些词都是贬义的,"A 里 AB"式含有厌恶、轻蔑的

感情色彩,而"干净、漂亮"等形容词是褒义的,不能按"A 里 AB"式重叠。如：

  干净 *干里干净 漂亮 *漂里漂亮

6. 形容词重叠偏误分析："他个子高高"为什么不能说？

在汉语中,不能说"他个子高高",而要说"他个子高高的",因为形容词重叠式作谓语时后面一定要有"的"。

留学生在学习和使用形容词重叠的过程中常会出现如下问题。

(1) 不能重叠的形容词重叠。如：

  ① *她每天都打扮得美美丽丽的。("美美丽丽"改用"漂漂亮亮")
  ② *那些工艺品都做得细细致致的。("细细致致的"改用"很细致")

上文我们讲过,汉语中并非每个形容词都可以重叠。而留学生把不能重叠的形容词重叠了,从而造成偏误。

(2) 形容词重叠前后出现表示程度的副词。如：

  ① *她把我的房间打扫得干干净净极了。(把"极了"换成"的",或者把"干干净净"改用"干净")
  ② *下课后,同学们都很高高兴兴地走出了教室。(去掉"很",或者把"高高兴兴"改用"高兴")
  ③ *他拿出一条很白白的手绢。(去掉"很",或把"白白"改用"白")
  ④ *我有点儿高高兴兴的。(去掉"有点儿")
  ⑤ *她的房间非常干干净净。(去掉"非常",或者把"干干净净"改用"干净")
  ⑥ *下班的时候北京的公共汽车上热热闹闹得很。(把"得很"换成"的",或者把"热热闹闹"改用"热闹")

形容词的重叠形式具有较强的描写性,表示程度很高,因此不能跟表示程度的"很、非常、有点儿、极了"等共现。

(3) 形容词重叠作定语、谓语、状语或补语时遗漏"的""地"。如：

形容词重叠式作定语、补语、谓语时后面一定要有的"的",作状语时后边一定要有"地",例如：

① 蓝蓝的天空上飘着几朵白云。

② 她把桌子擦得干干净净的。

③ 她的眼睛大大的。

④ 孩子们高高兴兴地回家去了。

而留学生经常忽略"的"和"地",从而出现偏误。如:

① *蓝蓝天空上飘着几朵白云。(蓝蓝的天空上飘着几朵白云。)

② *她男朋友的个子高高。(她男朋友的个子高高的。)

③ *她每天都把女儿打扮得漂漂亮亮。(她每天都把女儿打扮得漂漂亮亮的。)

(4) 形容词重叠误用于"比"字句。如:

① *姐姐比我漂漂亮亮。(姐姐比我漂亮。)

② *中国的孩子没有我们快快乐乐。(中国的孩子没有我们快乐)

③ *我们比上个学期轻轻松松。(我们比上个学期轻松。)

此类偏误是留学生误把形容词重叠式用在了"比"字句。我们知道汉语"比"字句中只能是表示性质判断的形容词,不能是描写状态的状态词、程度副词+形容词和形容词重叠式,即形容词重叠后是不能用于"比"字句的。

四、形容词的偏误分析

在汉语中不能说"他是高",而要说"他很高"。留学生出现这种偏误的原因是没有掌握汉语形容词作谓语的特点。和别的语言(如英语、俄语等)相比,现代汉语的形容词在使用中有其自身的特点,比如可以重叠,可以直接作谓语等等。这些都会给留学生造成一定的困难。所以形容词也是留学生学习汉语的难点之一,他们在形容词使用方面很容易出现偏误。这些偏误主要可以分为以下几种情况:

(1) 用单个形容词直接作谓语,缺少必要的程度副词。如母语为英语的留学生要表达:

① I am well.

② He is handsome.

③ She is beautiful.

这些意思的时候,经常说成:

① *我好。

② *他帅。

③ *她漂亮。

中国人听到这样的句子,会觉得话没说完。因为在汉语里形容词单独作谓语都含有比较的意味。例如:"他认真,我不认真。""北方干燥,南方潮湿。"如不表示比较,形容词前往往要加一些副词,说成:

① 我很好。

② 他很帅。

③ 她很漂亮。

这些句子中的"很"并不是表示程度高,只是为了满足语法音律上的需要。否则就会给人一种语义未完之感。

(2) 形容词谓语前加"是"。

汉语的形容词可以单独作谓语而不需要前加动词,这一点有别于英语。在英语中,形容词不能独立作谓语,一定是用在 be(am/is/are)动词后,做表语。如:

① He ia tall.

② She is smart.

③ You are good-looking.

在汉语形容词做谓语方面,留学生尤其是母语为英语的留学生经常出现的一个错误,就是在形容词前面加"是"。汉语只有表示肯定某人的说法时,才会在作谓语的形容词前面加"是",例如:

A:我记得北京的夏天非常热。

B:北京的夏天是非常热。

而留学生所用的"是"并非表示强调的副词"是",而是表示判断的动词"是"。如:

① * 他是高。

② * 她是聪明。

③ * 你是好看。

这种偏误多是受母语负迁移的影响而造成的。

(3) 形容词误带宾语。如：

① * 她很友好我们。（她对我们很友好。）

② * 我错了他的地址，所以没寄到。（我写错了他的地址，所以没寄到。）

③ * 我们快点干净教室吧。（我们快点把教室打扫干净吧。）

④ * 这件衣服很合适你。（这件衣服很适合你。）

(4) 用"副词＋形容词"直接修饰名词，忽略"的"。如：

① * 我是不认真学生。（"不认真学生"改用"不认真的学生"）

② * 他是很好人。（"很好人"改用"很好的人"）

③ * 她是我们班最好学生。（"最好学生"改用"最好的学生"）

"副词＋形容词"修饰名词时一定要加"的"。如：很认真的学生、最好的朋友。

(5) 形容词重叠方面的偏误。如：

① * 那个女孩眼睛很大大的。（去掉"很"）

② * 别看是男生，他的房间天天都整整齐齐。（"整整齐齐"后加"的"）

③ * 他的女朋友跟他分手后，他痛痛苦苦的。（"痛苦"不能重叠，"痛痛苦苦的"改用"很痛苦"）

(6) 形容词作谓语时，句末误加"了"。如：

① * 我们的教室很干净了。（去掉"了"）

② * 昨天我们去天安门时人很多了。（去掉"了"）

③ * 今年北京的春天很冷了。（去掉"了"）

但如果句子表示事物的状态发生了变化，句末可以加"了"。如：

① 她现在漂亮了。

② 爷爷的身体好了。

③ 今天暖和了。

一般情况下,形容词作谓语并不表示某种变化,而只表示某种性质状态,即使是表示过去的状态,也不加"了"。但是有些语言(如英语、俄语等),形容词是有过去形态的,因此留学生在这方面的偏误是比较多的。

(7) 词语搭配不当。如:

① *医生告诉我们爷爷的病很严肃。("严肃"改用"严重")

② *她很短。("短"改用"矮")

③ *我们国家的出生率越来越小。("小"改用"低")

④ *他有一个圆满的家庭。("圆满"改用"美满")

⑤ *社会发展越来越多,所以年轻人越来越喜欢花钱。("多"改用"快")

⑥ *我们国家的年轻人环保意识不高。("高"改用"强")

五、形容词的教学

在对外汉语教学过程中,我们发现,形容词的偏误率比较高,但不管是低年级还是中高年级的留学生,形容词偏误率最高的是语义、词语搭配方面。具体到教学,我们可以从三个方面注意形容词的教学。

首先,要用格式化的办法讲清楚形容词的语法特点。如:能否受"很"的修饰,能否重叠,重叠形式怎么样等等。

其次,还要通过举例的办法让留学生明白其具体使用环境。如果只按照一般词典的释义,留学生出现偏误是在所难免的。如:形容词"优美"(引自陆俭明 2005c)一般辞书或教材中是这样解释的:

优美:美好。《现代汉语词典》、《新华词典》

美妙;好看。《两岸现代汉语常用词典》

优雅而美丽;美好。《现代汉语规范词典》

这些解释错了吗?没有。但这种解释对留学生是远远不够的,因为留学生没有任何语感,他们对词语的掌握要么来自教材、词典,要么来自老师,如果前者无法做到讲清楚具体使用环境,就要求老师必须讲清楚其具体使用场合。否则就会出现：

① *现在中国人的生活越来越优美了。（"优美"换成"美好"）
② *我相信你会实现你优美的理想。（"优美"换成"美好"）

出现这类偏误的原因就在于留学生不知道"优美"的具体使用环境。如果老师能够通过举例的办法告诉学生"优美"是用来说明姿势、造型或者环境，那么留学生出现偏误的概率就会降低很多。如：

优美：……很优美　　　　优美的 N　　　　*AABB
　　　环境很优美　　　　优美的环境
　　　舞姿很优美　　　　优美的造型

再如留学生经常出现如下偏误：

① *她的身体很优秀。
② *那个小孩身体很硬朗。

出现这样的错误，也是因为他们不知道"优秀、硬朗"的适用对象。"优秀"的意思是"非常好"，但其适用对象比"好"窄多了，只形容"成绩、学问、人、作品"等。"硬朗"虽然可以用来形容"人的身体"，但只适用于"老人"。如果老师能够通过举例的办法让学生明白词语的使用对象，这种偏误出现的概率就会降低很多。因此，在第二语言教学中，学习那些适用对象比较窄的形容词时，教师应该尽量把那些适用对象都列举出来。

最后，要注意对一些常用的近义形容词进行辨析。

另外，形容词重叠的形式和功用也是留学生比较难掌握的语法项目之一。所以在教学过程中我们应该告诉学生不是任何一个形容词都可以重叠，也不是重叠之后可以充当任何句法成分，同时尽量结合学生的偏误说明不同类形容词重叠的使用条件。

思考与练习五

一、简答题：

1. 什么是形容词？形容词有什么样的语法功能？
2. 请举例说明形容词重叠的形式和功能。

3. 形容词重叠在使用中要注意什么?
4. "高兴"的重叠形式既可以是"高高兴兴",又可以是"高兴高兴","高兴""高高兴兴"和"高兴高兴"在语法功能和语法意义上有什么不同?请举例说明。
5. "慌张、邋遢"不能按照"AABB"重叠,但可以按"A里AB"式重叠,例如:

慌张——慌里慌张   邋遢——邋里邋遢

像这样的形容词还有哪些?这些形容词有什么特点?
6. 留学生在形容词的使用中容易出现哪些偏误?教学中应注意什么?

二、指出下列哪些词不能重叠,并写出其他词的重叠形式。

黑　长　累　病　饿　整齐　安静　难吃　喜欢
热闹　高兴　想念　冰凉　舒服　咳嗽　金黄　彩色　感冒
休息　帮助　帮忙　学习　等　输　想念　游泳　大
国营　干净　雪白　整齐　美丽　洗澡　努力　笔直　难看

三、判断下列句子是否正确,如果不正确请加以改正,并说明理由。

1. 大家都对我们很热情。
2. 他很高不很高?
3. 你女朋友漂亮不漂亮吗?
4. 他是不好老师。
5. 我是好学生。
6. 这件毛衣没贵,买一件吧。
7. 这里的人很友好我们。
8. 她仔仔细细地检查了两遍。
9. 北京越来越很漂亮。
10. 这件衬衫的颜色和样子都合适你。
11. 天安门广场雄雄伟伟的。
12. 她非常认认真真地填上了自己的名字。
13. 北京大学是漂亮。

14. 我不如他笨。
15. 我的这个朋友时髦。
16. 我们班有多人。
17. 我的同屋比我旧。

第五节　状态词

> 一、状态词及其语法功能
> 1. "红""通红"都是形容词吗？
> 2. 状态词主要有哪些类型？
> 3. 状态词的主要语法功能是什么？
> 4. 留学生为什么会说"墙壁雪雪白白"？
>
> 二、状态词的偏误分析
>
> 三、状态词的教学

一、状态词及其语法功能

1. "红""通红"都是形容词吗？

"红"和"通红"虽然都是形容红色，意思相近，但在语法功能上有很大差别。

（1）"红"能受"不""很"修饰，而"通红"不能。例如：

红　　　不红　　　很红

通红　　*不通红　　*很通红

（2）"红"能带补语，可是"通红"不能带补语。例如：

红　　　红极了　　　红得很

通红　　*通红极了　　*通红得很

（3）"红"和"通红"都能作补语,但"红"作补语可以带"得",也可以不带"得";可是"通红"作补语时一定要带"得"。例如:

红　　　染红　　　染得红
通红　　＊染通红　　染得通红

从以上的分析可以看出,"红"和"通红"不是同一类词。也就是说,"红"是形容词,"通红"不是形容词。

2. 状态词主要有哪些类型?

上面我们把"红"和"通红"作了比较,发现二者在语法功能上有很大的区别。所以我们说"红"是形容词,而"通红"是状态词。汉语中像"通红、雪白、冰凉、笔直、蜡黄、漆黑、绿油油、灰蒙蒙、白不呲咧、黑咕隆咚"这类词,从表面看,似乎跟形容词差不多,但从语法意义上看,这些词跟形容词不同,形容词表示人或事物的性质,而这些词都表示人或事物的状况或情态。所以我们把这类词称为"状态词"。

汉语中常见的状态词有以下几小类。

AA 式:纷纷、皑皑、累累等
AB 式:雪白、银白、金黄、漆黑、煞白、冰凉、乌黑、笔直、通红、碧绿等
ABB 式:黑乎乎、慢腾腾、红通通、绿油油、沉甸甸、气冲冲、静悄悄等
A 里 AB 式:糊里糊涂、马里马虎、小里小气、慌里慌张、傻里傻气等
AABB 式:弯弯曲曲、病病歪歪等
其他:傻里吧唧、老实巴交等
形容词重叠形式:好好、早早、慢慢、干干净净、大大方方、漂漂亮亮等

3. 状态词的主要语法功能是什么?

和一般形容词相比,状态词具有以下语法功能:

(1)在句中主要作谓语、定语、补语、状语。作谓语、补语时,除了 AB 式外,一般后加"的";作定语、状语时后面一般也应该加"的"或"地"。如:

① 她的脸红通通的。(作谓语)
② 天灰蒙蒙的,没有风。(作谓语)
③ 他旅行了一个月,晒得黑不溜秋的。(作补语)
④ 图书馆前边是一篇碧绿的草地。(作定语)
⑤ 金黄的麦浪。(作定语)

⑥ 他的手冻得冰凉。(作补语)

⑦ 他慌里慌张地跑来了。(作状语)

⑧ 他急匆匆地跑了过去。(作状语)

(2) 不能受"不、很"的修饰。如：

＊很漆黑　　　＊非常热乎乎　　　＊最通红

＊不雪白　　　＊不红彤彤　　　　＊不稀里糊涂

这是因为状态词的词义中已经包含了对性质或状态的程度的描述。如"雪白"的意思是"像雪一样白"，"冰凉"是"像冰一样凉"的意思。

(3) 不能带补语。如：

＊乌黑极了　　　＊冰凉得不得了

(4) 重叠方式和一般形容词不同：一般形容词的重叠方式是AABB，而状态词(主要是AB式的)的重叠方式是ABAB。如：

雪白→雪白雪白　　通红→通红通红　　喷香→喷香喷香　　煞白→煞白煞白

冰凉→冰凉冰凉　　笔直→笔直笔直　　贼亮→贼亮贼亮　　金黄→金黄金黄

4. 留学生为什么会说"墙壁雪雪白白"？

我们把"状态词"单独列为一类词到底有没有必要呢？我们先来看留学生按照教材里的标注(即状态词没有特殊说明，只是和一般形容词一样标为"形容词")造出的句子：

① ＊我们教室的墙壁雪雪白白。("雪雪白白"改用"雪白雪白的")

② ＊下课后我们教室外面很乱哄哄。("很乱哄哄"改用"乱哄哄的")

③ ＊她稀里糊涂极了。("稀里糊涂极了"改用"稀里糊涂的")

从上面的偏误,我们可以发现留学生之所以出错,是因为他们把状态词当作一般的形容词来使用了。如例①把状态词"雪白"按一般形容词的重叠形式AABB重叠,其实状态词的重叠式应该是ABAB。当然,这不能怪学生。一是我们教材没有做出标注,二是目前有些老师对这些状态词也不够敏感,注意不够。所以我们认为,在对外汉语教学中,状态词应该引起我们的足够重视,所以有必要单独列为一类。

二、状态词的偏误分析

留学生在习得状态词的过程中容易出现的偏误有以下几种：
(1) 误用程度副词修饰或者误带程度补语。如：

① *下课后我们教室外面很乱哄哄。("很乱哄哄"换成"乱哄哄的")
② *我们老师天天都很急急忙忙的。(删去"很")
③ *她马里马虎极了。("极了"换成"的")

前面我们说过，因为状态词本身已经包含程度的意思，所以不能再受程度副词的修饰，后面也不能带程度补语。但留学生因为不知道这些词的特点而误把它们等同于一般形容词使用，从而出现了上述偏误。

(2) 重叠形式有误。如：

① *听到我们说她的男朋友，她的脸通通红红。("通通红红"换成"通红通红的")
② *我们教室的墙壁雪雪白白。("雪雪白白"换成"雪白雪白的")

状态词的重叠形式应该是 ABAB，留学生误作一般形容词重叠，从而出现上述偏误。

(3) "的""地"的遗漏。如：

① *我不喜欢喝冰凉水。("冰凉水"换成"冰凉的水")
② *他的女朋友长长头发，圆圆脸，很漂亮。("长长""圆圆"后加"的")
③ *我刚买的烤白薯热乎乎。("热乎乎"后加"的")
④ *他慌里慌张跑出去了。("慌里慌张"后加"地")

状态词无论是做定语、谓语还是状语，通常都要用"的"或"地"，留学生有时会遗漏"的"或"地"。

三、状态词的教学

既然我们已经意识到应该注意状态词的特点和留学生的偏误，那么我们应该如何处理这一问题呢？我们觉得最好采取语法词汇化的手段，即随遇随教，先分散后总结的办法，即见到一个状态词，就把这个词乃至同类型状态词的用法给学生讲明白,只需要让学生知道这种词的具体用法就可以,而没必要让学生去了解"状态词"这种概念。尤其是在教材没有标注的情况下,教师应该能预见到学生用这些词会出现哪些问题,应该如何提前预防。比如,在学习"傻乎乎"或者"雪白"这些词时,我们给学生列出:

　　＊很/非常/特别＋～　　＊很傻乎乎
　　～的＋名词　　　　　　傻乎乎的样子
　　～地＋动词　　　　　　她傻乎乎地站起来了。
　　重叠形式:ABAB　　　 雪白雪白的墙壁。

状态词学到一定数量之后,引导学生注意这类词的语义及语法特征。语义上,状态词本身已经包含了程度的意思,语法上就不再受程度副词的修饰和程度补语的补充。

思考与练习六

一、简答题:

　　1. 什么是状态词?请举例说明状态词和形容词的区别。

　　2. 从语法功能上看,单音节形容词重叠式("好好""慢慢")该属哪个词类?双音节形容词重叠式("干干净净""高高兴兴")该属哪个词类?

　　3. 请分析"金、金色、金黄、黄"在语法功能上的异同,并将它们归入相应的词类。

二、指出下列哪些词能受"很"的修饰,并判断其词类。

　　感冒　　愉快　　金黄　　爱　　　冷冰冰　　黑白　　努力
　　想念　　中式　　喜欢　　咳嗽　　讨厌　　　发怒　　愤怒
　　气愤　　惊讶　　发火　　担心　　主张　　　小心

三、判断下列句子是否正确,如果不正确,请加以改正并说明理由。

　　1. 她瞪着十分血红的眼睛,很可怕。

　　2. 他们的脸红通通极了。

　　3. 她儿子个子高高,眼睛大大,很帅。

4. 下课以后我们教室乱哄哄。
5. 她刚从外面进来,手很冰凉。
6. 她慢腾腾站起来。
7. 那是一条笔笔直直的马路,两边还有很多树。

第六节 区别词

一、区别词及其语法功能
二、区别词的偏误分析
三、区别词的教学

一、区别词及其语法功能

区别词是指下面这样一些词,它们在意义上有区别事物的作用,主要用来给事物进行分类。如:

男 女 公 母 雌 雄 荤 素 金 银
微型 大型 急性 慢性 彩色 黑白 国营 私营 野生 日常

相对于其他词类来说,它的"年龄"还不算大,这并不是说以前没有这些词,而是说语言学界根据其特点给出"区别词"这一称谓的时间比较晚。正是因为它年轻,所以目前很多教材并没有改名换姓,而只是标为形容词,国外有的教材甚至标为名词。"名不正则言不顺",这种做法自然影响到学生的理解和使用,比如在使用中出现下面的偏误:

① *我喜欢特别新式的服装。(去掉"特别")
② *我们大学是公立。("公立"后加"的")

区别词几乎是一个封闭的词类,比较常见的并不是很多。从构词法的角度来看可能更有助于记忆。

单音节区别词：

男、女；公、母；正、副；雄、雌；单、双；荤、素等

双音节区别词：

～式：中式、西式、美式、日式、韩式、男式、女式、老式、新式等

～型：大型、中型、小型、微型、重型、轻型、复合型、单一型、应用型等

～等：初等、中等、高等、优等、劣等、头等、低等、上等等

～性：良性、恶性、急性、慢性、世界性、全球性、国际性等

～级：初级、中级、高级、特级、甲级、乙级、超级等

～色：米色、藕色、桃色、茶色、酱色、彩色等

～质：木质、纸质、金质、土质、铁质、银质等

～本：草本、木本等

～动：自动、手动、电动等

有～：有形、有机、有色、有线、有轨、有声、有期等

无～：无形、无机、无色、无线、无轨、无声、无期等

单～：单程、单轨、单色、单面、单项、单孔、单边等

双～：双程、双轨、双色、双面、双项、双孔、双重、双色、双边等

公～：公共、公有、公立、公费、公示等

多～：多元、多边、多极、多维、多民族等

国～：国营、国有、国产、国家级、国立等

私～：私营、私人、私立等

其他：野生、机动、袖珍、椭圆、家养等

区别词主要有以下语法功能：

(1) 能直接修饰名词或跟结构助词"的"组合，如"男人""女人""黑白电视""彩色电视"和"男的""女的""黑白的""彩色的"等。

(2) 不能作谓语、主语、宾语、补语，也不能带补语，组成"的"字结构后可以作主语、宾语。经常用在"……是～的"格式中。如：

① *那家工厂国营。（不能作谓语）

② *男去比赛，女加油。（不能作主语[①])

[①] 如有上下文，有时可以。如：得了肿瘤也没那么可怕，良性还是很容易治愈的。

③ *我们喜欢私营。(不能作宾语)

④ *做得很优等。(不能作补语)

⑤ *优等极了。(不能带补语)

⑥ 今天男的参观,女的自由活动。(加"的"作主语)

⑦ 我们喜欢中式的。(加"的"作宾语)

⑧ 来的那个人是男的,不是女的。(加"的"作宾语)

(3) 不能受程度副词修饰,否定时前面可以加"非",不能加"不"。如:

① *我们的照片很彩色。

② *这次会议很国际性。

③ *这种病是不恶性的。

④ 这种病是非恶性的。

二、区别词的偏误分析

区别词数量不多,语法功能也不太复杂,但是留学生很容易把它们当作一般的形容词使用以致出现偏误。常见的偏误有以下几种情况:

(1) 把区别词误当形容词使用。如:

① *我的汉语很初级。(我的汉语是初级水平/我的汉语水平很低。)

② *那家超市不大型。(那家超市不大/不太大/不是大型的。)

③ *他买了一件很新式的衣服。(他买了一件新式的衣服。)

(2) 把区别词用作谓语。如:

① *这家公司私营。(这家公司是私营的。)

② *我的衣服中式。(我的衣服是中式的。)

(3) 区别词单独作主语、宾语。如:

① *这种工作男适合,女不适合。("男""女"后加"的")

② *我喜欢中式。("中式"后加"的")

③ *我觉得不应该用一次性。("一次性"后加"的")

不过在一些对举格式中,区别词可以单独作主语、宾语,如:

① 男主外,女主内。
② 急性好治,慢性难治。
③ 很多公司从国营变成了私营。

(4)"的"的遗漏。如:

① *你这样做是非法。("非法"后加"的")
② *我们的大学是国立。("国立"后加"的")

三、区别词的教学

区别词是汉语中特有的词类,以前一直被归入形容词,近一二十年来,越来越多的语法学者倾向于把这类词独立出来。不过,现在不少汉语语法书和教材还是把它们标作形容词,这对留学生来说是一个很大的问题。因此,教师在讲解属于区别词的生词时,一定要用格式化举例的办法而非语法术语的办法讲清其用法,并加以强调,引起学生的高度重视。同时,教师可以有意识地引导学生对已学过的分属于不同词类的近义词进行比较,如"金"和"金色""金黄"等,这样不但能让学生复习已学过的语法知识,加深对新语法知识的理解,而且可以把知识和运用有效地结合起来。

遇到区别词,我们最好明确告诉学生这样的词只能用在下面两种格式,免得让学生走弯路。

　　……是~的　　　如:这电视机是彩色的,不是黑白的.
　　~＋名词　　　　如:国立大学/私立学校　正教授/副教授
　　*不/很/非常＋~　如:*他的工作是很临时的。
　　　　　　　　　　　　*不冒牌
　　　　　　　　　　　　*非常西式

思考与练习七

一、简答题:

1. 什么是区别词?请举例说明区别词和形容词在语法功能上的

不同。

2. 举例说明留学生在学习和使用区别词的过程中容易出现的偏误,并提出自己的教学对策。

二、判断下列词语哪些是区别词,哪些是状态词,哪些是形容词。

喜欢　愉快　金黄　爱　冷冰冰　黑白　努力　想念
中式　认真　讨厌　中档　豪华　气愤　惊讶　发火
担心　主张　小心　首要　笔直　热乎乎　冷淡　粉红
红　富裕　发达

三、判断下列句子是否正确,如果不正确,请加以改正并说明理由。

1. 我们觉得这样的话题非常私人。
2. 这样的画男不喜欢但女喜欢。
3. 这次会议是国际性。
4. 她的衣服大多是中式。
5. 她给丈夫买了一双很新式皮鞋。
6. 这次会议是不正式,请大家随便。
7. 爷爷的病很恶性。

第七节　副　词

一、副词及其语法功能

1. 什么是副词？有何语法功能？
2. 可以说能作状语的都是副词吗？
3. 副词应该归入实词还是虚词？
4. 副词和形容词的区别："突然"和"忽然"有何不同？
5. 时间副词和时间名词的区别："刚才"和"刚"一样吗？

二、副词的小类

1. 副词可以分成哪些小类?
2. "他比你还高""他还没来呀""你还老师呢"中"还"一样吗?

三、近义副词辨析

1. 可以从哪些角度对近义副词进行辨析?
2. "偷偷""悄悄"和"暗暗"有何不同?
3. "竟然"和"果然"有何不同?
4. "赶忙"和"赶紧"有何不同?
5. "互"和"互相"有何不同?
6. "千万"和"万万"有何不同?
7. "明"和"明明"有何不同?
8. "再"和"还":为何不能说"我再想看一次"?
9. 为何能说"请你稍等"而不能说"请你稍微等"?
10. 为何能说"白干"而不能说"白白干"?
11. 为何能说"你们立刻准备"而不能说"你们顿时准备"?
12. 为何能说"她常常去跳舞"而不能说"她往往去跳舞"?
13. "已经"和"曾经"有何不同?
14. "又唱了一首"和"再唱一首"有何不同?
15. "这件衬衫很大"和"这件衬衫太大了"有何不同?
16. 可以说"'不'不能用于过去,'没(有)'不能用于将来"吗?
17. 为何能说"有点儿长"而不能说"一点儿长"?

四、副词个案讲解

1. "都"主要表示什么语法意义?具体该怎么用?
2. "才"跟数量成分一起使用时,表示什么意思?跟"就、都"有何不同?
3. "差点儿哭了"="差点没哭","差点儿考上"≠"差点没考上",为什么?
4. "明天再去""说完再干"和"再贵也要买"中的"再"意思一样吗?

五、副词的教学

一、副词及其语法功能

1. 什么是副词？有何语法功能？

汉语里的副词是指只能做状语的词,通常用在动词、形容词前面起修饰、限制作用,有的也可以修饰整个句子。

副词的语法功能很窄,主要表现为:

(1) 一般的副词只能作状语。如:

① 我们<u>都</u>希望你来参加。
② 这样做<u>太</u>好了。

(2) 副词一般不能单独成句,只有少数可以单独回答问题(陆俭明1982)。如:

① A:昨天的表演怎么样?
　 B:好/很好/ ＊很。
② A:你明天回来吗?
　 B:也许。
③ A:你爱你的祖国吗?
　 B:当然。

(3) 有些副词在句中起关联作用,常用来连接两个动词或形容词,也可连接两个分句。如:

① 他一开口<u>就</u>笑。
② 汉语<u>越</u>学<u>越</u>有意思。
③ <u>再</u>难<u>也</u>要学下去。

(4) 有些副词还可以充当补语,但仅限于表示程度的"极""很"等。如:

① 听到这个消息,他高兴<u>极</u>了。
② 北京烤鸭香得<u>很</u>。

2. 可以说能作状语的都是副词吗?

我们说副词是能作状语而且只能作状语的词,但不能反过来说"能作状语的都是副词"。因为在汉语中能作状语的除了副词外,还有形容词、名词,特别是时间名词,甚至个别动词也能作状语。我们判断一个词是副词还是别的词类不能仅仅只看它是否能作状语,还要看它除了作状语外,还能否作别的句子成分。如果只能作状语就是副词,如果除了作状语外还可以作其他句子成分,如定语、谓语和补语,那么就是形容词。这一点和英语是不同的。在英语中形容词是不可以直接作状语的,只要作状语,形容词就要发生词形的变化,如形容词"quick"作状语时要变为副词"quickly"。所以我们切不可用判断英语词类的办法来判断汉语的词类,特别是副词。

3. 副词应该归入实词还是虚词?

关于副词到底应该归入实词还是虚词,学界主要有三种观点。一是归入实词,如胡裕树主编的《现代汉语》,黄伯荣、廖序东主编的《现代汉语》和张静主编的《现代汉语》等。二是归入虚词,如吕叔湘、朱德熙的《语法修辞讲话》,朱德熙的《语法讲义》,陆俭明、马真的《现代汉语虚词散论》、北京大学中文系现代汉语教研室编著的《现代汉语》等。三是认为副词介于虚实之间。如郭绍虞在《汉语语法修辞新探》中认为"副词是介于虚实之间的最复杂的词类"。汪小宁(1996)主张将汉语词类划为实词、虚词、中词,副词属于中词。张谊生(2000)则将副词分成两类,把表示词汇意义为主描摹性副词归入实词,把表示功能意义为主的限制性副词和表示情态意义为主的评注性副词归入虚词。

从对外汉语教学的角度来看,到底归入实词还是虚词意义并不是很大,关键在于能采取合适的办法使学生能够正确运用这些词。

4. 副词和形容词的区别:"突然"和"忽然"有何不同?

副词在句中能而且只能作状语,而形容词则不同,除了能作状语(有的形容词不能作状语,如"伟大""干净"等)外,还能作谓语、定语、补语,有时还可以作主、宾语。下面我们通过"突然"和"忽然"的不同来说明形容词和副词的区别。

"突然"是形容词,而"忽然"是副词。它们的语法功能对比如下:

语法功能		突然		忽然
作状语	＋	他突然大叫起来。	＋	他忽然大叫起来。
作谓语	＋	这件事太突然了。	－	*这件事太忽然了。
作定语	＋	突然的一件事。	－	*忽然的一件事。
作补语	＋	这件事发生得太突然了。	－	*这件事发生得太忽然了。

通过对比,我们发现"突然"在句中除了作状语外,还可以作谓语、定语、补语;而"忽然"只能作状语。所以我们说"突然"是形容词,而"忽然"是副词。在对外汉语教学中如遇到这种词形和词义都相近,而词性不同的词,我们应该用对比的办法,采取格式化的方式让学生明白其区别。如:

突然:很/太突然　突然的N　动词+得太/很突然　突然+动词
忽然:*很/太忽然　*忽然的N　*动词+得太/很忽然　忽然+动词

同样的例子再如"偶然"和"偶尔":"偶然"是形容词,而"偶尔"是副词。它们的语法功能对比如下:

语法功能		偶然		偶尔
作状语	+	他偶然发现了朋友的秘密。	+	他主要写小说,偶尔写写诗歌。
作谓语	+	这件事太偶然了。	-	*这件事太偶尔了。
作定语	+	偶然的一个机会。	-	*偶尔的一个机会。
作补语	+	这种现象出现得太偶然了。	-	*这种现象出现得太偶尔了。

通过对比,我们发现"偶然"在句中除了作状语外,还可以作谓语、定语、补语;而"偶尔"只能作状语。所以我们说"偶然"是形容词,而"偶尔"是副词。同样都可作状语,但其语义仍有不同:"偶然"是指某事的发生不是必然的,如"我昨天去买衣服,偶然发现了一本好书",去之前我并没想到一定会发现这本好书。而"偶尔"是指不经常做某事。如:他的专业是中国画,偶尔也画几张西洋画。

5. 时间副词和时间名词的区别:"刚才"和"刚"一样吗?

时间副词和别的副词一样,只能作状语;而时间名词除了作状语外,还可以作主、宾语和定语,同时受其他词语的修饰。如"即将"和"将来"的不同,正是因为词性不同造成的,"即将"是时间副词;而"将来"是时间名词。用法对比如下:

即将:只能作状语。如:奥运会即将召开。

将来:可作状语。如:我将来一定去看看。

　　　可作定语。如:将来的打算现在先放一放。

　　　可作主、宾语。如:孩子的将来应该由孩子自己来决定。

> 我们还应该考虑到将来。

再如"刚才"是时间名词,而"刚"是时间副词。它们在句法功能上的不同对比如下:

语法功能	刚才		刚	
作状语	+	他刚才说过了。	+	他刚说过。
作定语	+	他刚才的表现有点让人吃惊。	−	*他刚的表现有点让人吃惊。
作主、宾语	+	刚才是刚才,现在是现在。	−	*刚是刚,现在是现在。

同样的还如"现在"和"正在"。此不赘述。

二、副词的小类

1. 副词可以分成哪些小类?

从副词所表示的意义来看,副词可以分为以下几类:

(1) 程度副词:很、非常、太、极、最、更、非常、格外、稍微、十分、极其、较等。

(2) 范围副词:都、只、一共、仅仅、光、统统、全等。

(3) 时间副词:正、刚、才、就、立刻、偶尔、曾经、已经、逐渐、正在、顿时等。

(4) 肯定/否定副词:不、没(有)、别、甭、准、必定等。

(5) 频率副词:又、再、还、再三、常常、往往、屡次等。

(6) 语气副词:偏偏、难道、简直、究竟、竟然、反正、到底、多亏、索性、干脆等。

(7) 方式副词:悄悄、暗暗、亲自、互相、偷偷、亲身、特地等。

2. "他比你还高""他还没来呀""你还老师呢"中"还"一样吗?

这三个句子中的"还"属于不同的副词小类。"他比你还高呢"中的"还"是表示程度的程度副词;"他还没来呀"中的"还"是表示时间的时间副词;而"你还老师呢"中的"还"是表示语气的语气副词。

类似的例子如"就"。"你不让我去,我就要去""我就一个姐姐"和"我5点就起床了"中的"就"也属于不同的副词小类。"你不让我,我就要去"中的"就"是表示语气的语气副词,带有一种故意的语气,相当于"偏";"我就一个姐姐"中的"就"是表示范围的范围副词,相当于"只";而"我5点就起床了"中的"就"是表示时间的时间副词。

三、近义副词辨析

1. 可以从哪些角度对近义副词进行辨析?

在对外汉语教学中,我们经常发现中国人司空见惯习焉不察的一些近义副词,留学生往往不明白其不同,我们的词典也经常同义互释,这更给留学生造成了很大的困扰,所以这就要求对外汉语教师具有辨析其不同的基本功。另外,还要求老师对这个问题有一个正确的态度,不要随便对留学生说"这两个词差不多",我们要相信语言具有经济性原则,不会浪费任何一个词,如果A词可以被B词替换,那么语言系统为什么要浪费这个词呢?就像哲学家黑格尔所说"存在的就是合理的"。只有认识到了这一点,我们才会去想办法去寻找其不同。辨析近义词语的一个比较好的办法就是尽可能多地找例句,例句充分了,自然能归纳发现其不同;例句少就有可能以偏概全得出片面的结论,正如王力先生所说"例不十,法不立"。总之,要能准确全面地告诉学生近义副词的不同,首先要求老师应有正确的态度;其次,要求老师要具有深厚的现代汉语语法功底;第三,要善于在看似杂乱无章的语言材料中发现其细微的区别。

根据我们的观察,对近义副词的辨析我们可以从以下几个方面进行:(马真2004)

(1) 意义具有细微区别。如:"偷偷""悄悄"和"暗暗"。

(2) 对句类有特殊的选择。如:"赶忙"和"赶紧"。

(3) 对音节有特殊的选择。如:"互"和"互相"。

(4) 对肯定和否定有特殊的要求。如:"千万"和"万万"。

(5) 句中所能出现的位置不同。如:"明"和"明明"。

(6) 对所修饰词语的简单或复杂有特殊限制。如:"稍"和"稍微""白"和"白白"。

(7) 对句子所表达的时间有特殊要求。如:"立刻"和"顿时""往往"和"常常"。

2. "偷偷""悄悄"和"暗暗"有何不同?

副词"偷偷""悄悄"和"暗暗"在句中都可以放在动词之前做状语,仅从结构上很难把它们区别开来。如：

① 他偷偷地走了。
② 他悄悄地走了。
③ 他暗暗地喜欢她。

实际上，它们的区别表现在意义上。"偷偷"是指动作行为不希望别人发现；"悄悄"是不发出太大的声响，不希望别人听见或不希望影响别人；而"暗暗"则是说某种心理活动只在自己心里，并没有表露在外，不让别人发觉，所以后面常常是修饰心理活动的动词。对比如下：

① 那个小偷趁我们不注意，偷偷地溜进了房间。
② 老师在上面上课，他就在下面偷偷地玩游戏机。
③ 妈妈怕影响孩子睡觉，悄悄地起床，蹑手蹑脚地做饭。
④ 她趴到妈妈的耳边悄悄地说："我只喜欢杨磊。"
⑤ 他暗暗地喜欢张小雅，可一直没敢表白。
⑥ 你们都暗暗地恨我吧，不过，没关系，你们迟早会明白的。

3. "竟然"和"果然"有何不同？

副词"竟然"和"果然"都可在句中充当状语，像"偷偷""悄悄"和"暗暗"一样，很难从结构上找出其不同，因为它们的不同主要表现在语义上。例如：

① 我以为他才二十来岁，没想到他竟然是三个孩子的爸爸了。
② 听说她很漂亮，今天一见果然如此。

从上面的例句我们可以发现，"竟然"表达的结果出乎说话人的意料之外，和说话人之前听说、想象的完全不同，常和"没想到"构成固定的"没想到＋某人或某物＋竟然……"使用，而"果然"表达的结果和说话人的预设完全相同。

4. "赶忙"和"赶紧"有何不同？

"赶忙"和"赶紧"都是"抓紧时间，不拖延"的意思，意思差不多，仅从意思上，很难让一个留学生学会正确使用这两个词语。在留学生的作业中，我们发现了这样的偏误：

① * 明天就考试了,你赶忙复习吧!

② * 下星期有 HSK 考试,你要赶忙复习。

上面的句子都不能使用"赶忙",而应该用"赶紧"。二者意思虽然差不多,但在使用中它们是有一些不同的。我们通过大量的例句发现,"赶紧"既能用于陈述句也能用于祈使句,而"赶忙"只能用于陈述句,不能用于祈使句。上面的句子都是祈使句,所以不能用"赶忙",只能用"赶紧"。对比如下:

① 看见老师进来,我们赶紧开始说中文。

② 他在外面等你呢,你赶紧出去吧!

③ 看见妈妈进来,他赶忙把玩具藏了起来。

④ * 他在外面等你呢,你赶忙出去吧!("赶忙"换成"赶紧")

5. "互"和"互相"有何不同?

副词"互相"和"互"都表示甲对乙和乙对甲进行同样的动作或具有相同的关系。如果仅靠这种语义上的说明。留学生恐怕是没有办法正确使用这两个词语的。常出现如下偏误:

① * 刚到中国,我就见到了她,而且我们互相爱。我真的很幸福。

那么它们的区别到底在什么方面呢?我们还是先来看例句:

② 比赛双方先是互赠队旗,然后开始正式比赛。

  * 比赛双方先是互相赠队旗……

③ 你们在生活上应该互帮互助。

  * 你们在生活上应该互相帮互相助。

④ 我们以后还要互通有无啊。

  * 我们以后还要互相通有无啊。

⑤ * 他们在一起经常互帮助。

  他们在一起经常互相帮助。

⑥ * 夫妻之间应该互尊敬互爱护。

  夫妻之间应该互相尊敬互相爱护。

⑦ * 我们一定要互信任,不要互怀疑。

  我们一定要互相信任,不要互相怀疑。

第二章 词类

从上面的对比可以看出,二者的不同主要体现在对所修饰的动词的音节有不同的要求。"互"只修饰单音节动词,不能修饰双音节动词,而"互相"刚好相反,只修饰双音节动词,不能修饰单音节动词。二者的不同很好地体现了中华文化中喜欢"双"的这一特点。表现在语法方面,就是我们更容易接受"1+1=2"或者"2+2=4"这样的组合。再对比如下:

互帮互助	*互帮助　*互学习
互敬互爱	*互尊敬互爱护
互相帮助	*互相帮互相助
互相学习	*互相学

这里还要说明一点,就是"互"后如果修饰的是否定形式,则可以是双音节的动词。其实这还是因为"2+2=组合"构成双音节的缘故。如:

① 他们两个互不信任。
② 国家和国家之间应该互不干涉内政。

6. "千万"和"万万"有何不同?

对于"千万"和"万万",一般的工具书和教材常常仅指出"表示强调的语气",但同样都表示强调的语气,二者能够互换吗?先来看几个例句:

陈述句	祈使句
①*我千万没想到会出现这样的事。	这事儿你千万不能告诉他。
② 经理万万想不到他会背后捅刀子。	你万万不可掉以轻心。

从上面的例句可以看出,副词"千万"和"万万",虽然都表示强调语气,但"千万"只用于祈使句,不能用于陈述句,而"万万"既能用于祈使句也能用于陈述句。

老师如果不注意这些,留学生就会出现下面的偏误:

*我千万没想到我考得这么好。

"千万"和"万万"的不同除了表现在它们所能出现的句类方面,二者的区别还表现在对肯定和否定的选择上。"万万"只能修饰否定形式,不能修饰肯定形式;"千万"则既能修饰肯定形式,也能修饰否定形式。对比如下:

否定句	肯定句
① 你万万不可粗心大意。	*你万万要注意安全。
② 你万万不要轻信他人之言。	*你万万要相信他人之言。
③ 你千万不可粗心大意。	你千万要注意安全。
④ 你千万不要再去了。	你千万要再去一次。

"千万"和"万万"的不同主要体现在句类和肯定、否定两个层次,我们总结如下:

千万　祈使句　　肯定／否定
万万　｛祈使句　　否定
　　　　陈述句　　否定｝

汉语中有一些副词只能出现在否定句中,除了"万万"以外,再如"根本":

① 现在的女人都有工作,照顾孩子,做家务,丈夫不帮忙根本不行。

② *现在她请了保姆,照顾孩子、做家务都是保姆的活儿,丈夫不帮忙根本行。

再如"绝":

① 放心吧,你这样做绝不会出问题,出了问题我负责。

② *快点停下来,你这样做绝会有问题。

那么对这些只能出现在否定句中的副词(再如:从来、从、毫等)或结构(如:一时半刻),我们应用格式配以例句的办法让学生明白。如:

一时半刻＋动词＋不＋补语　如:北京人的幽默外地人一时半刻学不会。

从｛不＋动词　　　　　　如:她从不喝酒。
　　没＋动词＋过＋宾语　如:她从没喝过酒。｝

7. "明"和"明明"有何不同?

二者在语义上基本差不多,但在具体使用上还是有些不同的。如:

① 他明知不行,但还是去了。　他明明知道不行,但还是去了。

② *明他知不行,但还是去了。　明明他知道不行,但还是去了。

可见,"明"只能出现在主语后,而不能出现在主语前;"明明"则没有此限制。

其实汉语中不仅副词对句中位置有要求,大量连词也存在此类问题,例如"但是"要求出现在主语之前,而同义的"却"只能出现在主语之后。同样的还有"既然"和"既""虽然"和"虽"的不同。(参见本章第十二节"连词")

8. "再"和"还":为何不能说"我再想看一次"?

"再"和"还"都可以表示将来的动作重复,但用法不同,不同之一表现在,当句中有能愿动词时,二者出现的位置不同:

想、要、会、能、扩能、打算、希望+再+动词

还+想、要、会、能、扩能、打算、希望+动词

例如:

① 《阿凡达》很好看,我想再看一次。
② 《阿凡达》很好看,我还想看一次。
③ 云南真不错,我们打算再去一次。
④ 云南真不错,我们还打算去一次。

9. 为何能说"请你稍等"而不能说"请你稍微等"?

这是因为副词"稍"和"稍微"虽然都表示程度不高,常用来修饰动词、形容词,但二者在具体用法上仍存在一些不同。"稍微"要求所修饰的动词或形容词必须是复杂的形式,即动词或形容词前面或后面要有别的成分;而同义的"稍"一般也是修饰复杂的形式,但有时可以修饰简单的形式,即光杆动词或形容词,前后没有别的成分。对比如下:

① 我比他稍高。	*我比他稍微高。	我比他稍微高一点儿。
② 找个稍安静的地方吧。	*找个稍微安静的地方吧。	找个稍微安静一点儿的地方吧。
③ 请您稍等。	*请您稍微等。	请您稍微等一会儿。
④ 这菜稍咸。	*这菜稍微咸。	这菜稍微有点儿咸。
		这菜稍微咸一点儿。

10. 为何能说"白干"而不能说"白白干"?

这主要是因为副词"白"和"白白"虽然都表示付出了努力但无收效,但

二者对其后所修饰的词语在简单和复杂性上存在一定的要求。"白"后面所修饰的词语可以是简单的一个动词,也可以是动词后再带宾语或补语,而"白白"只能修饰比较复杂的结构,即不能是单个的动词,必须是动词再加上宾语或补语。对比如下:

简单　　　　　　　　　　复杂
① 我们不能白干。　　　　我们不能白干一天。
② 你这是白跑。　　　　　昨天我又白跑了一趟。
③ *我们不能白白干。　　 我们又白白干了一天。
④ *算我白白说。　　　　 我白白说了半天,他也不买账。

11. 为何能说"你们立刻准备"而不能说"你们顿时准备"?

这主要是不理解"立刻"和"顿时"的区别造成的。"顿时"只用于描写过去的动作行为,"立刻"在时间上没有限制。而祈使句所表达的动作尚未发生,所以只能用"立刻",而不能使用"顿时"。对比如下:

① 说到她的男朋友,田承恩的脸顿时红了。(过去)
② 说到她的男朋友,田承恩的脸立刻红了。(过去)
③ *我明天顿时出发。(将来)
④ 我明天立刻出发。(将来)
⑤ 你们立刻准备。(将来)
⑥ *你们顿时准备。(将来)

12. 为何能说"她常常去跳舞"而不能说"她往往去跳舞"?

这主要涉及"往往"和"常常"的不同。二者的区别要放到具体的语言环境中才可发现。例如:

① 吃完晚饭,他常常/往往到河边散会儿步。
② 他常常到河边散会儿步。
③ *她往往到河边散会儿步。
④ 星期天晚上,她常常/往往去跳舞。
⑤ 她常常去跳舞。
⑥ *她往往去跳舞。
⑦ 他常常/往往星期一迟到。

⑧ 他常常迟到。

⑨ *他往往迟到。

由此可见,二者是有区别的,并不能互相代替。它们的区别是:在一定条件下,经常发生的行为动作用"往往",而"常常"没有这种条件限制。但是否所有有条件限制时都能用"往往"呢?我们再来看例句。

① 去年放假时,她常常/往往去图书馆看书。

② 他希望放假后能常常去图书馆。

③ *他希望放假后能往往去图书馆。

④ 到了冬天,我常常/往往去滑雪。

⑤ 到了冬天,我会常常去滑雪的。

⑥ *到了冬天,我会往往去滑雪的。

可见,并非所有有条件的事件都能用"往往"。"往往"应该是表示根据以往的经验所总结出来的带有规律性的情况,而"常常"没有这一限制。

所以在对外汉语教学中,我们通过举例告诉学生它们的这种区别:"常常"强调事情或行为动作发生的经常性和频繁性。"往往"强调按经验,在某种条件之下,情况通常是这样。

13. "已经"和"曾经"有何不同?

副词"曾经"和"已经"的不同表现在多个方面,具体如下:

(1)从时间上来看,"曾经"只能用于过去;"已经"不仅能用于过去,还能用于现在和将来。如:

① 去年我曾经看过这部电影。(过去)

　　去年我已经看过这部电影。(过去)

② *现在曾经该上课了。(现在)

　　现在已经该上课了。(现在)

③ *明年这个时候,我可能曾经离开北京了。(将来)

　　明年这个时候,我可能已经离开北京了。(将来)

(2)从意义上来看,"曾经"含有非持续性、非有效性,表示过去一度如此,但现在不再如此了;"已经"含有持续性、有效性,强调过去的事情至今还如此。对比如下:

① 他曾经是个大夫。(他现在不是大夫了。)

② 他已经是个大夫了。(他现在还是大夫。)

③ 我曾经住在美国三年。(现在不再住在美国了。)

④ 我已经住在美国三年了。(现在还住在美国。)

(3) 从具体用法上看,与"了"和"过"的共现情况不同,"曾经"经常与"过"共现,少与"了"共现;"已经"经常与"了"共现,也可以与"过"共现。如:

① 我曾经学过法语。　　我已经吃了早饭。

② *我曾经学了法语。　　我已经吃过早饭。

"曾经"和"了"共现的条件是:"曾经＋动词＋了＋数量短语"。如:

③ 我曾经学了三年法语。

④ 他曾经在广州住了五年多。

(4) 修饰肯定形式和否定形式的情况不同,"已经"既可以修饰肯定形式,也可以修饰否定形式;"曾经"一般修饰肯定形式,很少修饰否定形式,修饰否定形式有一定的条件。对比如下:

① 他已经买了东西。　　他曾经买过这样的东西。

② 他已经不吸烟了。　　*他曾经不吸烟。

"曾经"修饰否定形式的条件是:动词表示心理活动或意愿;动词前有表示时间段的词语。如:

③ 他曾经不想和她结婚。

④ 他曾经不愿意留在美国。

⑤ 他曾经三年没出过门。

14. "又唱了一首"和"再唱一首"有何不同?

这主要涉及"再"和"又"的不同。"再"和"又"在表示动作重复发生或继续进行时,"再"表示主观性,多用于未完成或者将来完成;"又"表示客观性,多用于已完成或者新情况已出现或即将出现。对比如下:

① 明天你再去看看,到底有没有。(将来,未完成)

② 刚才我又去看了看,还是没有。(过去,已完成)

③ 又到期末考试了。(即将出现)

正是因为"再"可用于将来或者说未完成的情况,所以可以用于祈使句、假设句;而"又"不可以。对比如下:

① 你过两天再来吧。(祈使句)
② 你如果再这么胡闹,我也不管你了。(假设句)

另外,"再"只能出现在能愿动词后;"又"只能出现在能愿动词前。如:

① 你能再让我看一眼吗?
② 爷爷又能下床走动了。

15. "这件衬衫很大"和"这件衬衫太大了"有何不同?

副词"很"和"太"都表示程度,但它们的用法不同:"很"一般说明客观的情况,即客观上说程度很高;而"太"一般用来表示说话人的主观评价。"太"有两种用法:一是表示说话人认为程度过头了,多有不满之意;二是用感叹的语气表达说话人的想法、感情,强调程度很高。对比如下:

① 这个苹果很红。
② 这顶帽子太红了。(程度过头,不满)
③ 这顶帽子太漂亮了。(感叹)

16. 可以说"'不'不能用于过去,'没(有)'不能用于将来"吗?

副词"不"和"没(有)"都可以用在动词、形容词前,对动作、性状进行否定,但二者具体用法仍有不同,其不同也是对外汉语教学的一大难点。

关于二者的区别,有一种观点是:副词"不"不能用于否定过去的行为动作,"没(有)"不能用于否定将来的行为动作。其实这种说法是不对的。二者的区别并不在于用于"将来"还是用于"过去"。"不"也能用于过去,"没有"也能用于将来(只是多用于假设)。如:

① 昨天是他自己不去,不是我们不让他去。
② 如果下周还没收到,请你跟我联系。

那么二者的区别主要表现在什么地方呢?我们列表如下:

	不	没有
动作行为前	否定个人意愿。如：明天我不去。否定经常性习惯性的情况。如：他不抽烟也不喝酒。	客观叙述，否定某行为已经发生。如：昨天我没去。
判断、估计或认知	不是、不像、不会、不知道	无此用法
性质、状态前	否定具有某种性质、状态。如：这个西瓜不熟。	否定性质、状态的变化程度。如：这个西瓜没熟。

根据上表，我们总结如下：

不：多用于主观意愿，可以否定现在、将来和过去的动作行为。

没有：主要用于客观叙述，否定动作、状态的发生或完成，用于否定过去、现在，也可用于将来的假设情况。如：

① 听说上次、这次他都没参加。（客观，过去）

② 听说下次他还不想参加。（主观，将来）

③ *听说下次他还没想参加。（主观，将来）

④ 如果下次他还没注意到，就提醒他一下。（假设）

⑤ 我不吃早饭了。（主观，现在）

⑥ 我没吃早饭呢。（客观，现在）

⑦ 明天我不去参观了。（主观，将来）

否定经常性、习惯性的动作、状态，要用"不"。如：

① 他既不抽烟也不喝酒。

② 他从不说谎。

否定非动作性动词（主要是能愿动词、判断动词和关系动词。如：是\当\认识\知道\像），无论是什么时间，都用"不"。如：

① 我不知道这样做对不对。

② 他不是我哥哥。

留学生在这种情况下很容易出现偏误，误以为否定过去的情况就要用"没"。如：

① *去年我没知道这件事。
② *小时候他没像妈妈,现在越来越像了。

形容词前对性质的否定,用"不"。如:

① 他最近身体不好,应该好好休息休息。
② 这种样式不好看,换那一件吧。

否定正在持续的动作或状态不能用"不",而应该用"没(有)"。如:

① 我去的时候,他正在看电视,没在做作业。
 *我去的时候,他正在看电视,不在做作业。
② 灯没开着,屋里很暗。
 *灯不开着,屋里很暗。

否定已经实现的动作行为或过去的经历用"没(有)",而不能用"不"。如:

① 来北京以前,我没想到北京有这么多车。
 *来北京以前,我不想到北京有这么多车。
② 老师,刚才您讲的语法我没听懂,请您再告诉我一遍。
 *老师,刚才您讲的语法我不听懂,请您再告诉我一遍。
③ 你去过欧洲吗? 我没去过欧洲。
 *你去过欧洲吗? 我不去过欧洲。

17. 为何能说"有点儿长"而不能说"一点儿长"?

"有点儿"和"一点儿"是留学生最容易出错的语法现象之一。二者都表示程度不深,可它们在句中的位置和意思都有不同。具体表现如下:

"有点儿"可看做副词,用在形容词的前面,如"有点儿骄傲、有点儿太谦虚了";而数量词"一点儿"用在形容词的后面,表示程度轻微,如"再高一点儿"。格式化为:

有点儿+形容词　　如:这个菜有点儿咸。
形容词+一点儿　　如:这个菜比那个菜咸一点儿。

副词"有点儿"还可以用在心理动词之前,"一点儿"还可用在名词之前。如:

① 我有点儿想家。

② 他今天只吃了一点儿水果和蔬菜,没吃主食。

"有点儿"用来描述自己的感觉,而且常常有不如意的意思;"一点儿"常用于比较,可以是两种情况的比较,也可以是拿自己希望的情况和实际情况比较,所以"一点儿"还常用于祈使句中提出自己的希望和要求。如:

① 你说得有点儿慢。

② 我觉得这个语法有点儿难。

③ 请你说慢一点儿。

④ 你走快点儿,好吗?

四、副词个案讲解

因为副词在使用中(不仅是指语法上的,还包括语义和语用上的)个性大于共性,对留学生来说,每一个副词都是一个个案,所以在对外汉语教学中,几乎每个副词都需要单独的讲解和操练,而不能以类为单位进行教学,否则学生就很难真正掌握。

1. "都"主要表示什么语法意义?具体该怎么用?

"都"主要用来总括范围,用来总括它前面的人或事物。如:

① 他们都来了。

② 这些生词都不难。

"都"还可以用于数量成分或名词性成分前边,表示数量多或级别高。如:

① 他都教授了。

② 都十二点了,还不下课?

这里我们主要讨论表示总括范围的"都"的用法。一般情况下,"都"在句中应放在它所总括的词语后面,留学生在这一用法上特别容易出现偏误。如:

① 他们都来自韩国。

＊都他们来自韩国。

② 我们班的同学都很喜欢她。

　＊都我们班的同学喜欢她。

③ 上海、杭州和扬州我都去过。

　＊我都去过上海、杭州和扬州。

④ 周一、周二我都没有时间,怎么办呢?

　＊我都周一、周二没有时间,怎么办呢?

句中如果有特殊疑问代词"什么""谁""什么时候""哪儿"等时,"都"放在谓语动词前,总括后面疑问代词所询问的部分。回答这类问题,不能再用"都"。如:

① A:昨天都是谁去喝酒了?

　B:托马索、维克多和我。

② A:这次旅游你都去了哪儿?

　B:我去了法国、意大利、比利时还有德国。

③ A:爸爸都给你买了些什么?

　B:衣服、首饰还有书。

对此,我们可以格式化为:

陈述句: A、B、C ＋都……

疑问句: ……都＋动词＋谁、什么、哪儿?

在对外汉语教学中,我们发现留学生在学习和使用"都"的过程中,最容易出现的问题有两个:一是位置有误(见上);二是"都"的遗漏。如:

① ＊他每天想吃冰激凌。(他每天都想吃冰激凌。)

② ＊我每个星期去看奶奶。(我每个星期都去看奶奶。)

现代汉语有几种情况一般要使用"都",有时"都"甚至必不可少,不用就觉得别扭。可分以下几种情况:

(1) 句子的主语为复数,同时说话人又要凸显"全部"的意思时,谓语动词或形容词前常用"都"。如:

① 她既聪明又善良,老师同学都喜欢她。

② ＊她既聪明又善良,老师同学喜欢她。

③ 这件风衣颜色样式都不错,买了吧。
④ *这件风衣颜色样式不错,买了吧。

(2) 句中有"每""各""所有""一切""全部""……些"和"随时""随地""到处""任何"等词语时,谓语中要用"都"与之呼应。如:

① 我每天都游泳。
? 我每天游泳。
② 各地都派人上京献花。
? 各地派人上京献花。
③ 所有接触过他的人都会对他产生深刻的印象。
* 所有接触过他的人会对他产生深刻的印象。
④ 一切非法收入都必须充公。
* 一切非法收入必须充公。
⑤ 巴黎大街上随时都能看见中国人。
* 巴黎大街上随时能看见中国人。
⑥ 北京到处都是人,到处都是自行车。
* 北京到处是人,到处是自行车。
⑦ 任何传染病人都会被送到隔离病房。
* 任何传染病人会被送到隔离病房。

(3) 句中有重叠的名词或量词(也含有复数的意思)作定语时,一般也要使用"都"。如:

① 我们班的同学个个都很聪明。
* 我们班的同学个个很聪明。
② 人人都应该遵守交通规则。
* 人人应该遵守交通规则。

(4) 句中有表示任指的疑问代词(如"谁""什么""哪儿""怎么"等)时,谓语中要用"都"(或者"也")与之呼应。这种情况下,"都"(或者"也")是必不可少的。如:

① 他在我们学校,非常有名,谁都认识他。
* 他在我们学校,非常有名,谁认识他

② 我什么都没买。

＊我什么没买。

③ 爷爷虽然 80 多岁了，但他哪儿都想去。

＊爷爷虽然 80 多岁了，但他哪儿想去。

④ 我怎么解释他都不听。

＊我怎么解释他不听。

(5) 句中有"无论、不管、不论"等连词，谓语或者第二个分句中要用"都"，这也是因为"无论"等涉及的不是一种情况。如：

① 无论你同意不同意，我都要去。

＊无论你同意不同意，我要去。

② 不管父母是否反对，他都铁了心要娶她。

＊不管父母是否反对，他铁了心要娶她。

2. "才"跟数量成分一起使用时，表示什么意思？跟"就、都"有何不同？

"才"也是留学生偏误率较高的一个副词。因为和不同的词语搭配，放在数量词语的前面或后面"才"所表示的意思是不同的，这些都给留学生造成一定的学习困难。我们根据"才"的位置，分两种情况来看。

第一种情况："才"用在表示数量的词语之后，和"就"相对。

才：表示说话人认为时间晚、时间长、数量多、年龄大等。

就：表示说话人认为时间早、时间短、数量少、年龄小等。对比如下：

① 火车 10 点才到，我 9 点就来接你了。

　　（时间晚）　　（时间早）

② 我到北京三个多月才敢和北京人聊天儿，你刚来就敢去采访！

　　　　（时间长）　　　　　　　　（时间短）

③ 你真不得了，三十五岁就已经是教授了，我 40 多岁才评副教授。

　　　　（年龄小，时间早）　　　　（年龄大，时间晚）

④ 你太聪明了，一遍就记住了，我得三遍才能记住。

　　　　（数量少）　　（数量多）

第二种情况："才"用在表示数量的词语之前，和"都"相对。

才：表示说话人认为时间早、时间短、年龄小、数量少等。

都：表示说话人认为时间晚、时间长、年龄大、数量多等。如：

① 才6点，你就打算起床吗？（时间早）

② 都10点了，你还不起床？（时间晚）

③ 你儿子才三年级，已经考了三级，我们儿子都五年级了，还没考过一次呢！　　（时间早）　　　　　　　　　（时间晚）

④ 你都写20万字了，我才写1万多。
　　（数量多）　　　（数量少）

3. "差点儿哭了"="差点没哭"，"差点儿考上"≠"差点没考上"，为什么？

副词"差点儿"在修饰不同的词语时所表示的意义有所不同：在修饰不希望发生的事情时，肯定和否定的意思相同，结果都是没有发生，并因为没有发生不好的事情而感到庆幸。如：

① 下雪后，地上太滑了，他差点儿滑倒了。（没滑倒）
=下雪后，地上太滑了，他差点儿没滑倒。（没滑倒）

② 刚才他差点儿被汽车撞倒。（没被撞倒）
=刚才他差点儿没被汽车撞倒。（没被撞倒）

在修饰希望发生的事情时，肯定和否定的意思不同。后接肯定的结构时，意思是结果没有发生，并因此而感到惋惜；后接否定结构时，意思是结果发生了，并因此而感到庆幸。如：

① 他考了59.5分，差点儿就及格了。（没及格）

② 一本的录取线是532分，她刚好532，差点儿没考上。（考上了）

我们可以简单概括如下：

差点儿
├─ +不希望发生的事情：差点儿+动词=差点儿+没+动词（庆幸没发生）
│　　如：他差点儿感冒了。=他差点儿没感冒。（没感冒）
└─ +希望发生的事情
　　├─ 差点儿+动词（因没发生而惋惜）
　　│　　如：他差点儿就赶上火车了。（没赶上火车）
　　└─ 差点儿+没+动词（庆幸发生了）
　　　　如：他差点儿没赶上火车。（赶上火车了）

4. "明天再去""说完再干"和"再贵也要买"中的"再"意思一样吗？

副词"再"有多个意思，例如：

A组

① 别着急,再坐会儿吧。

② 今天不在没关系,明天再去一次。

③ 我还是不明白,请再说一遍。

④ 白酒不喝了,再喝点儿红酒吧。

⑤ 瑜伽学会了,明年再学学唱歌。

B组

① 做完作业再玩。

② 洗了衣服再出去。

③ 下了课再打(电话)。

④ 今天不去了,明天再去。

⑤ 现在说什么都没用,知道成绩再说。

⑥ 到底请不请保姆,买了房子再说。

C组

① 这样的人再聪明也学不好。

② 学费再贵也得花啊!

③ 你再不舒服也得露个面吧,毕竟是爸爸的生日。

通过上面的例子,我们发现,这三组中"再"的用法和意思都不相同。A组中的"再"表示添加相同的动作,可能是完全相同的动作(动作和动作的对象都相同)的重复,如例①—③;也可能是部分相同的动作(动作相同,动作的对象不同)的重复,如例④、⑤。B组中的"再"表示把动作推迟到某个时间之后进行。C组中"再"表示无论程度多高,结果都是一样的。这三种意思对留学生来说有一定的困难,我们最好能够通过格式化的形式配以恰当的例句使之明白。如:

A组意思: ◇ + ◇

　　　　已经坐了一会儿　　再坐一会儿
　　　　已经去过一次　　　再去一次
　　　　已经喝了白酒　　　再喝点红酒

　　　　　　　已经学会了瑜伽　　再学唱歌

B组意思：

　　　　先做完作业　　　然后玩
　　　　先洗完衣服　　　然后出去
　　　　先上完课　　　　然后打电话

C组意思：

C组的意思相当于"即使……也……",为了避免出现不必要的偏误,我们可以格式化为：

　　主语＋再＋形容词/心理动词＋也/都＋……
　　　他　　再　　聪明　　　　　也　　学不好。
　　　你　　再　　难受　　　　　也　　得露个面。

同时还应该指出,如果句中涉及两个主语,第二个主语应该放在"也、都"的前面。可格式化为：

　　主语₁＋再＋形容词/心理动词＋主语₂＋也/都＋……
　　　她　　再　　漂亮　　　　我　　也　　不喜欢她。
　　　烤鸭　再　　好吃　　　　我　　也　　不吃。

不然,留学生就很容易出现如下偏误：

　　①＊她再漂亮也我不喜欢她。（她再漂亮我也不喜欢她。）
　　②＊烤鸭再好吃也我不吃。（烤鸭再好吃我也不吃）

五、副词的教学

在对外汉语教学中,应该从语义、句法和语用等多方面注意副词的教学问题。具体注意以下两点：

(1) 细致揭示副词的意义和使用环境,使学生准确把握。

副词的意义比较抽象,而且在同一个范畴内常常有很多意义相近的

第二章 词 类

词,所以只有揭示出每一个副词特定的含义,才能使学生准确把握其用法。否则我们对副词的释义很容易失之简单、宽泛甚至偏颇,不利于学生掌握。如:"我又没学过日语,怎么能翻译日文小说!"有的教材对"又"的解释是"加强否定"。如果只是告诉学生这些,留学生就会出现:

  A:昨天你为什么迟到了?
  B:*老师,我昨天又没迟到。(我昨天并没迟到)

学生之所以犯这样的错误是因为没有向学生揭示"又"的特定含义。我们通过几个例句来看"又"的特定含义。

  ① 宿舍又不是你自己的家,不能随便晾衣服做饭。
  ② A:明天的考试到底会考什么呢?
    B:我又不是老师,我怎么知道!
  ③ A:儿子,下周有个竞赛班的选拔考试,咱们去试试。
    B:我又不想去上竞赛班,干吗去呀!

可见,"又"的语法意义是强调不存在、不具备某种事情或情况的前提、条件、起因等(马真 2001),它所适用的情况的是:说话人用"又"加强否定某一事件发生的前提条件,从而表明对相关事件不满、反对、质疑的态度或给予否定的回答。这种语义上的细微之处一定要通过举例揭示给学生。

再如副词"并",不少教材、词典都认为"并"放在否定词前,表示强调,加强否定的语气。错了吗?没有。但如果只举一些单句,如"我并不想去上海。"留学生就很难理解"并"到底什么情况下使用。汉语表示"强调"的太多了,到底"强调"什么?留学生不得而知。仅仅依靠这种解释和说明,学生无法真正掌握"并"的用法。留学生往往根据教材、词典的说明去类推、运用,结果就推出一些形式上正确,但总感觉别扭的句子。如:

  ① A:这件事你告诉你父母了吗?
    B:*我并没有告诉他们,我怕他们担心。
  ② A:昨天你去参观了吗?
    B:*我并没有去参观,人太多了。
  ③ A:你明天去西安吗?
    B:*我明天有考试,并不能去西安。

④ A：你昨天参加汉语日的表演了吗？
B：＊我并没参加表演。

不言而喻，上述例句中的"并"用得都不太合适。因为只有当说话人为了强调说明事实真相或实际情况而来否定或反驳某种看法（包括自己原先的想法）时才用这个语气副词"并"（马真 2001）。而这种语用要求只在单句中很难体现出来，必须有上下文语境才可以。比如：

⑤ 老师：田承恩，昨天你去喝酒的时候看到班长了吗？
田承恩：老师，我昨天并没去喝酒。
⑥ 学生₁：我知道你喜欢她，为什么还不告诉她？
学生₂：我并不喜欢她。

上例中学生说"我昨天并没去喝酒"，一定是因为老师说"你去喝酒了"。同样，学生₂说"我并不喜欢她"，一定是因为学生₁说"你喜欢她"。为了反驳别人的观点时才使用"并"，否则就是错误的。

为了让留学生真正掌握其用法，还需要我们更具体细致地揭示其语义和语用条件。"并"虽然确如教材中所讲，用在否定句中，但并非每一个否定句都可以使用"并"，它有自己的使用条件，即当别人或自己原来以为是情况 A，实际上不是这种情况。为了加强对这个前提的否定，即强调事实或看法不是所认为的那样才用"并"。否则就不用。如：

① A：我说了，不让你告诉他，你为什么偏偏告诉他？
B：我并没告诉他，是他自己猜出来的。
② 你别看她整天满面笑容的，其实她并不幸福。

再如副词"反而"，不少教材和工具书都解释为"表示跟上文的意思相反"。留学生根据这样的解释往往会说出这样的句子：

③ ＊我知道他很喜欢我，反而我一点儿也不喜欢他。
④ ＊冬天的时候，哈尔滨外边很冷，反而屋里很暖和。

毫无疑问，上面的句子是错误的，但是留学生要表达的就是"跟上文意思相反"，为什么还是错误的呢？这主要是因为"反而"这个词在句中出现有其特殊的语义背景（马真 1983）：

A：甲现象或情况出现或发生了；
B：按常情/预料甲现象或情况的出现或发生会引起乙现象或情况的出现或发生；
C：事实上乙现象或情况没有出现或发生；
D：倒出现或发生了与乙相反的丙现象或情况。

我们来看几个例句：

① 春天了，天气应该暖和了，反而又下起了雪。
② 他给老婆买了一束鲜花，本以为老婆会高兴，没想到她不但没高兴，反而把他臭骂了一顿。
③ 他吃了这种药，不但没好，反而更严重了。

为了让留学生真正掌握其用法，还需要我们更具体细致地揭示其语义和语用条件。"反而"虽然确如教材中所讲，"表示跟上文相反"，但并非只要表达和上文相反的意思就都可以使用"反而"，它有自己的使用条件，即只有在"按照上文，应该出现情况 A，但是 A 没有出现，却出现了与之相反的情况 B，B 的出现是不合情理或意想不到的"这种情况下，才在 B 前使用"反而"。否则就不用。

（2）揭示副词在句类、音节、肯定否定、位置、简单和复杂等方面的特殊要求。

正如我们前面副词辨析部分所讲的那样，有些副词对句类、音节、肯定否定、位置、简单和复杂等方面都有特殊要求，而这些要求我们作为对外汉语教师都应该特别清楚。只有老师自己清楚了，才能深入浅出地讲给学生，才能高屋建瓴地给学生纠正错误，才能让学生举一反三。比如语气副词"难道"只能用于是非疑问句，而且只能是反问句，不能用于其他疑问句，如特殊疑问句、选择疑问句和正反疑问句。如：

① 你难道不知道今天有考试吗？
② *你难道买不买？
③ *你难道去哪儿？

再如，汉语里有很多副词对自己在句中的位置有严格的要求。这里所说的位置，是指某个副词在句中相对于其他成分而言应该在的位置，比如是主语前还是主语后等。根据我们的教学经验,对于副词位置的关注无论如何都不算过分。留学生在这方面出的问题是非常普遍的。比如:副词"就""都""才""也"等在句中位置的偏误比比皆是。

① *昨天我跑了好几家书店,才我买到这本书。("才"应放到"我"后边)
② *老师讲了很多遍,才我们明白。("才"应放到"我们"后边)
③ *这个语法不难,老师一讲,就我们懂了。("就"应放到"我们"后边)
④ *只要努力,就你能考好。("就"应放到"你"后边)
⑤ *都我们是韩国留学生。("都"应放到"我们"后边)
⑥ *都这些书对我来说很难。("都"应放到"对我来说"后边)
⑦ *班长说去韩国饭馆,也我们同意了。("也"应放到"我们"后边)
⑧ *姐姐喜欢唱歌,也我喜欢唱歌。("也"应放到"我"后边)

我们知道,汉语中有很多副词(包括上面所举的几个)在句中的位置比较固定,比如副词"就(表示时间)""都""才""也"等都应该在主语之后,而不能在主语之前(有的义项除外)。这些对母语者根本用不着特别说明,对外国学生来说都是不可思议地难,甚至是"屡纠屡错、屡改屡犯"。所以在对外汉语教学中我们应该特别注意某个副词对位置的特殊要求。

有的副词既可以放在主语前,也可以放在主语后,但位置不同,可能造成意思不同。如:

① 就他知道你的秘密。(限制"他")
② 他就知道你的秘密。(限制"你")
③ 幸亏他回来了,及时解决了问题,才不致停产。
④ 他幸亏回来了,才没碰上那场地震。

例③在主语的作用下,避免了某种不如意的事情,获益者是别人(可能包括主语在内)。

例④主语本身避免了某种不利的事情,获益者是主语自己。

再如副词"一时"。"一时"有多个义项,其中副词性的"一时"对留学生来说是个难点。造成这一问题的主要原因是对外汉语教材对"一时"的解

释过于简单。我们的教材多解释为"短时间内",留学生根据这样的说明就会出现如下偏误:

① *老师,我一时坐在前面,明天真善来了,我就坐后面。
② *太冷了,我们一时关上空调好吗?
③ *请你一时停下来陪陪我吧。

其实,副词"一时"对其后的词语有特殊的要求,我们先来看例句。如:

① 他一时紧张就报了警。
② 他一时激动就忘了以前的约定。
③ 这个电子词典我一时用不上,你先拿去用吧。
④ 她名字叫什么,好像就在嘴边,可一时想不起来。

通过大量的例句,我们发现,副词"一时"要求其后的动词要么是心理动词,要么是否定结构。如果我们能够用格式化的形式告诉学生"一时"的这一特点也许偏误率就会降低很多。

一时＋心理动词＋就……　　一时激动/高兴/生气/紧张/糊涂/大意
一时＋动词＋不＋补语　　　一时想不起来/拿不出来/转不过弯/来不了
一时＋不＋动词　　　　　　一时不能告诉你/不理解/不明白

思考与练习八

一、简答题:

1. 简述副词的语法功能。我们能说"只要能做状语的词都是副词"吗?
2. 简述副词可以分为哪些小类。
3. 举例说明副词辨析可以从哪些角度入手,除书中所举例子之外,能否再举出别的例子?
4. 举例说明副词教学应注意哪些方面?

二、判断下列句子是否准确,如不准确请加以改正并说明原因。

1. 该开工了,太阳曾经出来了。
2. 我们班有20个学生,都不是亚洲的,还有欧洲的。

3. 我曾经学了这个单词，所以不用再教了。
4. 你记住一定不迟到啊。
5. 对不起，我没去，你们快走吧。
6. 老师，我昨天真的没有迟到了。
7. 我们都到了半天了，你怎么才来？
8. 他昨天还告诉我不能参加，没想到他果然来了。
9. 我们八点上课，他六点才起床。别人都还在睡觉，他就到教室去了。
10. 刚才我再看了看他的那本书，确实挺好的。
11. 在北京每天能吃到新鲜的蔬菜和水果。
12. 我们的老师对什么事特别认真，我们很喜欢她。
13. 上高中学的时候，我们经常在一起聊天，了解互相的想法。
14. 我喜欢历史，也文化。
15. 我的钥匙丢了，找了很长时间，不找到。
16. 这样的话我从来不说过。
17. 我朋友从来没说假话。
18. 今天虽然没下雨了，可是很冷。
19. 我没喜欢唱歌，只喜欢跳舞。
20. 昨天老师再来看我了。
21. 今天的考试稍微难。
22. 1998年他曾经来北京。
23. 郭老师告诉我们来上课按时。
24. 我刚才叫你，你不听见吗？
25. 我哥哥不在睡觉，他在听音乐。
26. 外面雪越来越下得大。
27. 北京越来越变得美丽了。
28. 越往前走，他越非常害怕。
29. 明天我想还去吃烤鸭。
30. 下星期我们再想去看一次京剧。

三、选择合适的词语填空,并根据句子总结两个词语的不同。
1. 有点儿　一点儿
① 这双鞋(　　)大,请你帮我拿一双小(　　)的,好吗?
② 听了她的分析,我这才开始(　　)怀疑自己的设计。
③ 我上周(　　)感冒,现在好(　　)了。
④ 你说得(　　)不清楚,请你再说清楚(　　)。
⑤ 我姐姐什么都好,就是脾气急了(　　)。

2. 不　没有
① 我觉得他最近心情(　　)好,所以昨天的活动就(　　)请他。
② 他从来都(　　)说别人的坏话。
③ 苹果还(　　)红,可能还得再等一个星期才能吃。
④ 这个教室(　　)亮,我们换个教室吧。
⑤ 我们谁也(　　)知道他干什么去了。
⑥ 我昨天太忙了,所以(　　)去参加你们的活动,对不起。

第八节　数　词

一、基数词
1. 基数词表示什么意思?怎么称读汉语的基数词?
2. "二"和"两"有何不同?
3. "半"的用法:为什么留学生常说"一半个小时"?
4. "一"的用法:"一本书多少钱?"中"一"可以省略吗?

二、序数词

三、概数表达法
1. 汉语有哪些表达概数的手段?在教学中要注意些什么?
2. "前后"和"左右":为何能说"春节前后",不能说"春节左右"?

四、数词的活用

数词可以分为基数词和序数词两类。

一、基数词

1. 基数词表示什么意思？怎么称读汉语的基数词？

基数词表示数目的多少。汉语中基数词称读法是由系数和位数两部分组成的。系数词如：零、一、二、三、四、五、六、七、八、九。位数词如：个、十、百、千、万、十万、百万、千万、亿等。

```
9 4 8 5 , 6 7 5 2    （读作"九千四百八十五万六千七百五十二"）
千 百 十 万 千 百 十 个
    万 万 万
```

称读汉语基数词时需要特别注意几点：

(1) 汉语的称数法是四级一位，规律非常强，其他语言不是如此（如英语中是三级一位）。所以留学生常常受母语的影响说出如下句子：

① ＊我们学校有二十六千学生。

② ＊我一年的学费要三十千多。

这种偏误多出自母语为英语的学生。因为英语中没有"万"这一级，"万"用"十千"来表达，于是留学生在学习汉语的时候常常类推出错。在教学过程中，老师要有意识地进行引导。比如为了让学生练习称数法，可以在阿拉伯数字数列从右边个数位开始，每四位打上一个逗号，这样每一级四位都是"千、百、十、个"，比较清楚。另外，在数词的教学过程中可以有意识地设计一些带"万"位的数字让学生练习。

(2) 对外汉语教学中，分数、百分数的读法也应该特别注意。汉语分数、百分数读成"几分之几"或"百分之几"，先读分母后读分子。英语中，分数通常是借助于基数词和序数词共同表达，基数词表示分子，序数词表示分母，先读分子后读分母。留学生容易在这些方面出问题。如：

　　2/5 (two fifth)　　　读作"＊二第五"（应读作"五分之二"）

　　80％(eighty percent) 读作"＊八十百分之"（应读作"百分之八十"）

对外汉语教学中很少单独学习和教授分数和百分数的读法，其实我们可以把分数、百分数的读法结合一些固定格式进行教学。如：

第二章 词 类

A 占 B 的……("几分之几"或"百分之几")

A 是 B 的……("几分之几"或"百分之几")

(3) 有些基数词在读法上要特别注意：

第一种情况：在 10 到 19 中"一"可以省略，直接读作"十、十一……十九"；"一"跟"百、千、万、亿"组合时，"一"要读出来，如果后边的"十"位数上是"一"，那也要将"一"读出来。例如：

119　　　读作　　一百一十九

17017　　读作　　一万七千零一十七

第二种情况：一个整数最后的位数词可以省略。如：

45000　　读作　　四万五千　　也可读作　　四万五

390　　　读作　　三百九十　　也可读作　　三百九

第三种情况：一个整数中间有多个"0"时，只读一个零；如果一个整数尾数有多个"0"，这些"零"不读出。如：

36009　　读作　　三万六千零九

47000　　读作　　四万七(千)

2. "二"和"两"有何不同？

"二"和"两"都代表"2"，但是用法不同。

(1) 出现在位数词前，"十"前只能用"二"，如"二十"；"百、千、万、亿"前用"二、两"均可，如"二百、二千、二万、二亿"，"两百、两千、两万、两亿"。

(2) 基数词中除了位数前以外的其他位置，一律用"二"。如"十二、三点一二、三分之二"。

(3) 作为单个数用在量词前，用"两"(度量衡量词除外)，如"两本、两件、两个"；但作为两位数以上(包括两位)的任何位上的数字时，一律用"二"，如"十二本书、一百二十三个孩子"

(4) 度量衡单位量词前边，一般用"二"，但"米、吨、公里"等新兴的度量衡量词前多用"两"，如"二斤、两米、两公里"。

(5) 在序数词中用"二"，如"第二、二层、二年级"。

(6) 成对的东西，一般用"两"不用"二"，如"两腿发软""两耳不闻"等。

3. "半"的用法：为什么留学生常说"一半个小时"？

这主要涉及汉语中数词"半"在句中的位置问题。当我们要表达"0.5＋量词＋名词"时，我们可以说：

0.5 小时	0.5 杯水	0.5 碗饭	（实际上不这样说）
半个小时	半杯水	半碗饭	（实际上这样说）
0.5 年	0.5 本书	0.5 个月	（实际上不这样说）
半年	半本书	半个月	（实际上这样说）

但当我们要表达"….5＋量词＋名词"时，却不能用同样的顺序。

1.5 小时	2.5 杯水	3.5 碗饭	（实际上不这样说）
*一半个小时	*两半杯水	*三半碗饭	
一个半小时	两杯半水	三碗半饭	（实际上这样说）
4.5 年	5.5 块钱	6.5 个月	（实际上不这样说）
*四半年	*五半块钱	*六半个月	
四年半	五块半钱	六个半月	（实际上这样说）

留学生受母语的影响，经常出现"一半个小时"这样的偏误。在教学中，我们应该用格式化的办法配以大量例句让学生明白"半"在汉语和其他语言中的位置是不同的。

表达"0.5＋量＋名"	表达"….5＋量＋名"
半＋量词＋名词	数词＋量词＋半＋名词
半 个 月	三 个 半 月
半 个 小时	两 个 半 小时
半 斤 肉	五 斤 半 肉

4. "一"的用法："一本书多少钱？"中"一"可以省略吗？

一般说来，我们要说明事物的数量必须有数词，也就是说数词一般不可省略，但口语中当数词是"一"时，"一"有时可以省略。如：

① 他交了一个中国朋友。　　他交了个中国朋友。
② 妈妈买了一个西瓜。　　　妈妈买了个西瓜。
③ 他交了四个中国朋友。　　*他交了个中国朋友。
④ 妈妈买了两个西瓜。　　　*妈妈买了个西瓜。

⑤ 一个西瓜多少钱？　　　　＊个西瓜多少钱？

⑥ 一本书多少钱？　　　　　＊本书多少钱？

通过对比，我们发现，数词是"一"时可以省略数词，其他数词都不能省略。但并不是数词"一"可以随便省略，只有"一＋量＋名"做宾语且并不强调该数量时才可以省略。

"一"有时并不表示数目，而是引申为他用。有时引申为"满"的意思，具有描写的作用。这时"一"一般不能省略。如：

① 她累得一头汗。

② 我吓了一身冷汗。

③ 看你那一脸土。

有时用在动词、形容词后，表示突然发生的一个短暂的动作或变化，后面一般要有后续小句。如：

① 他抬头一看，吓了一跳。

② 他把书包一扔就跑出去了。

③ 她脸一红，什么也没说。

二、序数词

序数是表示次序的数词，汉语序数词的基本表示法是"第＋基数词"。例如：

第一（天）　　第二（次）　　第三（名）

但是汉语中有些常用的序数表达不用"第"，常用的有下面几种情况。

年份：1997 年、2009 年

月份：一月、五月

日期：14 号、20 号

等级：大学英语考试六级、HSK 六级、一等奖

亲属排行：大哥、二姐

楼房层数：三层、四楼

车辆班次：601 路、374 路，头班车/首班车、末班车

组织机构：二年级、一班、三组、一厂

要注意的是：电话号码、房间号码、年号习惯上只读系数，不读位数。留学生常在这些数词的读法上出现问题，尤其是读年号的时候要特别注意。如他们经常把"1978年"读成"一九七十八年"等。

另外，读这些数词时"1"一般念成 yāo（表示时间除外）。例如：

010-68931801（电话号码）　读作　零 yāo 零—六八九三 yāo 八零 yāo

501 房间（三位数以上的房间号码）　读作　五零 yāo 房间

1997 年　读作　一九九七年

公共汽车和火车的车辆班次比较特殊，例如：

公共汽车：　26 路　　读作　二十六路
　　　　　　302 路　　读作　三零二路
火车：　　　T31 次　　读作　T 三十一次
　　　　　　T301 次　 读作　T 三零 yāo 次

三、概数表达法

1. 汉语有哪些表达概数的手段？在教学中要注意些什么？

当说话人不清楚或者不想或者没有必要说出来准确的数目时，就可以用一个大概的数目来表达，这种表示大概数目的词语叫概数。汉语中常用一些副词、助词和数词等来表示概数。常见的有：

（1）在数词前加"大概、大约、可能"。如：大概 5 岁、大约 30 个学生、可能 60 块。

（2）在数词前加"近、上"。

"近"一般用于说话人认为是较大数目的数量短语前，表示接近数量短语所表示的数字。如：近百人、近万人、近十三亿人口、近十年。

"上"只能用于"百"以上的位数词前，表示数目"够得上""达到"，也表示数目大的意思。如"上万人"意思是"人数达到一万"。后面位数词或量词后加"的"，增加数目大的强调意味。如：上万辆的车、上千的学生。

（3）在基数词后加"左右、上下、前后、以上、以下"。如：30 岁左右、十斤上下、圣诞节前后、十六岁以上的人可以喝酒。

(4) 在数词后加"来"：表示接近前面数词表示的数字，可能略多，也可能略少，只能用于整数，多用于口语。值得注意的是，对"位数词（十、百、千、万）+来"的意思，不同的人可能有不同的理解。如"十来个人"，有人认为是比十个人多，有人认为是比十个人少，有人认为两者皆可。

在用"来"时，应该注意：其前的数词不同，词序就不同。

A. 当数词尾数是 1—9 时，顺序是"数词+量词+来+名"。如：五斤来苹果。

B. 当数词尾数是 0，整十、整百、整千等时，顺序是"数词+来+量词+名"。如：二十来岁、三十来个。

留学生在这方面很容易出错。例如：

① *我们买了 30 斤来苹果。

　我们买了 30 来斤苹果。

② *我们打了 3 来个小时。

　我们打了 3 个来小时。

当数词为"10"时，"来"在量词前边、后边都行。如：十斤来肉　十来斤肉。不过，"十斤来肉"是指比十斤多几两，如"十斤一两肉"；"十来斤肉"是指十斤多一两斤或少一两斤，如"十一斤肉"或"九斤肉"。

(5) 在数词后加"多"，表示略多于前面数词表示的数字。使用规律和"来"相同。

A. 当数词尾数是 1—9 时，顺序是"数词+量词+多+名词"。例如：

　　1.67 元 —— 一块多　　　25 天——三个多星期

　　750 天 —— 两年多　　　8.5 小时 —— 八个多小时

需要注意的是，这里的量词一般是连续量词，在现实生活中常常可以分解为更小的单位。如：1 元 = 10 角 = 100 分，1 年 = 365/366 天，1 小时 = 60 分钟 = 3600 秒。

"数词+量词+多+名词"表示只比"数词"多一些零头，如"一块多"指的是"一块几毛钱"。如果某事物只能用整数来计量，而没有零头，则不可以用"多"。如果留学生没注意这一点，就会出现这样的病句：

① *我去了四次多上海。

② *我们班有十个多人。

我们班有十多个人。

③ *他买了三本多书。

B. 当数词尾数是0,整十、整百、整千等时,顺序是"数词＋多＋量词＋名词"。例如:

54元——五十多元　　438元——四百三十多块,四百多块

23岁——二十多岁　　35天——三十多天

当数词为"10"时,"多"在量词前边、后边都行,不过意思不同。例如:"十多块钱"和"十块多钱"。"15块钱"只能说成"十多块钱",而"10块5毛钱"可以说成"十多块钱",也可以说成"十块多钱"。

(6) "把"用于位数词"百""千""万"和某些量词之后,也可以表示概数。位数词和量词前不能用系数词,所表示的意思是"一"。如,只能说"百把人",不能说"一百把人",意思是"一百来人";只能说"万把块钱",不能说"一万把块钱",意思是"一万来块钱";"个把月""个把星期"意思是"一个来月""一个来星期"。

(7) "几"本是疑问代词,有时表示不确定的数目。"几"一般是代表"十"以内的数目。例如:

① 我吃了几块饼干就来上课了。

② 这衣服只要几十块钱。

(8) 相邻的两个数词连用可以表示概数。

相邻的两个数字连用表示概数,一般是按照从小到大的顺序进行("三两个人"是例外,"三两"表示少的意思)。如:三四个、五六个、七八个、八九个。需要注意的是,如两个相邻的数字含有相同的位数词,位数词只需说一次,而留学生经常忽略这一点,从而出现偏误。如:

十一二个人——*十一十二个人　十四五个人——*十四十五个人

二三百个人——*二百三百个人　六七千个人——*六千七千个人

另外,两个数字的尾数是"9"和"0"或"0"和"1"时,两个数字不能连用。

第二章 词类

例如：

① *这篇课文我念了九、十遍。
　这篇课文我念了十来遍。
② *我有十、十一个朋友。
　我有十来个朋友。
③ *我们班十九、二十个学生。
　我们班二十来个学生。
④ *我们老师大概三十、三十一岁。
　我们老师大概三十来岁。

2. "前后"和"左右"：为何能说"春节前后"，不能说"春节左右"？

这主要涉及表示概数的"前后"和"左右"的区别问题。"左右"和"前后"都可以表示概数，但是它们用法不完全一样。我们对比如下：

	时点	时段	其他数量
前后	六点前后	*六个小时前后	*50公斤前后
	春节前后	*三年前后	*一米七前后
左右	六点左右	六个小时左右	50公斤左右
	*春节左右	三年左右	一米七左右

通过对比我们发现，"左右"既可以用于表示时间，也可用于表示其他数量。表示时间时既可用于时点，也可以用于表示时段。如：

① 这袋米有50公斤左右。（其他数量）
② 我们十一点左右下课。（时点）
③ 我们上了三个小时左右。（时段）

而"前后"只能用于表示时间，不能用于表示其他数量。表示时间时，只能用于时点，不能用于表示时段。如：

① *从我们学校到北京大学有10公里前后。（其他数量）
② 我春节前后回国。（时点）
③ *我们等了三天前后。（时段）

"左右"虽然可以用来表示时点，但只能用在数量词语表示的时点后，不可以用在时间名词表示的时点后。如：

① 我12月25号左右回国。

② *我春节左右回国。

③ *我们元旦左右有一个小考。

四、数词的活用

汉语中有些数词有时并不表示实在的数目，只表示与数目有关的其他意思，这就是数词的活用。如：

"三"表示"多"：再三、三番五次、三令五申

"三"表示"少"：三言两语

"七、八"表示"乱"：乱七八糟、七上八下、七手八脚、七嘴八舌

"三、四"表示"贬义"：不三不四、朝三暮四

"百、千、万"表示"多"：百感交集、千变万化、千言万语

"十"表示齐全、繁多：十全十美

这些活用的数词对母语者不会有问题，但对留学生来说可能就是障碍，所以在教学中应加以注意。数词的活用多种多样，而且多是熟语性质，我们虽可总结出其大致意思但还需要逐一记忆，不能随便类推或创造。

思考与练习九

一、简答题：

1. 简单举例说明"二"和"两"的不同。

2. "十来斤肉"和"十斤来肉"有何不同？

3. "两"和"俩"有何不同？

二、判断下列句子是否正确，如果不正确请改正并说明理由。

1. 这辆车很便宜，才90千。

2. 我去看了九、十趟，她都不在家。

3. 这个水杯四十、五十块。

4. 我们学校的女生占全校学生总数的左右百分之三十。
5. 昨天我买了俩张邮票。
6. 我们的汉语老师30岁多了。
7. 我买了三本多书。
8. 她杀了18多个学生，可是没死了。
9. 早我们学校，韩国学生占80百分之。
10. 我们圣诞节左右有一次月考。

第九节　量　词

一、量词及其分类
二、名量词
　　1. 名量词可分为哪些小类？
　　2. "一脸汗"跟"一碗饭"有何不同？
　　3. 不定量词"一点儿"：为何不能说"我今天一点儿头疼"？
　　4. 能说"一伙人"，为何不能说"一伙姑娘"？
三、动量词
　　1. 什么叫专用动量词？
　　2. "次"和"回"有何不同？
　　3. "遍"和"次"有何不同？
　　4. 动量词"下、场、阵、趟、顿、番"在什么情况下使用？
　　5. 什么叫借用动量词？
四、时量词
　　1. 什么叫时量词？
　　2. "周"和"星期"有何不同？
五、量词的重叠
六、量词的偏误分析
七、量词的教学

一、量词及其分类

在汉语中,说明事物的数量、动作行为的数量、时间的数量,一般都不能只用一个数词来表示,一定得用上数词和一个表示数量单位的词,这个表示事物或动作数量单位的词就是量词。例如:

一本书(＊一书)　　　四个人(＊四人)

来了两次(＊来了两)　　跑了五趟(＊跑了五)

学了三年(＊学了三)　　工作了六天(＊工作了六)

现代汉语的一大特点就是量词丰富,使用范围广,使用频率高。在对外汉语教学中量词理应占有重要的一席之地。在讲述量词的教学以前,我们有必要先看一下量词的分类。

汉语的量词可以分为三类:(1)名量词,表示事物的计量单位;(2)动量词,表示行为动作的计量单位;(3)时量词,表示时间的计量单位。这三类量词还可以再分小类。

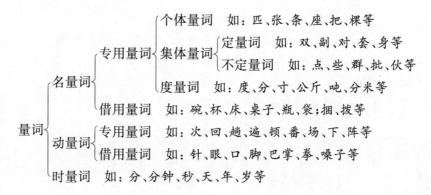

二、名量词

1. 名量词可分为哪些小类?

名量词可以分成借用名量词和专用名量词两类。

借用名量词是借用名词作量词,如"杯(一杯水)、碗(两碗饭)、箱(一箱苹果)、脸(一脸汗)、地(一地纸屑)、床(一床衣服)"等。往往是借用表示事物容器的名词。

专用量词比较多,可以分成以下三种:

(1) 个体量词:个体名词都有自己特定的个体量词,如"书"论"本","笔"论"支","桌子"论"张","椅子"论"把"。有些量词跟相配的名词在意义上有联系,如有把儿的东西论"把",装订成册的东西论"本",有展开的平面的东西论"张",可弯曲的长条物论"条",小而圆的东西论"颗"等等。但多数名词用什么量词是约定俗成的。

(2) 集体量词:集体量词用于由两个或两个以上个体组成的事物。如:

一双　手/筷子/袜子/鞋

一对　男女/夫妻/反义词

一副　对联/眼镜/手套

一套　房子/家具/邮票/西服

一群　孩子/牛/人

一批　货/学生/书

一伙　坏人/歹徒/流氓

一些　一些水果/青菜/面包

以上集体量词有的用于确定的数量的事物,如"双""对"等;有的用于不确定数量的事物,如"群""伙""些"等。我们把前者叫做"定量词",后者叫做"不定量词"。

(3) 度量词:度量词表示度、量、衡的计算单位。如:

长度:米、厘米、公分、里、公里、尺、寸

容量:升、公升、毫升

重量:斤、公斤、吨、两、钱、克

面积:平方米、亩、公顷

体积:立方米、立方厘米

2. "一脸汗"跟"一碗饭"有何不同?

我们先来看更多的例子:

A组:　一桌子菜　　一脸汗　　一地瓜子儿　　一手泥　　一床衣服

B组:　一碗饭　　　一杯水　　一盆花　　　　一盒饼干　一车西瓜

上面 A 组和 B 组的量词都是借用量词,都是从名词借用而来。但是 A 组和 B 组在用法和意义上很不一样。

(1) B 组中的数词"一"可以换成别的数词。如:

  两碗饭 三杯水 四盆花

而 A 组,除了量词"腿、脚、手"前数词可以是"一"和"两"("两腿泥""两手灰")以外,其他量词前的数词只能是"一"。

(2) A 组中量词和名词之间能插入"的",B 组则不能。如:

  一桌子的菜 一脸的汗 一地的瓜子儿
  *一碗的饭 *一杯的水 *一盆的花

(3) B 组的名词可以省略,而 A 组的名词不能省略。如:

 ① a. 你吃了几碗米饭?
   b. 一碗。
 ② a. 你吃了多少菜?
   b. *一桌子。

(4) A 组整个结构有强调"量多"的意思,如"一桌子菜"是"满桌子菜"的意思,"一脸汗"是"满脸汗"的意思。而 B 组没有这样的意思。

3. 不定量词"一点儿":为何不能说"我今天一点儿头疼"?

"一点儿"是不定量词,意在言数量少,也可引申为表示程度低。对留学生来说理解并掌握"一点儿"的意义并不太困难。令他们困惑的地方主要表现在用法上,具体地说,主要表现在句法结构形式上。这方面的偏误不仅出现的频率高,而且对不同国家的学生都具有广泛的一致性。所以我们把"一点儿"单独列出来。

不定量词"一点儿"只能修饰名词性成分,而不能修饰形容词性成分和动词性成分。如要修饰形容词性成分和动词性成分,只能用副词"有点儿"。留学生在这方面的偏误率非常高。如:

 ① *昨天晚上和朋友聊天很晚,所以现在我一点儿困。(……所以现在我有点儿困。)
 ② *刚上车我就觉得一点儿饿,可离饭馆还很远。(刚上车我就

觉得有点儿饿……)

③*我的中国同屋这几天一点儿不舒服。(我的中国同屋这几天有点儿不舒服。)

④*今天是我的生日,所以我一点儿想家。(……所以我有点儿想家。)

上述句子都是形容词或动词谓语句。留学生以为"一点儿"表示后边的形容词或动词(主要是心理动词)的程度不高,其实,在汉语中要表示形容词或动词的程度不高,只能是用副词"有点儿"。我们可以归纳如下:

一点儿+名词:喝一点儿水、吃一点儿菜、买一点儿水果、一点儿心意等
有点儿+动词/形容词:有点儿恨、有点儿讨厌、有点儿远、有点儿脏等

上述格式"有点儿+动词/形容词"中形容词应该是消极或中性的,如果要表示某种积极性的程度有所变化,但变化不是很大时,是在形容词或动词的后面加"一点儿",而不是在前面加"一点儿"或"有点儿"。这方面留学生的偏误也不少。如:

①*前几天冷得要命,今天总算一点儿暖和了。(……今天总算暖和一点儿了。)

②*吃了中药后,他一点儿好了。(……他好一点儿了。)

③*我们又说了半天,他才算是一点儿明白了。(……他才算是明白一点儿了。)

④*到北京后我的汉语水平一点儿提高了。(到北京后我的汉语水平提高一点儿了。)

针对留学生的这种偏误,我们应该以格式化的方式告诉他们:动词/形容词(积极)+一点儿。

不定量词"一点儿"应该直接放在名词性成分之前,而不应该放在其后或动宾结构之前。即:动词+一点儿+名词。留学生如果不了解这些,也可能出现偏误。如:

①*昨天下了雨一点儿。(昨天下了一点儿雨。)

②*他一点儿喝水后就开始工作了。(他喝一点儿水后就开始工作了。)

③ *爸爸每天都喝酒一点儿。(爸爸每天都喝一点儿酒。)

前面我们说"一点儿"不能修饰动词,指的是不能直接修饰动词,但可以出现在"一点儿+(名词)+也/都+不/没+动词/形容词"。如:

① 我们一点也不同意。
② 他一点儿都没嫉妒老朋友。
③ 这房间一点儿也不脏。

但是在使用这一格式时一定要注意受事的位置。一般的受事宾语是不可以出现在动词的后边的。只有表示人的态度、感情、感觉的动词可以带受事宾语。对比如下:

① 他一点儿也不尊重老师。
② 他们一点儿都没同情这个老人。
③ *我从来一点儿都不喝酒。
　　我从来一点儿酒都不喝。

4. 能说"一伙人",为何不能说"一伙姑娘"?

汉语中有不少表示很多人或物在一起的量词,如"伙、群、堆、批"等,但它们的适用场合是不同的。

群:指聚集在一起的很多人或动物。如:

① 大街上跑过来一群孩子。
② 湖边有一群牛在喝水。

伙:也可以指很多人聚在一起,但多指几个人或许多人组成一个团伙,常含有贬义。如:

① 这伙人是专门偷废铁的。
② 那伙人突然闯进来,肯定没好事。
③ *昨天我请了一伙姑娘吃饭。(昨天我请了一群姑娘吃饭。)

"人"是中性词,"一伙人"含有贬义色彩;而"姑娘"一般是褒义的,因此不能说"一伙姑娘"。

堆:也指很多人或物聚集在一起,但多含有乱七八糟、无规则之意。如:

① 地上躺着一堆从断壁残垣中抬出来的伤者。
② 那儿围着一堆人,也不知他们在看什么。
③ 她房间里有一大堆脏衣服,一点也不像女孩子的房间。

批:指同时行动的一群人,或数量较多的货物、文件(常同时到达、同时处理等)。如:

① 刚才进来的那批客人一定要好好招待。
② 每年9月都会有一批新生入住。
③ 我这小店最近新进了一批玩具,有时间带孩子来看看吧。
④ 这批文件到得很及时。

汉语有很多像"伙、群、堆、批"这样的近义量词,如名量词"对"和"双",我们在教学过程中要注意辨析,否则留学生在使用时就很容易出现偏误。

三、动量词

1. 什么叫专用动量词?

专用动量词是专门表示动作或变化次数的单位的量词。专用动量词数目并不多,主要有:次、下、回、场、阵、顿、趟、番、遍等。这些量词不仅表示动作或变化的量,同时还包含某种词汇意义,否则就没必要存在这么多动量词了。所以在对外汉语教学中要注意这些动量词的具体使用。

2. "次"和"回"有何不同?

"次"和"回"都表示动作的次数,一般用于能反复出现的动作。"次"跟"回"常可互换。例如:

① a. 这件事我问过他一次,可他没告诉我。
   b. 这件事我问过他一回,可他没告诉我。
② a. 我找了你两次,你都不在。
   b. 我找了你两回,你都不在。

不同之处在于"回"一般用于口语,"次"则口语书面语都常用。

3. "遍"和"次"有何不同?

"遍"也用于能反复出现的动作,强调一个动作行为从开始到结束的整个过程,这一点和"次"不同。对比如下:

① 这电影他看过三遍。

② 这电影他看过三次。

例①有这样的意思:"每一次他都是从头到尾看完的。"但例②没有这样的意思,甚至可以是"他每一次都没看完",例如:

③ 这电影他看过三次,但都没看到结尾。

4. 动量词"下、场、阵、趟、顿、番"在什么情况下使用?

(1) "下"表示动作进行的次数,一般用于短时间内就可完成的动作。如:

① 他敲了一下自己的脑门。

② 她点了一下头。

"一下"用在动词后还有缓和语气的作用,有时并不表示动作的次数。

① 你来一下。　　　　　　　你来。

② 请你介绍一下具体情况。　你介绍具体情况。

例①比例②委婉得多。

(2) "场(chǎng)"多用于文艺表演及体育活动,完整地进行一次为"一场"。如:

① 昨天我们看了一场比赛。

② 最近我们学校放了两场电影。

(3) "阵"表示一段时间,一般用于突发并且持续一段时间的情况。如:

① 下了一阵雨,空气好多了。

② 台下响起了一阵雷鸣般的掌声。

③ 响起了一阵枪声。

④ 刮了一阵风。

(4) 一去一回为一趟。可图示为:A ⇌ B　如:

① 他上个月去了一趟上海。

② 你帮我跑一趟银行,好吗?

第二章　词　类

"趟"多跟"走、跑、回、来、去、游"等表示移动的动词组合。

（5）"顿"表示吃饭、斥责、打骂等动作的次数，常跟"吃、喝、说（批评的意思）、批评、打、骂、训"等动词组合。如：

① 他昨天被妈妈打了一顿。

② 咱们去饭馆好好吃一顿。

（6）"番"多用于费时费力的行为，前面一般只能用数词"一"，口语中较少使用。如：

① 他们讨论了一番，但还没有结果。

② 他们把旅行计划好好研究了一番。

③ 妈妈把我男朋友仔细打量了一番。

5. 什么叫借用动量词？

借用动量词有以下两类：

A. 踢一脚　　打一巴掌　　瞪一眼　　咬两口　　打三拳
B. 画一笔　　打一针　　　射一箭　　开两枪　　砍三刀

A 组和 B 组的量词都是从名词借用而来，前者是表示身体某部位特别是四肢器官的名称，后者是动作所凭借的工具。

四、时量词

1. 什么叫时量词？

我们都知道，在汉语里，数词不可以直接修饰名词，中间一定要加上量词，如"一本书""三个苹果"等。在教学过程中，我们老师也都会强调量词的重要性，告诉学生千万不能落掉这个量词。这种印象在有些留学生头脑中比较深刻，他们认为只要是数词后就一定加上量词。岂不知汉语中还有一些比较特殊的词，它们和数词结合时是不需要量词的，如"分、分钟、秒、天、周、年"等，我们把这些词称为时量词。（陆俭明 2001）对这些特殊的时量词如果不加以强调，留学生自然就会出现偏误。如：

① *我在英国学习汉语三个年。

② *星期天我们在颐和园玩了一个天。

③＊我们只等你十个分钟。

2. "周"和"星期"有何不同？

"周"有"星期"的意思，在用法上二者也有很多相同之处，例如：

| 星期一 | 一星期 | 上星期 |
| 周一 | 一周 | 上周 |

"星期一"也可以说成"周一"，"上星期"也可以说成"上周"。但是"星期"跟"周"在用法上还有很多不同。

一个星期	上个星期	三个多星期
三星期多	第二个星期	＊第二星期
＊一个周	＊上个周	＊三个多周
三周多	＊第二个周	第二周

从上面的比较可以看出，"星期"与"周"在用法上的最大区别是："星期"可以用量词"个"（有时可以省略），而"周"前面一定不能用量词。这种区别说明："星期"是名词，而"周"是个量词，属于时量词。

五、量词的重叠

汉语中的量词，除了度量衡量词外，大部分都可以重叠。重叠形式有两种：

AA式：个个、条条、件件、张张、次次、回回、趟趟等
一AA式：一个个、一条条、一件件、一张张、一次次、一回回、一趟趟等

量词重叠后产生了新的意义和用法。主要有：

（1）表示"每一"，遍指和量词搭配的名词所代表的事物的全体，可作主语、定语，一般不作宾语。如：

① 我说的<u>句句</u>都是真话。（作主语）
② <u>条条</u>大路通罗马。（作定语）
③ 走出考场，同学们<u>一个个</u>都手舞足蹈，兴奋异常。（作主语）
④ <u>一座座</u>青山连着<u>一座座</u>青山。（作定语）
⑤ ＊这些孩子都很可爱，我喜欢<u>个个</u>。（作宾语）

⑥ *这些孩子都很可爱,我喜欢一个个。(作宾语)

应注意这种用法的量词重叠和代词"每"的区别:量词重叠一般不用于分指全体中的个体,而是指"由个体组成的全体",有"全部都……"的意思。而"每"既能分指个体,也能指全体。对比如下:

① 我们班每个人都感冒了。(全体)
② 我们班人人都感冒了(全体)
③ 这本词典每个学生一本。(个体)
④ *这本词典人人一本。(个体)

(2) 表示"逐一"或"一A一A",常作状语。如:

① 我们的生活在步步提高。
② 你们要一件件仔细检查,千万别出岔子。
③ 这些人你要一个个地问,千万别落了谁,他们都是我们的上帝。

(3) 表示"多",常作状语和定语。如:

① 我一次次地约他,但他都没答应。
② 我们家乡也修起了一条条宽敞的马路,建起了一座座高楼大厦。
③ 会场里响起一阵阵掌声。

六、量词的偏误分析

跟别的语言比较,汉语的量词数量比较多,跟名词的搭配也有比较严格的规定。因此,量词也是留学生学习汉语的难点之一。留学生在学习和使用量词的过程中经常出现的偏误可以分为三种:

(1) 量词遗漏:我们知道,汉语的名词不可以直接受数词的修饰,中间必须加上量词,但留学生特别是汉语水平比较低的留学生,经常受母语的影响忽略量词。如:

① *我有三中国朋友。(我有三个中国朋友。)
② *昨天我和我的中国同屋聊了三钟头。(昨天我和我的中国同屋聊了三个钟头。)

③＊妈妈又给我买了两裙子。（妈妈又给我买了两条裙子。）

④＊我们四个人，所以要四咖啡。（我们四个人，所以要四杯咖啡。）

(2) 量词误加：这种偏误的数量比较少，主要出现在时量词前。如：

①＊我在曼谷生活十个年了。（我在曼谷生活十年了。）

②＊她已经30个岁了。（她已经30岁了。）

(3) 量词误用：即该用 A 而用成了 B。这种偏误的概率比较高。如：

①＊他买了一条衬衫。（他买了一件衬衫。）

②＊椅子上坐着一双情人。（椅子上坐着一对情人。）

③＊我们教室有20张椅子。（我们教室有20把椅子）

④＊我看到一头鱼，特别漂亮。（我看到一条鱼，特别漂亮。）

七、量词的教学

目前的对外汉语教学中量词大多仅仅出现在初级阶段，所教量词的数量也比较有限，对其解释也主要偏重在语法功能上。如：如果名词的前面有数词，一定要在名词和数词之间加上量词；现代汉语的名词一般都有自己特定的量词等。其实，将量词的教学仅限于初级阶段，对量词的分析仅限于语法功能是不够的。我们还应该进一步分析名词跟它所使用的量词在意义上的联系，从而揭示量词的语义特征，以加深学生对量词的理解和记忆。在教学中教师可以从以下几个方面着手：

(1) 把量词和名词搭配起来进行教学，把整个"数量名"结构作为整体记忆，并在课堂教学中多次重现。

因为汉语中不同的名词往往跟相应的量词相对应，所以学习名词的同时，就应学习相应的量词。如学"鱼"时，就学"一条鱼"。学习量词时，学习并复习与之搭配的名词。如学量词"只"时，就复习与之搭配的名词"（一只）猫、（一只）狗、（一只）鞋"等。

(2) 有些量词跟常与之搭配的名词有意义上的联系，可以找到一定的理据。教师在教学中可以引导学生找出这一联系，便于他们记忆。如：

条：常与细长可弯曲物组合，如"一条鱼、一条毛巾、一条马路"。

张：常与平面或展开物组合，如"一张床、一张桌子、一张纸、一张照片"。
把：常与有把柄的器物组合，如"一把刀、两把椅子、一把扇子、三把伞"。
根：常与细长物(生物)组合，如"一根头发、一根黄瓜、一根竹子、一根葱"。
颗：常与颗粒物组合，如"一颗珠子、一颗心、一颗星、一颗珍珠、一颗子弹"。
粒：常与小颗粒物组合，如"一粒米、一粒种子、一粒沙子"。
滴：常与液体滴落物组合，如"一滴眼泪、一滴水、一滴汗、一滴酒、一滴油"。
本：常与装订成册物组合，如"一本书、一本词典、一本杂志、一本地图"。
棵：常与植物组合，如"一棵树、一棵草、一棵花、一棵白菜"。
座：常与大而固定物组合，如"一座山、一座桥、一座楼房、一座塑像"。
支：常与直硬细长物组合，如"一支钢笔、一支枪、一支蜡烛、一支烟"。

有人说我们汉语的量词很丰富，需要学生一个一个地死记，其实并不要一个个死记。通过上面的举例，我们发现，汉语量词虽然很丰富，但不是杂乱无章的，也不是无规律可循的。量词和其相关的名词所表示的事物在形状等方面存在一些相似性或相关性，所以形成了意义上的联系，并实现使用中的双向选择。所以我们应该把这种语义联系告诉学生，以便学生记忆。

（3）同一个名词往往能跟不同量词搭配，教师要引导学生对这些量词进行比较，找出不同点。如"一个蛋糕"和"一块蛋糕"在形状上是不同的，"一块肉"和"一片肉"在厚薄和形状上是不同的，如果在教学中利用图画或实物，这些区别就能一目了然。

（4）同音量词、近形量词、近义量词之间要引导学生进行辨析。如"只—支—枝"；"棵—颗"；"对—双—副"；"次—遍—趟"。

（5）对量词的教学，除了封闭性的专有量词外，还应该进一步教授一些开放性的借用量词。如："一桌菜""一身洋装""一头汗""一弯月亮"等中的量词；与抽象事物组合的量词，如"一串铃声""一身正气"等中的量词。

（6）动量词自然更应该在教学范围之内。

基于上面的分析，我们认为在对外汉语教学中量词的教学应扩展和加深。由专有量词到借用量词，由与具体事物搭配的量词到与抽象事物搭配的量词，由句法分析到语义分析，由掌握具体用法到准确得体地运用，划分不同的层次，循序渐进地进行教学，贯穿在初中高全过程。

我们以名量词为例来谈谈量词的教学步骤：

（1）介绍量词的语法功能，即数词和名词之间要用量词；学习部分专有量词，如：只、个、本、间、件、杯、条、副、套、双等。

（2）介绍量词和与之相关的事物在意义上的联系。如：

量词显示事物的形状，如：条、块、幅、片、根、面、粒等；量词是事物整体中最有代表性的局部，如：头、口、顶、滴等；量词是事物所凭借的时间、场所或工具，如：阵、幕、盆等；

（3）介绍开放性的借用量词。其特征是以表示容器的名词或事物附着处所的名词为量词；数量词和名词之间可插入"的"。如：碗、盆、脸、手、头、身等。

（4）介绍量词和抽象事物的搭配。其特征是量词语义虚化，数词多是"一"。如：一串笑声、一片真心、一堆难题等。

（5）近义量词辨析。如"对"和"双"。"一对恋人、情人、夫妇、夫妻、情侣"，属于后天配成；"一双鞋、袜子、手、耳朵、眼睛、脚"，属于先天成双。

由于受词汇量的限制，学生能够说出的组合不会很多，老师可以说出一些，让学生从中发现规律。如果学生总结的规律不好，老师应适当地给予引导。最后，老师在学生总结的基础上概括："双"跟自然形成的两个有关，而且这两个要形成一种互相协调的整体关系，比如"一双筷子"是两根筷子放在一起配合才能使用，"一双手""一双脚"都是完整的人体的一部分，缺少任何一个，人的整体协调就会出现问题，至于"一双鞋"和"一双袜子"都是由于人的一双脚而自然形成的量的选择；而"对"是非自然的，是后天形成的，是具有对立关系的个体的两个，这种对立表现为男女、左右或其他方面，比如"一对夫妇""一对情人""一对鸳鸯"，至于"一对花瓶""一对枕头"，是因为它们都具有夫妻的象征意义等。

思考与练习十

一、简答题：

1. "订了一桌菜"和"订了一桌子菜"在意义上有什么不同？
2. 请举例说明"有点儿"和"一点儿"的不同。
3. 请举例说明量词重叠有哪些用法。

二、判断下列句子是否正确,如不正确请加以改正并说明理由。
1. 小李住院已经十四多天了。
2. 我和朋友喝了三个瓶啤酒。
3. 一个年有三百六十五个天。
4. 我会说日语一点儿。
5. 我觉得这本书一点难,能换吗?
6. 那位人是我小时候的朋友。
7. 这本书真没意思,我看了三遍都没看完,可老师告诉我看完。
8. 昨天老师把她批评了一番。
9. 她昨天买了一条裙子和帽子。
10. 那双夫妻在玉渊潭照相,很幸福的样子。

第十节 代　词

一、代词、代词语法功能及其小类
　　1. 怎么认识语言中的代词?
　　2. 汉语的代词可以分为几个小类?
二、人称代词
　　1. "咱们"和"我们"有何不同?
　　2. "人家能去,我怎么就不能去?"和"不嘛,人家就喜欢这个。"中的"人家"一样吗?
　　3. 为何不能说"张华对张华不满意"?
三、指示代词
　　1. 留学生为何会说"我不喜欢这"?
　　2. 留学生为何常说"姚明是篮球运动员,那谁都知道"?
　　3. 为何不能说"今天那么热"而得说"今天这么热"?
　　4. 为何不能说"你别说这样"?

> 四、疑问代词
>   1. 什么是疑问代词？可分成几个小类？
>   2. 疑问代词的非疑问用法："我哪儿知道他去哪儿了"中的两个"哪儿"一样吗？
>   3. 留学生为何常说"我们哪儿也想去"？
>   4. "你怎么来的？"和"你怎么来了？"中的"怎么"意思一样吗？
>
> 五、代词的偏误分析
>
> 六、代词的教学

一、代词、代词语法功能及其小类

1. 怎么认识语言中的代词？

代词是具有替代或指示作用的词。

代词的语法功能和其他词类相比具有特殊性。汉语中其他词类都是根据语法功能分出的词类，而代词不是根据语法功能划分出来的。虽然在很多语言里代词都被列为独立的一个词类，但从语法功能上来看，代词内部成员没有一个共同的句法功能，我们没有办法根据它们的句法功能划分，只能根据它们的表达功能，即根据是否具有替代或指示功能来划分。所以代词的语法功能和它所替代的词语大致相同。"这/那""这些/那些"等指示代词和"我、你、他"等人称代词替代名词或名词短语，可以充当主语、宾语、定语；而"这样/那样""这么/那么"等替代形容词或副词，可以充当谓语、定语、状语。如：

　　① <u>这</u>是我的书。（主语）
　　② 我不喜欢<u>她</u>。（宾语）
　　③ <u>那些</u>衣服都很贵。（定语）
　　④ 你<u>这样</u>，我们会很为难。（谓语）
　　⑤ <u>这样</u>的行为是不受人欢迎的。（定语）
　　⑥ 你<u>这么</u>做是自私的表现。（状语）

2. 汉语的代词可以分为几个小类?

按照指代意义的不同,汉语的代词可以分为以下三类:

(1) 人称代词: 我　　　咱　　　你(您)　　他(她、它)
　　　　　　　我们　　咱们　　你们　　　他们(她们、它们)
　　　　　　　人家　　别人　　大家　　　自己

(2) 指示代词: 这　这儿　这里　这会儿　这些　这么　这样　这么样
　　　　　　　那　那儿　那里　那会儿　那些　那么　那样　那么样
　　　　　　　每　所有　一切　彼此

(3) 疑问代词: 谁　　什么　哪　　　哪里　哪儿　多会儿
　　　　　　　怎么　怎样　怎么样　几　　多少　多

二、人称代词

人称代词是指可以用来称代人的词。人称代词在句中可作主语、宾语和定语。如:

① 她总是乐于帮助别人。(主语　宾语)

② 你别老干涉他的自由。(定语)

1. "咱们"和"我们"有何不同?

在人称代词的教学过程中要注意"咱们"跟"我们"的区别,否则就会出现理解障碍。

"咱"跟"咱们"意思、用法相同,包括说话人和听话人,口语中常用,正式场合一般不用,书面语中也较少使用。例如:

① 李老师,咱(们)走吧。(既包括说话人,也包括听话人)

② 咱们俩好好商量一下应该怎么办。(既包括说话人,也包括听话人)

"我们"可以不包括听话人在内,也可以包括听话人在内。例如:

① 李老师,我们走了,明天见。(不包括听话人)

② 你安心养病吧,我们明天再来看你。(不包括听话人)

③ 李老师,我们一起走吧。(包括听话人)

在包括说话人也包括听话人的情况下既可以用"咱们",也可以用"我们",但用"咱们"比较有礼貌。

"*你好好休息吧,咱们明天来接你","明天来接你的人"肯定不包括听话人"你",而"咱们"的所指一般包括说话人和听话人,因此该句不能说,应该把"咱们"改成"我们"。

2. "人家能去,我怎么就不能去?"和"不嘛,人家就喜欢这个。"中的"人家"一样吗?

上边两句中的"人家"意思不一样,前者指"别人",后者是指"我"即说话人自己。代词"人家"既可用于确指也可用于泛指,确指时既可用于第一人称,也可用于第三人称。其用法大致可分为三种情况:

第一种:用于泛指第三方。如:

① 人家能去,我怎么就不能去?
② 你不能听人家说什么就信什么!

第二种:用于确指第三方,所指之人可能上文提过,也可能和"人家"连用,构成复指词组。如:

① 你看<u>人家</u>詹华,总有文章出来。
② <u>她</u>不在,你别乱翻<u>人家</u>的东西。

第三种:用于确指第一人称,即说话人自己。这种用法多为年轻女孩子所用,有撒娇之意味,仅用于口语。如:

① 不嘛,人家就喜欢这个!
② 我真的不是故意的,你就别生人家的气了。

3. 为何不能说"张华对张华不满意"?

"张华对张华不满意"中的两个"张华"是指同一个人,但在汉语中第二处地方不能重复使用充当主语的名词性成分,而应用代词"自己","张华对自己不满意。"

代词"自己"不能确指某一人称,只表示某人或某物"自身"。可以单独使用,也可以和人称代词或名词构成复指,其用法大致有以下几种情况:

第一种:用在其他词语的后面,与其他词语构成复指成分,强调某人本人或某事本身。如:

① 这件事都怪我自己操之过急。
② 我爸爸自己也明白不应该这样做。

第二种：与其他处于主语位置上的人称代词、名词前后呼应，指代主语所指的人或物。"自己"在句中充当宾语、定语等成分。如：

① 我们老师对自己要求很高。（介词宾语）
② 我妈总是把别人的事当做自己的事来管，也不想想自己的身体情况！（定语）

第三种：修饰动词、形容词，充当状语。如：

① 你没动，灯自己会开啊！
② 这种病不用治，一个礼拜后，会自己好的。

我们之所以说这种用法的"自己"是修饰动词形容词的状语，而不是复指成分，是因为这种用法的"自己"前还可以用"又、还、就、常常"等词语。如：

① 这灯怎么又自己灭了？
② 她常常自己傻笑。

而作复指成分的"自己"前不可以插入这些词语。如：

③ ＊妈妈又自己舍不得吃舍不得穿，为女儿攒钱。

第四种：泛指任何人。如：

① 自己的事自己做。
② 自己的婚事自己做主。

第五种：用来表示亲近的意思。如：

都是自己人，别客气。

三、指示代词

指示代词中最基本的是表示近指的"这"和表示远指的"那"，其他都是从它们派生出来的。指示代词的功能和用法差别较大。列举如下：

功能	指示代词	
称代或指别人、物	这	那
称代处所	这儿/里	那儿/里
称代时间	这时	那时
称代或指别性质方式程度	这么/样	那么/样

1. 留学生为何会说"我不喜欢这"?

"这"和"那"可以单独作主语,但很少单独作动词的宾语,如果作动词的宾语要加上量词(名词)。如:

① 我买这件,你买那件吧。

② 我不太喜欢这本书。

③ 别买了,妈妈不爱吃这种水果。

而在英语等其他语言中,this 和 that 可以直接做动词宾语的。如:

④ A: I'm going to wear my new jeans to her party.

B: You can't do that.

所以留学生经常受母语的影响常出现如下偏误:

⑤ *我不喜欢这。(我不喜欢这个。)

⑥ *你不能做那。(你不能那样做。)

2. 留学生为何常说"姚明是篮球运动员,那谁都知道"?

"姚明是篮球运动员,那谁都知道。"不能说,其中的"那"要换成"这"。因为汉语中用来回指上文陈述或上文所述事件,一般用"这",特别是回指的上文陈述比较长,含有多个信息块,无法在下一小句中作一个句子成分。用"这"回指可以把多个信息块整合成一个信息块,起到承上启下整理思路的作用。如:

① 如何适应建立社会主义市场经济体制的要求,抓紧搞好国有大中型企业,使其在深化改革、发展经济和稳定社会中发挥更大作用,<u>这</u>是当前经济工作的重大课题。

② 他说,去年四季度以来,改革的措施出台比较多,力度比较大,<u>这</u>是形势的迫切需要,是把我国社会主义现代化建设事业推向前进的需要。

而在英语等语言中经常用"that"回指上文的内容。如:

  ③ A: Can you cut my hair for me?
   B: That's not difficult.

留学生,特别是母语为英语的学生受母语的影响,经常用"那"来回指。如:

  ④ * 我想当空姐,到世界每个地方看看,……但那只是我的梦想。
  ⑤ * 你想想,东西都坏了,浪费了我很多钱,那谁负责?

3. 为何不能说"今天那么热"而得说"今天这么热"?

汉语的指示代词可以分成两组,"这"系和"那"系。"这"系的指示代词表示近指,"那"系的指示代词表示远指。例如:

  ① 他说:"你把床上的那本书拿到我这儿来。"
  ② 冬天东京没有北京这么冷。
  ③ 夏天北京没有广州那么热。

例①中说话人一定离床比较远,所以说到"床上的书"时用"那本书",说到自己在的地方用"这儿"。例②、③的说话人都在北京,离东京和广州远,所以在"北京"后边要用"这么"。在"广州"后边要用"那么"。留学生常常容易用错"这么"和"那么"。在学习"A(没)有 B 这么/那么+形容词"时,应该让学生明白用"这么"还是"那么"主要取决于 B 离说话人的远近,如果离说话人近,就用"这么",相反,如果离说话人远,就要用"那么"。

由于"今天"离说话时间很近,因此形容今天天热的程度不能用"那么",要用"这么";而形容昨天热的程度则要用"那么",如:

  ④ 今天这么热。
  ⑤ 今天没有昨天那么热。

4. 为何不能说"你别说这样"?

"这么/样"和"那么/样"常用来修饰动词、形容词,在句中作状语,表示方式、程度。它们修饰形容词的时候,问题不大,但修饰动词时留学生很容易出现偏误。其语序在对外汉语教学中要特别注意,汉语中应该是"这么(样)/那么(样)+动词",而不像英语中的"动词+so/that"。如:

① I don't think so.

② You can't say that.

所以留学生经常受母语的影响出现如下偏误：

① ＊我不认为这样。（我不这样认为。）

② ＊你别说这样。（你别这样说。）

③ ＊中国父母总是希望孩子去替自己实现梦想，而泰国的父母不想这样。（……而泰国的父母不这样想。）

四、疑问代词

1. 什么是疑问代词？可分成几个小类？

疑问代词是表示疑问的代词，是用来构成疑问句的一种手段。根据所问的对象，疑问代词可以分成以下几组：

功能	疑问代词
问人	谁　什么人　哪个
问物	什么　哪个
问处所	哪儿　哪里　什么地方
问时间	什么时候　什么时间
问性质状态方式程度	怎么　怎么样　怎样
问数量	多少　几
问原因	为什么

2. 疑问代词的非疑问用法："我哪儿知道他去哪儿了"中的两个"哪儿"一样吗？

"我哪儿知道他去哪儿了。"中两个"哪儿"的意义和用法是不一样的。后面的"哪儿"是询问处所，表示疑问；前面的"哪儿"并不表示疑问，甚至可以换用为"怎么"。不仅"哪儿"如此，其他疑问代词"谁、什么、怎么"等都是一样，有时在句中并不表示疑问。再如"你们班的同学谁都不想去吗？"这个句子虽然含有特殊疑问代词"谁"，但不是特指疑问句，而是是非疑问句，其中的"谁"并不表示疑问。汉语中疑问代词有时在句中并不表示疑问，而是表示反问、任指（泛指）或者虚指。下面我们举例说明。

第一种：疑问代词表示反问。疑问代词除了表示疑问外，还可以表示反问。反问的形式与疑问句的形式一样，但作用不同。反问句中虽有疑问代词，但并不要求对方回答。句中如有否定词，一般表示肯定的意思；如无否定词，一般表示否定的意思。如：

① 谁不认识她呀？（意思是"谁都认识她"）
② 我哪儿知道啊？（意思是"我不知道"）

第二种：疑问代词表示任指(泛指)。主要用于三种格式。

(1) 谁/什么/哪儿/怎么/多少＋也/都＋(不/没)＋动词(＋不＋补语)，疑问代词代表所说的范围无一例外，即任何人或事物全部如此。如：

① 谁都认识他。
② 他什么都没吃。
③ 我昨天一天哪儿也没去。
④ 他什么也没买就回来了。

(2) 谁＋也/都＋(不/没)＋动词＋谁，表示互相之意。这儿的两个"谁"指不同的人。如：

① 昨天他们吵架了，今天谁也不理谁。
② 考试的时候谁也不能帮助谁。
③ 事情既然已经发生了，你们就谁也别埋怨谁了。

(3) 疑问代词成对使用，两个相同的疑问代词前后呼应，即"谁……谁……""哪儿……哪儿……""怎么……怎么……""多少……多少"等，这两个疑问代词指同一个人、同一个事物、同一种方式、同一个地点等。第一个疑问代词任指，第二个疑问代词表示的人或者事物以第一个疑问代词为转移，与第一个疑问代词指称同样的人或事物，表示满足条件的那一个。如：

① 我们两个谁有时间谁去。
② 哪个班人少就让他进哪个班。
③ 他啊，总是什么新鲜吃什么。
④ 怎么方便怎么去吧。

疑问代词任指用法的三种格式使用频率都非常高,在对外汉语教学中应该引起足够的重视。每一种格式都是作为一个重要语言点出现的,在教学过程中,应该做到格式化。

第三种:疑问代词表示虚指。疑问代词指代不必说、不想说或者说不出来的人或事物,不必要求回答。如:

① 他一定是有什么事瞒着我们。
② 放假后我想带孩子去哪儿玩玩。
③ 我好像在哪儿见过他。
④ 他好像说了什么,我没听清楚。

第四种:疑问代词"什么"用于列举。如:

① 什么房子呀、车子呀,都不重要,最重要的是人品。
② 你别看那个铺子小,但我们需要的书呀、报呀什么的都有。

3. 留学生为何常说"我们哪儿也想去"?

在"谁/什么/哪儿/怎么/多少+也/都+(不/没)+动词(+不+补语)"这种周遍性主语句中,副词"都"和"也"并不是没有任何限制随意使用的,我们先看例句:

① 这孩子你说什么他都不听。
　 这孩子你说什么他也不听。
② 这些数字我怎么都记不住。
　 这些数字我怎么也记不住。
③ 你去劝劝她,你说什么她都当作圣旨。
 *你去劝劝她,你说什么她也当作圣旨。
④ 北京哪儿都有这种花。
 *北京哪儿也有这种花。

通过对比我们发现,在否定句中二者可以互换,而在肯定句中,一般只能用"都",很少使用"也"。只是在口语中,"谁都知道"有时也可以说成"谁也知道",但使用频率还是不如"都"高。但在对外汉语教材中,这种细微的不同往往被忽视,如果我们老师也忽视,留学生自然无法掌握其不同,偏误也就自然难免。如:

⑤*他很聪明也很幽默,我们班谁也喜欢他。(……我们班谁都喜欢他。)

⑥*这种作料你放多少也行。(这种作料你放多少都行。)

⑦*我觉得你送什么也可以。(我觉得你送什么都可以。)

4. "你怎么来的?"和"你怎么来了?"中的"怎么"意思一样吗?

汉语中的"怎么"有多个意思。我们看下面的句子:

① A:你怎么来的? B:我坐飞机来的。

② A:你怎么来了? B:经理刚才打电话让我来的,我也没办法。

例①中的"怎么"是问"来"的方式;②中的"怎么"问的是原因。二者结构上也有区别,"怎么来的"是"怎么来+的";"怎么来了"是"怎么+来了"。

顺便说明,"怎么来了"中的"怎么"是问原因,这跟用"为什么"问原因有所区别。"怎么"含有明显的奇怪、惊讶的因素,而"为什么"的功能主要是问原因,问话人只想知道答案,并无诧异的成分。如例②问话人觉得听话人不应该来,但他来了,觉得有点奇怪。在教学过程中对这种不同用法的"怎么"应该予以关注。

五、代词的偏误分析

代词一个很重要的作用是放在篇章中起到连接作用,留学生在习得代词的过程中偏误率最高的就表现在篇章连贯方面。主要有以下几种:

(1) 应该用代词复指而没有复指。如:

① ?杭州非常漂亮,你应该去杭州看看。(第二个"杭州"换成"那儿")

② ?珍淑很温柔,所以我很喜欢珍淑。(第二个"珍淑"换成"她")

代词的一个重要功能就是替代上文已经出现的名词,并且通过这种替代在篇章中起到衔接的作用。上面两例的每个单句应该说都没有问题,但从篇章连贯衔接的角度来看,用代词才可以使前后两个句子联系得更紧密。

(2) 缺少复指上文的指示代词。如:

①*我从15岁就决定要当老师,跟我爷爷有关系。(……这跟我

爷爷有关系。)

② *萨沙有个特点,就是喜欢打断别人的话。(……那就是喜欢打断别人的话。)

篇章中的句子和句子之间的衔接,经常要用指示代词来复指。上面两例都是缺少了复指的指示代词"这""那"。

(3) 直接用名词表示处所,缺少表示处所的指示代词"这儿、这里、那儿、那里"。如:

① *他从爷爷学会的。(他从爷爷那儿学会的。)

② *我从你知道下周放假。(我从你这儿知道下周放假。)

(4) "这么""这样""这种"混用。如:

① *我们国家也有这么说法。(我们国家也有这种说法。/我们国家也这么说。)

② *我以前没见过这样人。(我以前没见过这样的人。/我以前没见过这种人。)

③ *这种的视觉污染物在泰山随处可见。(这种视觉污染物在泰山随处可见。)

"这么"一般修饰动词、形容词,作状语,一般不直接作定语修饰名词;"这样"虽然可以作定语,但中间要加"的";"这种"直接修饰名词,中间不用"的"。留学生经常混淆这三个指示代词。

(5) "这样"误置于动词之后。如:

① *你别说这样。(你别这样说。)

② *你觉得是她错了,我不认为这样。(你觉得是她错了,我不这样认为。)

(6) 疑问代词误置句首。(详见第五章第三节"疑问句的偏误分析")如:

① *什么你今天吃?(你今天吃什么?)

② *怎么你想去?坐火车还是飞机?(你想怎么去?坐火车还是飞机?)

(7) 疑问代词任指用法几种格式有误。如:

① *他们两个谁也喜欢谁。(他们两个谁也不喜欢谁。)
② *你们应该谁都埋怨谁。(你们应该谁都别埋怨谁。)

"谁……谁"(两个"谁"所指不同)用于否定句而不用肯定句。

六、代词的教学

在单句中人称代词和指示代词的偏误并不是很多,偏误率比较高的是篇章中不该省略的省略了,该省略的没有省略。在教学过程中,我们应该结合学生的偏误,归纳代词省略的规则,反复强调。特别是到了中高年级,我们对代词的教学不能只停留在单句范围内,还应该结合课文中的代词照应来说明代词的衔接作用,因为代词的一个重要作用就是通过复指上文中的先行词或内容从而起到衔接句子、语段或段落的。

疑问代词的一般用法对留学生来说并不是特别难,只是在初级阶段由于母语的负迁移导致语序容易出错,所以在教学过程中我们应通过汉外对比的办法让学生明白他们出错的原因,同时还应该通过大量例句强化疑问代词在疑问句中的语序和同一句法成分的非疑问代词在句中的语序是相同的。对中级阶段的学生来说,疑问代词的非疑问用法如任指、虚指等,特别是主语和宾语使用同一个疑问代词的用法应该是学习的重点。当学习完任指的三种格式以后,可结合其语义、语法功能进行对比性解释,以免混淆。

思考与练习十一

一、简答题:

1. 疑问代词的非疑问用法主要有哪些?举例说明。
2. 举例说明代词可以分为哪些小类。

二、判断下列句子是否正确,如不正确请加以改正,并说明理由。

1. 星期天我常常去五道口,我有两个好朋友住在这儿。
2. 这些工艺品怎么非常贵?
3. 你们班的成绩不如咱们班。
4. 他从来都是关心人胜过关心他。

5. 你千万别做这样事情。
6. 你最好说这样:"……"
7. 她没有你那么刻苦。
8. 这种的比赛我是第一次见到,很吓了我。
9. 他们谁也帮助谁,真是好朋友。
10. 那样情况让我很不好意思。

第十一节 介 词

一、介词及其语法功能
  1. 什么是介词?有何语法功能?
  2. 介词可以分为几个小类?
  3. 介词和动词的区别:"我在教室"和"我在教室上课"中的"在"一样吗?
二、常用介词用法举例
  1. 介词"从"有哪些具体用法?
  2. 介词"在"有哪些具体用法?
  3. 介词"凭"有哪些具体用法?
三、常用介词辨析
  1. "对"和"对于"有何不同?
  2. "对于"和"关于"有何不同?
  3. "朝""向"和"往"有何不同?
  4. "从"和"离"有何不同?
  5. "据"和"根据"有何不同?
  6. "按"和"按照"有何不同?
  7. "凭"和"根据"有何不同?
四、介词的偏误分析
五、介词的教学

第二章　词　类

一、介词及其语法功能

1. 什么是介词？有何语法功能？

汉语中有些词不能单说，也不能单独充当句子成分。通常是和其他成分(多为名词性成分)组成类似"动宾"那样的词组，该词组在句中主要充当状语，这样的词，我们叫做介词；所组成的词组称为"介词词组"(或称"介词结构"，有的语言称为"前置词结构")。如：

把　被　从　对　对于　关于　跟　除　连　向　往　自　自从　在　到　比

从语法功能上看，(1) 介词不能单说，也不能单独作主语、谓语等句法成分，它后面总得跟上一个别的成分(大多是名词性成分)，组成一个介词词组，例如"把书""被他""从北京""对你"等。(2) 介词词组本身一般不能单说，也不能作谓语，例如：

　　＊把我的书　　　＊我把书

但在特定语境的对话中，某些介词词组可以单独回答问题。例如：

① 你们讨论什么了？　——关于去哪儿实习的问题。
② 今天在哪儿开会？　——在八楼多功能厅。

(3) 介词词组在句中主要是作状语。例如：

① 我<u>把书</u>还了。
② 他<u>从北京</u>来。

(4) 有一部分介词词组能作补语。例如：

① 她生<u>于1970年</u>。
② 麦兰妮<u>来自美国</u>。

(5) 有少数介词形成的介词词组带上"的"之后，可以修饰名词，作定语。例如：

① 我们提出了很多对考试的意见。
② 关于车票的问题我们待会儿再讨论。

2. 介词可以分为几个小类?

介词的主要作用是引介与行为动作相关的事物或事件。按照所引介对象的不同性质,一般将介词分为以下几个小类:

(1) 引介时间、空间的:自、从、离、在、打、自从、当、朝、向、往、沿着、到等

(2) 引介关涉对象的:对、对于、关于、至于、替、为、跟、与、比、朝、向等

(3) 引介原因、目的的:由、由于、为、为了、为着等

(4) 引介凭借、依据的:按照、照、依照、依、根据、据、鉴于等

(5) 引介施事的:被、叫、让、给、为等

(6) 引介排除对象的:除了、除等

(7) 引介处置、致使对象的:把、将、使等

3. 介词和动词的区别:"我在教室"和"我在教室上课"中的"在"一样吗?

现代汉语中的介词大部分来自于动词。但是各个介词的演变速度是不同的,有的快些有的慢些。那些演变速度快的介词和动词的区别比较明显,如"被""从""以"等。但是那些演变速度比较慢还没有完全完成从动词到介词的演变的词语,如"在""比""给""经过"等,它们有时是动词,有时是介词。它们到底是动词还是介词,主要是看后面是否还有其他动词或形容词出现,如果有,就是介词;如果没有,就是动词。如:

① 我在教室。(动词)
② 我在教室学习。(介词)
③ 这本书给你。(动词)
④ 我给你买了一本书。(介词)
⑤ 他们明天经过这儿。(动词)
⑥ 经过这些天的锻炼,他明白了很多。(介词)
⑦ 我和你比身高。(动词)
⑧ 我比你高。(介词)

二、常用介词用法举例

1. 介词"从"有哪些具体用法?

介词"从"有多种用法,分别举例如下:

(1) 表示起点:"从"可以表示空间的起点,也可以表示时间的起点,还可以表示事物所涉及的范围或发展变化的起点。如:

① 我们都是从天津上的车。
② 她从钱包里掏出了自己小时候的照片,简直判若两人。
③ 我们从6月28号开始放假。
④ 从到达北京那天起,她就开始找房子,到现在也没找到合适的。
⑤ 她从一个整天又哭又闹的灰姑娘成长为一个大学生了。
⑥ 我这破帽子摘了也好,从吃喝拉撒到公司发展都得管,累死人不偿命的差事!

例①、②都是表示空间的起点,我们可以格式化为"从+处所+动词"。通过这个格式学习"从"的这一用法的时候,应该注意"从"的后面应该是表示处所的词语,如果不是处所名词,而是普通名词,那么这些普通名词后面加上方位词才可以。留学生经常在这方面出现偏误。如:

⑦ *她从书包掏出一本书。(她从书包里掏出一本书。)
⑧ *我从经理拿回了设计图。(我从经理那儿拿回了设计图。)

例③、④表示时间的起点,可格式化为"从+时间+动词"。

(2) 表示通过的路线或处所。如:

① 阳光是从窗帘的缝隙里射进来的。
② 我刚好从你家路过,顺便带上你就行了。

(3) 表示来源。如:

① 写作要从生活中寻找素材。
② 这股香味不知是从哪儿飘出来的。

(4) 表示依据。如:

① 从这件小事,就可看出他的为人。
② 从她的脸色我们分明读出了不乐意。
③ 从她儿子的嘴里我们知道了他们夫妻关系一直不好。

表示依据时,"从"的宾语多为表示抽象意思的词语,谓语动词多为含

"认知"意义的动词,如"看出、读出、体会、知道、懂得、感到"等。

(5) 由"从"组成的常用格式:"从"常和某些词语搭配使用组成一定的格式,常用的有:

从……到……:既可以表示时间、处所从起点到终点,也可以表示人物、数量或其他事物的范围。可以格式化为"从时间$_1$/处所$_1$到时间$_2$/处所$_2$"。如:

① 春节前后,从天亮到半夜,全城爆竹声不断。
② 从北京到天津大约要1个小时。
③ 从学生到老师都很紧张。
④ 从外表到谈吐,他都给人一种和蔼可亲的感觉。

从……起:该格式有"从……开始"的意思,多表示以某一时间为起点。这个时间点可以是过去的也可以是现在的或将来的。常用在句首作状语。如:

① 我从12岁起就离开了家乡。
② 从今天起,你每天都必须来上课。
③ 从下周起,我们改成9:00上课。

从……以来:表示过去某一时间开始,一直延伸到说话时的一段时间,所以这个时间一定是过去的某个时间。如:

① 从开学以来,我还没有休息过一个星期天。
② 从结婚以来,他们就没吵过架。
③ 从上学以来,他没有迟到过。

从……来说(说来):意思是"从……方面来谈问题"。如:

① 从这部电影的内容来说,小学生看是不太合适。
② 从目前的状况来说,今年的生源受到了很大的影响。

从……来看:表示看问题的某种角度。如:

① 从以往的经验来看,基本上没有什么问题。
② 从目前的形势来看,要挽回败局还是很有希望的。
③ 从她的表现来看,似乎是已经起作用了。

2. 介词"在"有哪些具体用法?

现代汉语里,"在"既可以是动词也可以是介词,还可以是副词(如"他在看书")。作为介词的"在",常与后面的宾语组成介词词组,可用在动词前作状语,表示动作行为发生的时间、处所或范围。

(1) 表示行为动作发生的时间。如:

① 就在昨天这个时候,她还在和我开玩笑呢,今天她竟然……

② 在那段艰苦的岁月里,我们的化学老师给了我很大的帮助。

由"在"构成的表示时间的词组常见的有"在……的时候""在……时期""在……的同时""在……之前、之后"等。

(2) 表示处所。如:

① 就这样,我们在操场玩了一个晚上。

② 你先在我这儿住下吧,等找到合适的房子再搬走。

这种用法我们可以格式化为"在+处所+动词"。但和"从"引进处所的要求一样,其后的非处所名词后面应该加上方位词或者指示代词"这儿""那儿"等。留学生有时在这方面会出现问题。如:

① *星期天我们在李老师玩了一天。(应在"李老师"后加"这儿"或"那儿")

② *他们随便把垃圾扔在地。(应在"地"后加"上")

③ *他在朋友聊天。(应在"朋友"后加"那儿")

(3) 表示范围、界限。如:

① 在我们这个小组里,大家都亲如兄弟,情同手足。

② 在金钱和友谊之间,确实有的会选择前者,可是选择后者的人肯定也不在少数。

③ 在10人以下我们是不会开课的。

④ 水要在100摄氏度以上才会变成蒸汽。

"在"表示范围时,常和一些方位词语组成"在……里、中、之间、内"等;"在"和方位词语组成的表示界限的格式常见的有"在……以上、以下、之内、之外、以外"等。

(4) 由"在"组成的"在……上、中、下"可表示时间、空间、范围、方面、条件等。

在……上：有时并不表示实际的处所，而是表示范围、方面或条件。中间常插入名词或名词短语，有时也可以插入动词或动词短语。如：

① 最近这孩子在学习上的进步是很显著的。

② 这项任务让我们来完成，在人力上是没有问题的，可是在经济上可不是我说了算的。

在……下：多表示条件。常用在该格式中表示条件的动词如"影响、教育、支持、鼓励、帮助、带动"等。但要注意，这些动词一般不能单独使用，必须带有定语，可格式化为"在＋某人＋的＋动词＋下，＋小句"。如：

① 在朋友的帮助下，他终于克服了困难，重新振作了起来。

② 在老师的指导下，我逐渐找到了思路。

③ 在爸爸的影响下，他也开始喜欢上了武术。

在……中：该格式表示动作发生或状态存在的环境、范围或过程等。中间多是名词或名词短语、动词或动词短语。如：

① 在我记忆中，爸爸很少笑。

② 在这次文化交流中，我们加深了了解。

③ 这样的教材正在编写中。

(5) 由"在"组成的"在……看来"用来指明后面的论断和看法的持有者。

"在……看来(＋小句)"，用来引出持有某种观点或看法的人，中间是指人的名词或代词，后面的观点是某个人的主观看法，不一定是实事。如：

① 这样的做法，在父母看来，肯定是不合适的。

② 汉字对日本同学来说并不是很难，因为日语中也有很多汉字。可是在他看来难得不能再难了。

③ 在孩子看来，每一个妈妈都是那么啰嗦。

(6) "在……"还可用在动词后作补语，表示事物在动作行为发生后所在的处所或动作行为发生的时间。如：

① 她把那一堆东西扔在了地上。

② 那件事发生在我三岁的时候。

3. 介词"凭"有哪些具体用法？

介词"凭"引进依据，主要有以下两种用法。

（1）引出完成、实现某动作所依据、依赖的事物或动作。主要有以下两种情况。

第一种情况：通常情况下所依据的事物可以是能够证明某人身份的名词，如"身份证、学生证、护照、介绍信、会员卡、电影票"等。如：

① 你们凭学生证就可以参观。

② 凭票入场。

③ 凭身份证办理。

第二种情况：所依据的事物还可以是诸如"能力、本事、本领、经验、感觉、直觉、医术"这些表示经验能力的名词。如：

① 你不能凭经验办事。

② 他凭自己高超的医术把那个老人救活了。

③ 我是凭自己的本事参与竞争的。

（2）引出主观判断、体验的依据。这个依据多为人的感觉器官及其相关事物。如：

① 我仅凭眼睛就能看出这里面有大量的铜。

② 她凭手感就能判断这不是真丝。

③ 我凭直觉就知道这不是他干的。

三、常用介词辨析

对留学生来说，汉语介词尤其是近义介词也是比较容易出现偏误的语法项目之一。所以我们需要对一些常用介词进行辨析。

1. "对"和"对于"有何不同？

"对"和"对于"的意思和用法不完全一样。它们都能引出跟动作有关

系的对象,在很多场合都可以通用。例如:

对于/对这个问题,我们有不同的看法。

一般来说,能用"对于"的地方,都可以用"对";可是能用"对"的地方不一定都能用"对于"。这主要有两种情况。

第一种:表示人与人之间的对待关系,用"对"不用"对于"。例如:

① 他对我很友善。
② 男人对孩子总是缺乏应有的耐心。
③ 那些老人对我们这些外乡人非常热情,一点戒心都没有。

第二种:引出动作行为的对象,相当于"向、朝、对待"等,用"对"不用"对于"。例如:

① 我对他说:"你快走吧。"
② 他突然对我点了点头。

另外,"对"和"对于"在句中的位置也存在不同,句中如果有"都、也"等程度副词或者"能、会、应该、必须"等能愿动词;"对"一般置于其后,而"对于"一般置于句首,如:

① 你一定要对这种孩子严加管教。
  *你一定要对于这种孩子严加管教。
   对于这种孩子你一定要严加管教。
② 我们会对这件事进行严肃处理的。
  *我们会对于这件事严肃处理的。
   对于这件事我们会严肃处理的。

2. "对于"和"关于"有何不同?

有时候"关于"和"对于"可以互换,例如:

关于/对于食品安全问题,我们专门进行了调查。

但二者在语义和句法方面仍然存在一些不同。
从语义上看,"对于"着重引介对象,这种对象是当事人采取某种态度所涉及的对象。"关于"着重指出范围,引出所关系到的事物。如果宾语只

表示其中一种意义时,"对于"和"关于"不能互换。例如:

① 对于这里的环境,他还不太熟悉。

② 对于这种说法,我不想发表意见。

③ 关于春节,中国有很多传说故事。

④ 关于这座桥,有个美丽的传说。

从句法上看,"对于"和"关于"组成的介词词组虽然都经常作状语,但在句中出现的位置有所不同。"关于"构成的词组一般用在句首;"对于"构成的词组可以放在句首,也可以放在句中动词前边。例如:

① 关于这个问题,我们下次再讨论。

 *我们关于这个问题下次再讨论。

② 关于工资待遇的问题,我们下次再谈。

 *我们关于工资待遇的问题下次再谈。

③ 对于这个问题,我们还有一些意见。

 我们对于这个问题还有一些意见。

④ 对于房改问题,我们的看法不完全一样。

 我们对于房改问题的看法不完全一样。

3. "朝""向"和"往"有何不同?

介词"朝""向"和"往"的区别比较复杂,也是对外汉语教学的难点之一。我们从两个方面来看其异同。

(1) 表示方向时,介词"朝、向、往"都可以。例如:

① 你朝/向/往这边看。

② 火车朝/向/往上海开去。

不过,"朝"、"向""往"三词还有以下区别:

第一:从与之结合的名词看,"往"只能跟表示方向、处所的名词组合;而"朝、向"可以跟表示人、方向和处所的名词组合。例如:

① 他往/朝/向机场的方向看了看。

② 他朝/向我走过来。

 *他往我走过来。

第二：从介词词组出现的位置看，"朝"构成的介词词组只能出现在动词前作状语，而"向、往"构成的介词词组可以作状语，也可以出现在动词后作补语。例如：

① 火车朝上海开去。

＊火车开朝上海。

② 火车向/往上海开去。

火车开向/往上海。

③ 这条路通往/向西藏。

＊这条路通朝西藏。

表示方向的"向"和"往"虽然有些场合可以互换，但二者仍存在一些区别：第一：能搭配的动词。"往"只能用于"开、飞、通、逃、运、寄、赶、送"等少数几个动词后；"向"能搭配的动词数量很多，如"开、飞、通、逃、运、寄、赶、送、投、射、抛、扑"等。第二：对宾语的选择。"往"后边的名词是表示预定的、明确的目的地；"向"后的名词除表示预定的明确的目的地外，还可以是表示大概的方向或范围，甚至是抽象的目标。例如：

① 飞机已经飞向蓝天。

＊飞机已经飞往蓝天。

② 我们正在走向胜利。

＊我们正在走往/朝胜利。

③ 让我们勇敢地奔向未来吧。

＊让我们勇敢地奔往未来吧。

(2) "朝、向"可以引介动作的对象，"往"则不能。例如：

① 他朝/向我伸出了右手。

＊他往我伸出了右手。

② 他朝/向我鞠了一躬。

＊他往我鞠了一躬。

③ 麦克朝/向他笑了笑。

＊麦克往他笑了笑。

引出动作对象的"朝"和"向"有时可以互换，但二者仍存在一些不同。

从所修饰的动词来看,"朝"构成的介词词组一般修饰跟身体动作有关的动词,如"点头、摇头、笑、做鬼脸、鞠躬、问好、招手、叫、骂"等;"向"构成的介词词组则不受这个限制,除上述动词外,还可以是其他行为动词,如"学习、请教、打听、负责、解释、索取、提出、汇报"等。如:

① 他朝/向大家鞠了一躬。
② 爸爸朝/向他树起了大拇指。
③ 我要向你挑战。
  *我要朝你挑战。
④ 我要向你学习。
  *我要朝你学习。
⑤ 去之前你最好向当地人打听一下。
  *去之前你最好朝当地人打听一下。

4. "从"和"离"有何不同?

介词"从"和"离"都可以和其宾语组成介词短语放在动词、形容词之前作状语,但意思和用法都不同。

"从"表示时间地点的起点,常用在格式"从 N(时间、地点)开始"和"从 N_1(时间、地点)到 N_2(时间、地点)"中,"从"的后面是时间或地点的起点。可以图示为:

A⟶B:从 A……

① 从现在开始,我要努力学习了。
② 从这儿到北京火车站很远。

而"离"表示两个地点或两个事件之间的间隔。常用在格式"(N_1)离 N_2……"中,"离"的后面是时间或地点的终点。可以图示为:

A⟶B:A 离 B

① 北京离上海很远。
② 现在离春节还有 10 天。

由于这两个介词在英语中的翻译都是 from,所以留学生很容易用错。如:

① *离北京大学到北语不远。("离"应换成"从")

②＊北京从天津很近。("从"应换成"离")

③＊这儿从天安门不太远。("从"应换成"离")

5. "据"和"根据"有何不同?

介词"据"和"根据"都是用来标引某种结论或论断的依据,好像只是风格色彩不同,其实不然。二者的不同主要表现在对其后词语的词性要求不同,"根据"后面是名词性词语,而"据"的后面应该是动词性词语或主谓短语。例如:

① 据他说,情况非常严重。

　根据他的说法,情况非常严重。

② 据新华社报道,疫情已经基本得到控制。

　根据新华社的报道,疫情已经基本得到控制。

③ 据介绍,这个小镇有300家工厂。

　根据镇长的介绍,这个小镇有300家工厂。

吕叔湘先生主编的《现代汉语八百词》说:"'根据'后的动词用如名词,不能带宾语;前面如有表示施事的名词,中间往往加'的'。"

6. "按"和"按照"有何不同?

介词"按"和"按照"意思相同,都表示行为动作遵从某种标准、条件或规定等进行。二者的不同主要表现在语体和后面成分的音节数量上。

"按"常用于口语,宾语可以是单音节名词,也可以是双音节或多音节的词或词组,例如:

① 按理说,你应该来一趟。

② 房租应该按月交。

③ 我们按实际情况决定方案。

"按照"常用于口语和书面语,宾语不能是单音节名词,而应该是双音节或多音节的词或词组。如:

① 我们按照实际情况决定方案。

②＊按照理说,你应该来一趟。

③＊房租应该按照月交。

7. "凭"和"根据"有何不同？

在对外汉语教学中留学生常常出现把"凭"和"根据"混淆的偏误。如：

① *虽然他很年轻，但他根据自己的能力挣了很多钱，给父母买了一套房子。

② *凭中国的法律，我们不能做这样。

那么二者的不同到底表现在哪儿呢？

如果表示某种结论、观点是客观的有依据的，甚至是经过分析、判断、推理等理性思考后得出的，一般要用"根据"。"根据"的宾语常常是"成绩、材料、法律、规定、决定、决议、计划、规划、计划书"等比较抽象、概括的事物或者带有区别性的"特点、特征、标志"等。如：

① 我们是根据入学考试的成绩分班的。

② 根据法律他不能随便离开。

③ 根据我们学校的规定，旷课三分之一的学生不能参加考试，即使参加了，也不记成绩。

通过上例我们发现，"根据"的宾语所表示的事物常常是独立于动作者之外、可以作为推论的客观依据的事物，这种用法的"根据"都不能换成"凭"；"凭"的宾语名词所表示的事物常常是动作者本身所具有的事物。如：

① 他凭自己的努力终于得到了领导的赏识。

② 无论是谁都要凭本事吃饭。

③ 她总是凭经验就能做出正确的判断。

这种用法的"凭"不能换成"根据"。

四、介词的偏误分析

在介词习得过程中，留学生容易出现的偏误主要有以下几种：

（1）介词的遗漏。如：

① *你到上海后一定要打电话我吧。（你到上海后一定要给我打个电话。）

② *她历史没兴趣。（她对历史没兴趣。）

③*你要赔不是她,不然她不会理你了。(你要给她赔不是,不然她不会理你的。)

④*请问好你的父母。(请向你的父母问好。)

⑤*小时候,妈妈经常发火我。(小时候,妈妈经常向我发火。)

(2) 介词的误加。如:

①*老师,我跟你同意。(老师,我同意你的看法。)

②*你跟那些抬轿子的人问问吧,他们真的觉得不好意思吗?(你问问那些抬轿子的人吧,他们真的觉得不好意思吗?)

③*你对她们问问,他们的想法是什么。(你问问她们,他们的想法是什么。)

句中"同意""问"都是及物动词,后面可以直接带宾语,而不需要用介词引进。

(3) 介词的误用。如:

①*在古时候中国女人比男人不平等。(在古时候中国女人跟男人不平等。)

②*她经常对我们操心。(她经常为我们操心。)

③*老师,你给我们的要求太高了。(老师,你对我们的要求太高了。)

④*关于我的选择,我没有后悔过。(对于我的选择,我没有后悔过。)

⑤*她没有对老人让座。(她没有给/为老人让座。)

⑥*你尽管放心,我一定为你的问题加以处理。(你尽管放心,我一定会对你的问题加以处理。)

⑦*老师凭成绩把我分到A班了。(老师根据成绩把我分到A班了。)

⑧*你无论如何要参加考试,要不然老师会给你蹲班的。(你无论如何要参加考试,要不然老师会让你蹲班的。)

这种应用A介词而用成了B介词或动词,如例⑧的偏误,出现频率非常高,在教学过程中我们要引起重视,特别注意一些近义介词的辨析。

(4) 错序。如：

① *我给妈妈没买礼物。（我没给妈妈买礼物。）

② *她常常说这样对我。（她常常对我这样说。）

③ *我现在可以说话了自由地跟中国人。（我现在可以跟中国人自由地说话了。）

④ *她学习了在台湾。（她在台湾学习的。）

⑤ *我想买一本书关于中国瓷器。（我想买一本关于中国瓷器的书。）

例①"没"的否定范围是"给妈妈买礼物"，所以"没"应该放在"给妈妈买礼物"之前，而不能只放在动词"买礼物"之前；例②—④中介词词组都是作状语，而汉语的状语无论是时间状语、地点状语还是对象状语都应该放在动词之前，而留学生很容易受母语的影响，误置于句尾；例⑤介词词组作定语，应放在所修饰的中心语之前。

五、介词的教学

汉语的介词数量不多，但使用频率很高，而且语法意义比较空灵，每个介词又往往有多种用法。留学生在学习和使用介词的过程中经常出现偏误，所以介词也是我们教学中的一个重点和难点。但对介词的教学不宜采用排山倒海似的办法来进行（当然，我们这里说的不是以学习语法知识为目的的专业课，而是以提高汉语水平为目的的语言课），应该采用"语法词汇化"的办法来进行，即把介词的内容融入一些对介词有特殊要求的动词、形容词、句式或者固定结构中去，让学生在这些实实在在的词汇、结构的用法中掌握一个个介词的使用。如：

某人$_1$＋对……＋热情/冷淡/友好 （"对"表示行为动作的对象）

某人$_1$＋给某人$_1$＋让座/鼓掌（"给"引出动作接受的对象）

某人$_1$＋和/跟/与/同＋某人$_2$＋见面/结婚/商量（"和/跟/与/同"引出动作协同的对象）

……至于＋话题，……（"至于"引出讨论中的相关的另一话题或者对象）

某人$_1$＋替＋某人$_2$＋动词（"替"引出动作服务的对象）

A＋比＋B＋形容词（"比"引出比较的对象）

趁＋名词/形容词/小句＋动词（"趁"表示利用某机会）

连……也、都……（"连"引出话题对比焦点）

从＋时间₁/处所₁＋到＋时间₂/处所₂（"从"引出时间或处所的起点）

打＋时间₁/处所₁（"打"引出动作行为的起点或通过的处所）

此外，在介词教学中应该注意以下几点：

（1）对有多种意义和用法的介词，要先把各种意义和用法分开，最后再归纳整理。

介词是从动词虚化而来，多种意义用法往往是从基本意义引申而来。教师要提醒学生抓住介词的基本意义，注意各个介词的意义特征，如"给"强调"给予"，"对"强调"对待"等；同时引导学生理清某个介词各种意义之间的引申关系，便于他们理解和辨析。

（2）近义介词要注意引导学生反复辨析，辨析时要突出重点，不要采用"倾盆大雨"式的方法。

介词的用法往往从介词的宾语和跟介词词组搭配的动词这两个角度来考察。教师可以引导学生从这两个方面来对近义介词进行辨析。

思考与练习十二

一、简答题：

1. 举例说明什么是介词。

2. 举例说明介词可以分成哪些小类。

3. 举例说明介词和动词的区别。

二、判断下列句子是否正确，如不正确，请改正并说明理由。

1. 他们在哪个国家来？

2. 她商量了跟我几次，但我都没有同意。

3. 她对于我们非常友好。

4. 老师关于我们的生活也很关心。

5. 我刚到这个城市，跟这里的环境还不熟悉。

6. 我从朋友知道这个消息的。

7. 我学得比我一样好。
8. 据中国法律,这样的行为是要受到惩罚的。
9. 根据老师说明,我们每月都有考试。
10. 我们学校从紫竹院不太远。
11. 他根据自己能力找到了一份很好的工作。
12. 你跟他们问问,他们是不是不喜欢抬轿子。
13. 我病了,没有谁玩和她。
14. 她就找些开心的话给我们开心。
15. 我哥哥的想法比我不一样。

第十二节 连 词

一、连词及其分类
 1. 什么是连词?连词有哪些小类?
 2. 连词和介词的区别:"我和她是好朋友"跟"我和她说过这事"中的"和"一样吗?
二、常用连词辨析
 1. "或者"与"还是"有何不同?
 2. "因为""由于"和"为了"有何不同?
 3. "和""而""并":为何不能说"我们唱歌和跳舞了"?
三、连词的偏误分析

一、连词及其分类

1. 什么是连词?连词有哪些小类?

连词是用来连接词、词组、分句或句子帮助表达某种关系的一类虚词。连词不充当句子成分。连词有的可以单用,如"和""跟"等,有的可以成对使用,如"因为……所以……"

根据连接成分的不同,连词又可以分成三类:

(1) 只能连接词或词组,不能连接分句或句子。如:和、跟、同、与、及。

(2) 只能连接分句或句子。如:尽管、即使、哪怕、只要、只有、不论、不管、然而、可是、否则、况且、何况、如果、因此、由于、即使。

(3) 既能连接词或词组,又能连接分句或句子。如:或者、还是、并、并且、而、而且。

根据所表示的关系,连词又可以分为两大类:

(1) 表示联合关系的连词。

有的表示并列关系:和、跟、同、与、以及等

有的表示选择关系:或、或者、还是、与其、宁可等

有的表示递进关系:不但、不仅、并且、而且等

(2) 表示主从关系的连词。

有的表示因果关系:因为、由于、所以、因此等

有的表示假设关系:假如、如果、要是等

有的表示让步关系:虽然、固然、尽管、固然等

有的表示让步假设关系:即使、哪怕、就是等

有的表示条件关系:只有、只要、无论、不论、不管等

有的表示转折关系:但是、可是、然而、不过等

有的表示推论关系:既然、可见等

2. 连词和介词的区别:"我和她是好朋友"跟"我和她说过这事"中的"和"一样吗?

这两个句子中的"和"不一样,前者是连词,后者是介词。这主要涉及介词和连词的区分问题。汉语中有些词兼属连词和介词,如"和、跟、与、同"。我们怎么知道句中的"跟"或者"和"等(以"和"为例)是连词还是介词呢?我们可以从以下几个方面来区分连词和介词。

(1) 如果"和"前后的成分可以互换位置并且意思不变,那这个"和"就是连词,反之就是介词。例如:

① 我和他是大学同学。　　＝　他和我是大学同学。

② 我和校长反映过这个问题。≠ 校长和我反映过这个问题。

第二章 词类

例①中的"和"是连词;例②中的"和"是介词。

(2) 如果"和"前边可以插入"今天、确实、是不是"等,那"和"是介词;如果不能插入,则"和"是连词。例如:

① 他和妻子发脾气了。→ 他今天/确实和妻子发脾气了。
　　　　　　　　　　→ 他是不是和妻子发脾气了?
② 小王和小张辞职了。→ ＊小王今天/确实和小张辞职了。
　　　　　　　　　　→ ＊小王是不是和小张辞职了?
　　　　　　　　　　→ 小王和小张今天/确实辞职了。
　　　　　　　　　　→ 小王和小张是不是辞职了?

例①中的"和"是介词,例②中的"和"是连词。

二、常用连词辨析

1. "或者"与"还是"有何不同?

"或者"和"还是"都表示选择关系,都可以连接词语或句子,但是它们在意义和用法上都有不同。

"还是"表示疑问性选择,因此一般用于选择疑问句。例如:

① 你们是今天去还是明天去?
② 你喝咖啡还是喝茶?

"还是"有时也用于陈述句,例如:

我不知道他是韩国人还是日本人。

其实,这里的"他是韩国人还是日本人"仍然表示疑问性的选择。

"或者"表示非疑问性选择,只能用于不包含疑问性选择的句子中。例如:

① 我们或者星期六去,或者星期天去。
② 暑假我或者去打工,或者去旅游。

注意:在台湾地区的"国语"和新加坡等地的华语中,"或者"可用于疑问性选择。

2. "因为""由于"和"为了"有何不同？

（1）"因为、由于"表示原因，"为了"表示目的。有时候原因也可以是目的，这时"因为、由于、为了"似乎都可以用，例如：

① 为了锻炼身体，我每天骑自行车去学校。

② 因为/由于要锻炼身体，我每天骑自行车去学校。

但例①和例②的意思还是有所不同的，前者强调"我每天骑自行车去学校"的目的，后者强调"我每天骑自行车去学校"的原因。下面例子中的原因不是后面分句的目的，"因为/由于"就不能换成"为了"。

① 因为/由于没有买车票的钱，他每天走路去学校。

＊为了没有买车票的钱，他每天走路去学校。

② 因为/由于他变了很多，我都没认出他来。

＊为了他变了很多，我都没认出他来。

（2）"因为、由于"都表示原因，但是也有不同。"因为"连接的分句可以放在表示结果分句的前边，也可以放在结果分句的后边。例如：

① 因为身体不舒服，他没来上课。

他没来上课，因为身体不舒服。

用"由于"连接的分句只能放在表示结果分句的前边，不能放在表示结果分句的后边。例如：

② 由于身体不舒服，他没来上课。

＊他没来上课，由于身体不舒服。

还有一点，"因为、由于"都可以单用，也都可以跟"所以"搭配使用。但"由于"还可以跟"因而、因此"搭配使用，"因为"则不能跟"因而、因此"搭配使用。

3. "和""而""并"：为何不能说"我们唱歌和跳舞了"？

连词"和""而""并"都能直接连接词和词组，它们的用法完全一样吗？我们来看例句：

① 故宫和长城都很值得去看。　＊故宫而/并长城都很值得去看。

② 她和哥哥都很高。　＊她而/并哥哥都很高。

第二章 词　类

③ 我最不喜欢长而空的文章了。

＊我最不喜欢长和/并空的文章了。

④ 他聪明而善良,很多姑娘都喜欢他。

＊他聪明和/并善良,很多姑娘都喜欢他。

⑤ 这些材料都已经整理并分了类。

＊这些材料都已经整理和/而分了类。

⑥ 大家讨论并原则上通过了决议。

＊大家讨论和/而原则上通过了决议。

通过对比我们发现,连词"和""而""并"所能连接的词或词组是不同的:

名词/代词$_1$＋和＋名词/代词$_2$　　黄河和长江
形容词$_1$＋而　＋形容词$_2$　　　　聪明而善良
动词$_1$＋并　＋动词$_2$　　　　　　搜集并整理

此外,"并"连接的动词常常有递进关系,或者是时间上的先后关系。

关于"和"在对外汉语教学的过程中还有几点需要注意:

第一,如果"和"连接的成分不止两项,那么"和"常常放在最后两项中间。如:

女真人常在那里用山货跟汉人交换铁器、粮食、盐和纺织品。

第二,"和"也可以连接并列的动词和形容词,但这个联合词组不能直接做谓语。如:

① ＊她漂亮和聪明。

② ＊孩子们唱歌和跳舞。

③ ＊她是一位温和和善良的妻子。

只有当词组前边有状语或后边有宾语时,它才可以做谓语。如:

① 你要多跟别人交流和讨论,别一个人默默地想。

② 他们的品质那样地纯洁和高尚,他们的意志那样地坚韧和刚强,他们的胸怀那样地美丽和宽广。

③ 会议研究和提出了明年我区基建项目前期工作和利用外资工作的初步设想。

这样的联合词组还可以做主语、宾语和定语。如：

① 保护和改善人类环境，关系到各国人民的福利和经济发展，是人民的迫切愿望。

② 贺龙从小生就了不怕困苦和死亡的性格。

③ （他们）制作各种模具，使产品具有牢固和漂亮的外观。

第三，不能连接分句或句子。如：

① *他去了上海，和去了广州。（他去了上海，也去了广州。）

② *我们昨天喝了很多酒，和吃了很多花生。（我们昨天喝了很多酒，吃了很多花生。）

③ *这个星期六恰好有时间和我不曾去过石花洞，所以我和你们一起去。（这个星期六恰好有时间，我又不曾去过石花洞，所以我和你们一起去。）

三、连词的偏误分析

留学生受母语的影响（如英语中"and"不仅可以连接名词性成分，还可以连接动词、形容词性成分，而且所连接的动词、形容词性成分可以毫无限制地作谓语），经常出现如下偏误：

(1)"和"无限制地连接动词、形容词性成分甚至是句子。如：

① *我们昨天比赛时跑步了和跳绳了。（我们昨天比赛时跑步并跳绳了。）

② *我的语伴很聪明和很善良。（我的语伴聪明而善良。）

③ *奶奶眼睛很好，和身体很好。（奶奶眼睛很好，身体也很好。）

我们知道，汉语中"和"一般连接名词、代词等体词性成分，在连接动词、形容词性成分和句子时要受很多限制。

(2)近义连词误用。（详见第七章"复句"）如：

① *不管房间的价格很贵，反正他要订。（"不管"和"尽管"误用）

尽管房间的价格很贵，但他也要订。

不管房间的价格多贵，反正他要订。

② *既然你很喜欢她,所以告诉她吧。("既然"和"因为"误用)
   既然你很喜欢她,就告诉她吧。
③ *因为她很努力,于是考得很好。("于是"和"所以"误用)
   因为她很努力,所以考得很好。

思考与练习十三

一、简答题:

1. 举例说明什么是连词。
2. 举例说明连词可以怎么分类。
3. 举例说明连词和介词的区别。

二、判断下列句子是否正确,如不正确请改正并说明理由。

1. 他的妻子漂亮和能干,很多男人都羡慕得要死。
2. 那一段日子过得快乐并幸福。
3. 我同屋喜欢打篮球并乒乓球。
4. 她天天去跳舞和练瑜伽。
5. 这个问题我们已经解决并讨论了。
6. 昨天晚上我们跳舞了,和唱歌了。
7. 因为生病,因而没来上课。
8. 黄志强为了贫困而失学。
9. 我不知道坐火车或者坐飞机好。
10. 我去超市买了水和面包和巧克力和牛奶。
11. 为了她很漂亮,所以很骄傲。
12. 不管很远,但我还要去。
13. 即使病了,就休息吧。
14. 他没去参加,由于他妈妈来了。
15. 只有努力,就你能考好。

第十三节　助　词

一、助词及其分类
　　1. 什么是助词？有何语法功能？
　　2. 助词可以分为几类？

二、结构助词
　　(一) 结构助词"的"
　　1. 结构助词"的"有哪些用法？
　　2. 留学生用"的"时容易出现哪些偏误？
　　(二) 结构助词"地"
　　(三) 结构助词"得"
　　1. 结构助词"得"有哪些用法？
　　2. 留学生用"得"时容易出现哪些偏误？
　　(四) 在"的""地"和"得"的教学中应注意什么？
　　(五) 结构助词"所"的用法

三、动态助词
　　(一) 动态助词"了$_1$"
　　1. 了$_1$和了$_2$："我下了课就去"和"苹果红了"中的"了"一样吗？
　　2. "了$_1$"的语法意义是什么？有哪些用法？
　　3. "了$_1$"的非成句性："我昨天看了书"能单独成句吗？
　　4. "了$_1$"= 英语的"过去时"或韩语中的"잇"吗？
　　5. 留学生用"了$_1$"时常出现哪些偏误？
　　6. "了$_1$"的教学中应注意什么？
　　(二) 动态助词"着"
　　1. "着"有什么语法意义和用法？
　　2. "她穿着一条裙子"和"她正在穿裙子"一样吗？

> 3. 留学生习得"着"时容易出现什么偏误？
> 4. "着"的教学过程中应注意什么？
> （三）动态助词"过"
> 1. "过"的语法意义："他来了"和"他来过"有何不同？
> 2. 留学生习得"过"时容易出现哪些偏误？
> 3. "过"的教学中应该注意什么？
> （四）动态助词"来着"
> 1. 什么情况下用"来着"？
> 2. 使用"来着"时应注意些什么？
>
> 四、助词"们"

一、助词及其分类

1. 什么是助词？有何语法功能？

助词是附在词或词组后面表示一定的结构关系或附加意义的一类词。助词的共同特征是具有极强的黏着性，帮助词语或句子表示某种附加的语法意义。

现代汉语中的助词数量极少，可以说是一个数量极为有限的封闭的类。虽然数量少，但在汉语的语言系统中非常重要。这是因为汉语缺少严格意义上的形态变化，依靠添加词汇的方法来表达语法意义，比如添加助词来实现，所以助词在汉语中起着至关重要的作用。在对外汉语教学中助词也是一个难点。

由于在词类的划分过程中，我们把凡是黏着性强，又不好归入其他词类的词都归入了助词，这就导致了助词内部几乎找不到什么内在联系，各自都具有极强的特征，各小类之间差别大于共性，我们把助词的语法功能大致总结如下：

（1）附着性强，不能充当句子成分，不能单独回答问题；

（2）没有实在的词汇意义，只表达某种语法意义；

（3）一般读轻声。

2. 助词可以分为几类?

根据助词的功能和用法,我们把助词大致分为以下几种:

结构助词:的、地、得、所

动态助词:着、了、过、来着

比况助词:似的、一样、一般

列举助词:等、等等

表示复数的助词:们

二、结构助词

结构助词是表示词语之间结构关系的助词,其作用是把词语连接起来,使之成为某种句法结构关系的词组,比如"的"连接定语和中心语;"地"连接状语和中心语;"得"连接中心语和补语等等。

常用的结构助词有"的、地、得、所"。留学生(甚至汉语母语者)之所以出现偏误是因为没有掌握"的""地"和"得"这三个结构助词的区别。"的、地、得"在口语中都读作"de",但在书面语中各有分工。那么它们的区别到底表现在哪些方面呢?

(一) 结构助词"的"

1. 结构助词"的"有哪些用法?

"的"有多种用法,举例如下:

(1) 一般用在定语和中心语之间起连接定语和中语的作用。正是因为有了"的"连接的定语,才使得中心语所表示的人或事物能够有别于其他同类事物。如:

  聪明的孩子 他的书 南边的大楼 北京的气候

"的"后的中心语一般是名词,但也可以是动词或形容词。如:

① 老张的到来让我们看到了希望。

② 随着生活水平的提高,出国读书的人越来越多。

③ 他的细心是出了名的。

④ 她的聪明让我们既羡慕又嫉妒。

我们说名词前常用"的",但不能认为只有名词前才用"的"。

(2)"的"还可以附在名词、动词、形容词、区别词或词组之后,组成一个"的"字词组。"的"字词组指称事物,具有鲜明的名词性,并具有明显的区别特征。例如:

塑料的　漂亮的　彩色的　吃的　看书的　跑过来的

"塑料的"指用塑料做的东西,而不是别的材料做的东西;"漂亮的"指漂亮东西,而不是丑陋的东西;"跑过来的"指跑过来的人或动物,而不是走过来的人或动物。"的"字词组在句中可作主语、宾语。如:

① 塑料的好看,但没品位。
② 我不喜欢红的。

(3)"的"还可以用在一些离合词或惯用语中间,引进动作的对象。如:

① 到现在妈妈还生我的气呢。
② 张大夫救了我姐姐的命,她有什么困难我都会尽力帮她的忙。
③ 你别开我的玩笑了!

(4)用于某些固定格式。如:

① 大冬天的,吃什么冰淇淋啊!(大名词的)
② 大家唱歌的唱歌,跳舞的跳舞,谁也注意到她的异常。(动词$_1$的动词$_1$,动词$_2$的动词$_2$)
③ 你看买的枣,大的大,小的小。(形容词$_1$的形容词$_1$,形容词$_2$的形容词$_2$)

(5)用于作谓语的描写性形容词之后。如:

① 外面乱哄哄的,我不想出去的。
② 她天天笑眯眯的,好像永远不知道什么是烦恼。
③ 她的房间永远干干净净的。

2. 留学生用"的"时容易出现哪些偏误?

留学生在学习和使用"的"的过程中会出现各种各样的偏误(详见第四章第四节"定语"),这里简单列举如下:

(1)"的"的遗漏。如:

① *上高中时候,我天天回家吃饭。(中心语"时候"和动词、形容词或主谓词组之间一定要用"的")

② *她男朋友是个英俊小伙子。(多数双音节形容词作定语时后面要用"的")

③ *他是我们班最刻苦学生。(副词修饰形容词作定语时后面要用"的")

④ *她的眼睛大大,个子高高。(形容词重叠作谓语、定语时后要用"的")

⑤ *随着中国经济发展,我们的生活会越来越好。(中心语是动词或形容词时前要用"的")

⑥ *看到他心急火燎样子,我也不知道该怎么说。(成语作定语时后面要用"的")

⑦ *这样办法我觉得不好。("这样"作定语时后面要用"的"。)

(2)"的"的误加。如:

① *上课的时,我不敢说话。(表示时间的"时"充当中心语时,不用"的")

② *来中国的以前,我对中国知道得很少。(表示时间的"前、后、以前、以后"充当中心语时,不用"的")

③ *我的姐姐的单位组织大家去云南了。(领属性定语和称谓名词之间一般不用"的")

④ *大的苹果比小的苹果好吃。(单音节形容词作定语一般不用"的")

⑤ *这种的视觉污染物在泰山随处可见。("这种"作定语时不用"的")

(3)"的""地"和"得"的误用。如:

① *他又受到了老师地批评。(定语后应该用"的",用成了"地")

② *看到他狡猾地样子,我不禁生气起来。(定语后应该用"的",用成了"地")

③ *她画得画很好看。(定语后应该用"的",用成了"得")

④ *惠婷非常认真的检查了一遍卷子。(状语后应该用"地",用成了"的")

⑤ *韩财把房间收拾的干干净净……(补语前应该用"得",用成了"的")

由于助词"的"和"地"读音相同,又都可以用在偏正词组中,外国学生很容易混淆"的"和"地"的用法,常常在该用"的"时写成"地",该用"地"时写成"的"。例如:

① *李老师教汉语地方法非常好。("的"误用成了"地")

② *现在人民的生活水平有了很大地提高。("的"误用成了"地")

③ *他们很努力的学习。("地"误用成了"的")

④ *妈妈高兴的来学校看我。("地"误用成了"的")

"的、地"的混用有时可能造成读者误解句义。例如:

*大家在海滩上又唱又吼又跳,疯狂的跳了一夜。("地"误用成了"的")

"疯狂"应该是状语,大家都在海滩上疯狂地跳了一夜,所以应将"疯狂"后的"的"改为"地"。由于作者误将"地"写成了"的",会让人误解为"其中疯狂的人跳了一夜"。书面上修饰语后面的"的"和"地"的区分有利于正确理解,因此教师一定要在教学中注意讲清"的"和"地"的不同用法,并不断加以纠正。

(二)结构助词"地"

"地"一般用在状语和中心语之间起连接作用。如:

① 她仔细地看了看那封信。

② 大家都激动地大喊大叫。

状语后"地"的使用比较复杂,有的要用"地",有的不用,有的可用可不用。留学生在学习和使用"地"的过程中会出现各种各样的偏误(详见第四

章第五节"状语"),这里简单列举如下:

(1)"地"的遗漏。如:

① * 她兴奋说:"我得了第一名。"(描写心理或态度的双音节形容词作状语要用"地")

② * 妈妈客气请她进来房间里。(描写心理或态度的双音节形容词作状语要用"地")

③ * 他非常仔细检查了那个箱子。(副词修饰形容词作状语要用"地")

④ * 孩子们高高兴兴跑去买东西了。(形容词重叠形式作状语要用"地")

⑤ * 差不多先生断断续续说"死和活也差不多"。(形容词重叠形式作状语要用"地")

⑥ * 她忐忑不安坐在那儿等着。(成语作状语时要用"地")

(2)"地"的误加。如:

① * 早地睡对身体好。(单音节形容词作状语常不用"地")

② * 你们快地走吧,要不然火车赶不上了。(单音节形容词作状语常不用"地")

③ * 他竟然地跑进去手术室了。(副词特别是语气词作状语一般不用"地")

(3)"地"和"的"的误用。如:

① * 刚起床她就匆匆的出门了。(状语后该用"地",用成了"的")

② * 他吃亏就在于盲目的信仰老师教的大道理……(状语后该用"地",用成了"的")

③ * 在朋友地帮助下,她终于又开始工作了。(定语后该用"的",用成了"地")

(三)结构助词"得"

1. 结构助词"得"有哪些用法?

"得"用在动词或形容词之后,引出表示可能、状态或程度的补语,起连接补语和中心语的作用。如：

① 这么小的西瓜我们吃得完，你放心吧。
② 你爬得上去吗？
③ 教室打扫得非常干净。
④ 我们都笑得直不起腰来。
⑤ 这药苦得不得了，我实在喝不下去。

2. 留学生用"得"时容易出现哪些偏误？

和"的""地"相比，"得"的偏误率要低一些。主要有以下几种：

(1)"得"的遗漏。如：

① *我表姐写很好看。（"写"后应加"得"）
② *吴千之唱好极了，像个歌星。（"唱"后应加"得"）
③ *他妈妈已经50岁了，但是打扮漂漂亮亮的。（"打扮"后应加"得"）

(2)"得"和"的"的误用，一般是把补语标志"得"写成"的"，较少把定语标志"的"写成"得"。如：

① *我们教授写的非常快，我不知道什么他写。（补语前应该用"得"，误用成"的"）
② *阿凡达跑的很快。（补语前应该用"得"，误用成"的"）
③ *她做得衣服很时髦。（定语"做"后应该用"的"，误用成"得"）

(3)"得"的错序。如：

① *我跑步得很累。（我跑步跑得很累。）
② *马雅唱歌得很好。（马雅唱歌唱得很好。）

（四）在"的""地"和"得"的教学中应注意什么？

我们已经知道除"的"字词组外，"的"是定语的标志，"地"是状语的标志，"得"是补语的标志，那么在教学过程中应该如何操作更有利于学生掌握呢？

关于"的、地、得"的区别，传统的做法是作如下的简单表示。

定语＋的＋中心语

状语＋地＋动词/形容词

动词/形容词＋得＋补语

这种表示法对中国人来说似乎还可以，但对留学生来说，远远不够，因为他们不知道什么是"定语、状语、补语和中心语"，那么怎么能让学生比较好地掌握它们的区别呢？

我们觉得可以采取分阶段处理的办法逐渐降低难度。在初级阶段我们只告诉学生使用频率比较高的形式。如：

……的＋名词：

  我的书 红色的裙子 南边的教室 衣服的价格

形容词/副词＋地＋动词/形容词：

  认真地学习 渐渐地明白 特别地感动 极其地漂亮

动词/形容词＋得＋怎么样：

  玩得很开心 漂亮得不得了 高兴得跳起来 紧张得说不出话

使用频率不高、相对比较难的"……的＋动词"，我们可以通过采取分散教学的方式见一个教一个：

  挨某人的批评/骂/打/训 受到某人的批评/影响/表扬

  得到某人的支持/鼓励

至于使用频率更低的"……的＋形容词"。如："狐狸的狡猾、生活的艰辛"等，可以放到句中分析，让学生明白整个结构相当于名词即可，因为这类用法几乎都是黏着性词组，无法单独构成句子，而且使用频率很低，我们不要因小误大。

通过这几个步骤让留学生在一个个固定格式的学习中逐渐建立"的"的使用规则，而不要一股脑地倒给他们。

"地、得"的教学。（"地"的教学详见第四章第五节；"得"的教学详见第四章第三节）

除了上面谈到的三个"de"容易混淆外，结构助词方面的偏误还表现在遗漏和误加两个方面。所以在教学过程中还应该强调什么情况下必须用，什么情况下不必用结构助词。

（五）结构助词"所"的用法

"所"用在及物动词前面，形成一个名词性的"所"字结构，如"所见所闻""所答非所问"。"所"字结构是古汉语遗留下来的,所以多用于书面语,口语里很少用。在现代汉语里,"所"字结构单独作主语或宾语的情况已很少见,更常见的是,"所"与"的"配合使用。例如:

① 他当时所用的笔名是鲁迅。
② 我所见到的也不过只有两三人。
③ 这正是他所想的。

这种用法的"所"多出现于书面语,"所"并不表示什么特别的意思,省略"所"意思也不变,只是口语色彩更浓些。

"所"还可以用在"有"之后,表示"一定的,不高的程度",后面接动词宾语,而且这个动词往往是双音节动词。如:

① 我们的生活水平最近几年有所提高。
② 对于奶奶的不耐烦,他早已有所察觉,只是不好说破,也不好马上离开。

另外,"所"还可以和"为""被"搭配构成"为……所……""被……所……"被动句。(详见第六章第三节"被动句")

三、动态助词

我们在说明动作事件时,总是要指出动作是否发生,是否完成,是正在进行还是持续等等,要表达这些动作进行的状态,印欧语使用不同的"时态"来表达,而汉语是用动态助词"了、着、过"来表达。动态助词主要用在动词之后。"了"表示动作的完成或实现;"着"表示动作或状态的持续;"过"表示有某种经历。例如:

① 奶奶买了一斤香蕉。　　他洗了两条裤子。
② 他听着音乐呢。　　　　书在桌上放着呢。
③ 我去过长城。　　　　　我没吃过烤鸭。

(一) 动态助词"了$_1$"

1. 了$_1$和了$_2$:"我下了课就去"和"苹果红了"中的"了"一样吗?
上面两个句子中的"了"无论是句法位置还是所表示的语法意义都不

相同。第一个句子中的"了"位于句中动词之后,表示动作实现。第二个句子中的"了"位于句尾,表示某种状态的改变。同样的例子再如:

① 旅游时他认识了一个中国姑娘。

② 我现在有点儿想家了。

根据句法位置和语法意义,我们把"了"分成两个:一是用于动词后表示动作完成或实现的动态助词"了",一般称为"了$_1$"。一是用于句尾表示状态改变的语气词"了",一般称为"了$_2$"。有时"了$_1$"和"了$_2$"合二为一。如:

① 奶奶的眼睛突然瞎了。

② 他去英国的事我已经知道了。

在这一部分我们仅讨论"了$_1$"的相关问题。

2. "了$_1$"的语法意义是什么?有哪些用法?

我们常说"了$_1$"用在动词后表示动作完成或实现,但这种说明对二语学习者来说过于笼统。其实"了$_1$"的功能可以细分为三种:

(1) 事件的发生或完成;

(2) 事件的前后顺序;

(3) 主要事件的标志。

第一种:表示"事件的发生或完成"。如:

① 上星期我读了一本好书。

② 她昨天逛街时碰到了小学同学。

③ 我学了三年日语,还是没学好。

这种用法是其最基本的功能,在对外汉语教学中应该先介绍。不过,要特别注意的是,虽然它跟英语的过去式很相似,但"了$_1$"仅用于"事件"而不用于"状态"(详见本节问题4)。这是在对外汉语教学不可不特别提出的。经过一段时间的学习以后,再介绍其他两种功能。

第二种:表示"事件发生的前后顺序",有时间性,表示前一动作实现之后接着发生第二个动作。我们可格式化为"动词$_1$了动词$_2$"。如:

① 妈妈看了一眼就出去了。

② 他昨天吃了早饭就去单位了。

③ 我明天下了课就去你那儿。
④ 我们打算放了假去海南。

从上面的例句我们可以发现,句中的动作不一定是过去已经实现的,也可能是将来要实现的,如例③④。

第三种:表示"主要事件的标志"。汉语中有时即使是过去,也是事件,也不一定要用"了₁"。如:

A:你昨天去哪儿了?

B:我父母前天到天津来看我妹妹了。我妹妹打电话告诉我,我就到天津去了。

句中的"打电话"和"告诉我"当然也都是过去发生的事件,说话人完全可以加一个"了"而说成"打了电话"和"告诉了我"。但实际上,这两个"事件"只是整个事件中的"子事件"。说话人主要表达的是"到天津去了",所以只在这个主要事件里用了一个"了₁"。也就是说,在一连串发生的事件中,只选择那个表示主要事件的动词后用一个"了₁"来表示这是主要事件,而其他的都是次要的。明白这点,我们对诸如陆俭明、马真先生(1985)所举的留学生的错误例句就可以进行解释了。

*我下车后,中国同学热情地帮了我搬行李。

句中"搬行李"是主要事件,而"帮我"只是次要事件,所以只需在主要事件"搬行李"中用一个"了₁"就可以了,而不需在次要事件"帮我"中在用"了₁"。

再如在"说""讲""告诉"等表述性动词后,如果后跟表述的内容,那么,这个动词后就不用"了₁"。如:

① 他昨天打电话告诉我,先生已经离开了北京。
② 老板刚才跟我说,下星期可以不来上班了。

这是因为所说的内容比说话本身这一事件更重要。相反,如果说话本身这一事件比说话的内容更重要,那么,在表述性动词后就要用"了₁"。如:

① 我昨天就跟你说了,今天不能迟到,你怎么还是迟到了?
② 我已经告诉了大家"别顶风作案",可就是有人勇敢。

3. "了₁"的非成句性："我昨天看了书"能单独成句吗？

表示动作完成或实现的"了"有时放在宾语前有时放在宾语后，到底放在什么地方有没有规律呢？一般说来，有三种情况：

第一种：如果宾语既简单又不需要强调，"了"一般放在宾语后。如：

① 我昨天去超市了。

② 我们上星期看京剧了。

③ 我早上喝酒了。

其实上边句子中的"了"是"了₁"兼"了₂"。

第二种：如果宾语比较复杂，宾语带有数量词组作定语，或者宾语比较重要，需要特别强调，"了"则放在宾语前。如：

① 昨天晚上我去了一家法国超市。

② 我们上个星期看了一场京剧。

③ 他早上吃了豹子胆！

第三种：如果宾语虽然简单，但这时句子还没说完，后面还有话要说，那么"了"也放在宾语之前。如：

① 昨天晚上我们唱了歌，跳了舞，玩到12点才回来。

② 我们下了课才走的。

③ 她洗了衣服才出来。

从上面三种情况我们可以看出，单独的"动词＋了＋简单宾语"这样的句子一般是不能独立成句的。如：

① ？我看了电视。

② ？我买了书。

③ ？他去了商场。

要使这些句子自足，需要具备以下条件：

要么宾语前添加说明性成分（时量、限制性定语）。如：我买了一本书。

要么句中有时间、地点、原因及方式的状语成分。如：我刚吃了饭。

要么有动作完成后又出现另一情况的后续句。如：我吃了饭就走。

要么宾语后再用一个有成句作用的"了₂"。如：我吃了饭了。

4. "了₁"＝ 英语的"过去时"或韩语中的"았"吗?

首先,英语中的"过去时"和韩语中的"았"只能用于过去,不能用于现在或将来,而汉语"动词＋了＋宾语"中的"了"虽然经常用于过去,特别是句中没有明确的时间词语的时候,用了"了"后指的就是过去的事情。但我们不能就此认为"了"一定用于过去。例如:

① 下午看了电影去吃麻辣烫吧?
② 我下了课就去找你。

这两句中的"了"都是用于将来。但要注意用于将来的情况通常是句中一般都会有两个动作,"了"放在第一个动作之后,表示第一个动作完成后就做第二个动作,可以格式化为"V_1 了 OV_2"。

可见"了"还是表示动作的完成或实现,只不过由于已经完成的动作常常是已经发生的,所以"了"常常跟过去的时间发生联系。但这并不等于"了"都用于过去,它既可用于过去,也可用于将来。

其次,英语和韩语中只要是过去的事情或情况,不管是状态还是事件,都要用"过去时"或"았",而汉语中"了₁"只用在过去的事件,不用于过去的状态。如果不了解这点,学生就会出现这样的偏误:

① *他以前很喜欢了她,可现在不喜欢了。(虽是过去,可"很喜欢"是一状态,不是事件)
② *我小时候妈妈希望了我长大当医生。(虽是过去,但"希望"是一状态,不是动作事件)
③ *我刚到北京时,妈妈很担心了。(虽是过去,但"担心"是一状态,不是动作事件)
④ *小时候她很漂亮了。(虽是过去,但"漂亮"是一状态,不是动作事件)

而且即使是过去的动作事件也不一定要用"了"。很多留学生会误以为汉语的"了"相当于英语的"动词＋ed",并认为只要是过去的事情或情况都要用"了"。但实际上汉语中表示过去的事情或情况并不是都要用"了",有的要用,有的一般不用,还有的不能用。如:

① 去年他每天都去跑步。

② 小时候,我经常生病。

③ 上小学的时候妈妈常说我懒。

④ 他爬起来,捡起手套,走了出去。

以上例句虽然都发生在过去,但都没有使用"了₁"(详见本节问题5)。

可见,汉语的"了₁"虽和英语过去式、韩语中的"엤"相近,但并不完全一样。

5. 留学生用"了₁"时常出现哪些偏误?

"了"在现代汉语中使用频率极高(一般文章里所使用的虚词总数占总用词数量的20%—30%,而"了"就占了2%—4%),高度虚化,用法复杂,加上目前能转化为对外汉语教学的研究不够,在对外汉语教学中还没有找到一个行之有效的办法,所以留学生在"了"的使用上偏误率极高,不仅数量大,而且类型多。可以说是对外汉语教学中的一个顽疾,以致陆俭明先生(1980)曾无可奈何地说:"我们在虚词教学中还有不少难题,这里只讲一个,那就是'的'、'了'这两个最常用、最普通的虚词,我们至今还未找到一种理想的行之有效的讲法。""这两个虚词对外国学生来说,可称得上是汉语学习中难点中的难点"。

在话语中使用频率越高,越容易被人们认为是最普通的词,而正是这样的词,其用法往往是最复杂的,因而也是最不易为留学生所掌握的。"外国学生由于虚词使用不当而造成的病句要占语法错误的病句总数的65%。……在这65%中,属于'了'字使用不当的就有12%强。"陆俭明(1980)这些偏误大致可以分为四种情况:

第一种情况:"了₁"的遗漏。如:

① *昨天我们一起参观798工厂。

② *4月23号我参加首师大运动会,但没有赢,中国学生太厉害。

③ *大学四年我们在一个班慢慢地变成好朋友。

④ *明天吃饭就出发。

⑤ *安娜辞职,与其说是因为她不喜欢这个工作,倒不如说是因为她找到更好的工作。

当我们叙述一个动作行为或者状态在过去某一时间已经发生或出现时,就要在表示该动作或状态的动词后用"了₁";表示将来某一动作结束之后进行另一动作,那么在第一个动作之后要用"了"。而留学生经常会遗漏这种用法的"了"。

第二种情况:"了₁"的错位。如:

① *我们鼓掌了很多次。

② *他们吵架了两次。

③ *昨天我去了打球。

"了"应该放在离合词的中间,如例①、②;如果句中有两个动词,即连动句中"了"应该放在主要动词之后,如例③。

第三种情况:"了₁"的误用。如:

① *你在哪儿买了这本书。

② *我们旅游时认识了。

③ *我去的时候不是一个人去了,而是和很多朋友一起去了。

因为"了₁"和"是……的"句有某些相同之处,比如都是用来说过去的事情,所以很多留学生经常会把二者混淆,例①—③都是这方面的偏误。(二者的不同详见第六章第四节"是……的"句)

再如:

① *老师笑了介绍自己。("了"换成"着")

② *他指了墙上的照片告诉我们,那就是他爸爸。("了"换成"着")

③ *他看了儿子说"你真棒!"("了"换成"着")

前一动作是后一动作的伴随状态,并不表示前一动作结束后再出现后一动作,这时应该用"着"而不用"了₁"。

第四种情况:"了₁"的误加,即不该用"了₁"的地方用了"了₁"。相比较而言,前三种偏误率要低一些,这种偏误的概率是最高的。有的学生在作业、文章或说话中,凡是叙述过去发生的情况时,都用上"了",造成说话和作文通篇都是"了₁"。比如:

① *我小时候经常得了病,妈妈就特别担心了我,给了我吃了好吃的东西,所以我很胖了。

动态助词"了₁"用在动词后表示动作完成或实现,完成与英语的过去时有某些相近之处,但并不完全相同,学生受母语的影响经常用错。而且,"了$_1$"虽然表示完成,但受使用环境及说话人主观意志等因素的影响,有时完成也不用"了$_1$"。

既然我们知道留学生偏误率最高的是不该用"了$_1$"的地方用了,那么如果我能先概括地告诉学生使用"了$_1$"的总体情况,即总体上说,"了$_1$"用在动词后表示动作完成或实现,然后再加以细规则的限制,从偏误分析的角度告诉学生在哪种情况下不能使用"了$_1$",留学生的偏误率自然就会降低一些。

(1) 多次性、反复性、经常性动作行为误加"了"。如:

① *他从上大学开始,一直学了汉语。(去掉"了")
② *我每年都在上海过了很长时间。(去掉"了")
③ *我小时候经常得了病。(去掉"了")
④ *读本科时我一直想了怎么当老师。(去掉"了")
⑤ *小时候我经常去那儿爬山了。(去掉"了")
⑥ *来中国以前,我每天都游泳了。(去掉"了")

"了$_1$"之所以不能用于表示经常性、一贯性、反复性的动作行为后,是因为"了$_1$"表示某一动作行为或者某一状态的完成,其本质是要表现一种"变化",不是一种稳定不变的情况。而经常性反复性的动作行为虽然是在时间过程中存在的一种动态现象,但在相当长的时间内不变化,不改变。二者互相抵触。在教学过程中我们可以采取列举的办法让学生明白。如:
*经常、常常、往往、每……+动词+了+宾语。

(2) 不表示具体动作,也不表示完成变化,只表示某种状态的动词后误加"了$_1$"。如:

① *现在他很想念了陆地上的生活。(去掉"了")
② *我去年就盼望了来北京。(去掉"了")
③ *刚开始在北京生活,我感觉了很难。(去掉"了")
④ *听到他说中文,我很吃惊了。(去掉"了")
⑤ *见到他时,我感觉了他很聪明,但不喜欢说话。(去掉"了")

"想念""盼望""感觉""很吃惊"等都是表示人的一种持久性的精神状

态的状态动词,不是一般的行为动作动词,后边不应该带动态助词"了₁"。同样的动词还有关系动词,如"是、姓、属于"等。

(3) 带宾语从句(直接引语或间接引语)的动词后误加"了₁"。如:

① *在很小的时候,我就发现了我很喜欢中国。(去掉"了")
② *我发誓了我一定要学好汉语。(去掉"了")
③ *我决定了暑假去旅游。(去掉"了")
④ *我已经知道了他不再爱我了。(去掉"了")

句中"发现""决定""发誓"等后面都带了小句宾语。按照汉语的规则,带小句宾语的动词后面一般不能用助词"了₁"。当然,如果要特别强调前一动作,而不强调后面小句的内容,可以用"了"。但中间常常有停顿,用逗号隔开。如:

我已经决定了,我要放弃,你们谁也不要再说了。

如果动词后带动量补语,然后再接直接引语,这时动词后常用"了"。如:

他突然大喊了一声,"你们快来呀!"

(4) 兼语句中前一动词后误加"了₁"。如:

① *他请求了我原谅他。(去掉"了")
② *去年公司派了我去上海出差。(去掉"了")
③ *我们都劝了她不要再等了。(去掉"了")

兼语句中前一动词后一般不应该带动态助词"了₁"。

(5) 连动句中后一动词表示前一动词的目的时,前一动词后误加"了₁"。如:

① *昨天朋友来了看望我。(去掉"了")
② *他去了火车站买票。(去掉"了")
③ *我们已经想了办法解决这个问题。(去掉"了")

(6) 否定副词"没"和"了₁"同现,即受"没有"修饰的动词后误用"了₁"。如:

① *早上我没吃饭了。(去掉"了")

② *过去我没去过上海。(去掉"了")

③ *老师,我今天真没迟到了。(去掉"了")

④ *他杀了十多个学生,可是没死了。(去掉句尾的"了")

⑤ *这些年轻人没投案自首了。(去掉"了")

⑥ *我女朋友被四个女孩子打,学校还没处理了。(去掉"了")

这种偏误在留学生中间非常普遍。我们知道副词"没有"表示动作行为根本就没有发生,而"了$_1$"表示动作行为完成或实现,二者是矛盾的,所以不能共现,即"没＋动词＋了"是错误的。但如果否定副词"没有"前面出现表示时间段的词语,即"时间段＋没＋动词＋了"则是正确的。如:

① 我三天没吃饭了。

② 他一个星期没来上课了。

这是因为句中的"了"实际上是语气词"了$_2$",是说"没吃饭"和"没来上课"这种状态持续三天了、一个星期了。其中"了$_2$"不是和动词直接联系在一起的,而是和时间段联系在一起的。

同时,我们还应该注意"没(有)＋名词＋了"也是正确的。如:

① 我没有钱了。

② 瓶子里没有水了。

这是因为句中的"没有"是动词"有"的否定形式而不是否定副词,句尾的"了"是语气词"了$_2$",而不是动态助词"了$_1$"。

在教学中不宜给学生集中讲解两个"没有"和两个"了"的区别,一个比较简单的办法就是用格式化告诉学生。如:

*没有＋动词＋了　　　如:*没吃饭了。

时段词语＋没＋动词＋了　　如:三天没吃饭了。

没有＋名词＋了　　　如:我没钱了。

(7)受"才""刚""刚才""刚刚"等副词修饰的动词后误用"了$_1$"。如:

① *我爸爸刚回来了。

② *他刚刚来了。

③ *他昨天12点才起床了。

第二章　词　类

副词"才"要么表示动作发生得晚(如：他10点才吃早饭。)，要么表示动作不久前完成(如：他才出门。)；"刚""刚刚"都表示动作不久前完成。而"了$_1$"表示动作已经完成，二者语义上互相矛盾。

(8) 形容词作谓语误加"了"。如：

① ＊那时候我就发现了，她很善良了。
② ＊去年冬天很冷了。

形容词作谓语时，虽然表示过去的状态，也不用"了"，除非要特别强调变化，可以加"了$_2$"。如：她胖了。

通过上面的偏误分析，我们发现留学生之所以出现偏误多数是因为把汉语的"了"等同于英语的"过去时"或韩语中的"었"造成的。

6. "了$_1$"的教学中应注意什么？

对于"了"这个老大难的问题，在教学中我们有几点建议：

(1) "了$_1$"和"了$_2$"的先后顺序问题：我们现行的对外汉语教材一般是先出现表示完成的"了$_1$"，再出现表示变化的"了$_2$"。但根据邓守信(1999)的统计和调查，母语为英语的留学生往往较早习得"了$_2$"，经过较长时间后才习得"了$_1$"。因此邓守信提出，在实际教学中，"了$_2$"应先于"了$_1$"出现，而且由于容易学，应尽可能早出现；"了$_1$"应在学习了相当数量的基本动词和类似"昨天、上个星期、今天早上"等时间词语后才教。这种结论是在语料库基础上进行研究得出的，所以很有说服力。事实上也是如此。因为"了$_2$"可以表示性质的变化，形态、行为、事情的开始；可以用在动词后边，也可以用在形容词、名词、数量短语的后边，在很多时候还有成句的作用，跟"了$_1$"相比，"了$_2$"的结构、功能都要广得多，按道理也应该先于"了$_1$"出现。

(2) 在初级阶段学习"了$_1$"时，无需专门讲解"了"的语法意义，最好把语法意义揉进各种格式中，让学生有重点地掌握和运用常用句式。如：

主语＋动词＋了＋数量词＋宾语　　　如：我买了一本书。
主语＋动词$_1$＋了＋宾语＋动词$_2$　　如：我洗了衣服就去。
主语＋动词＋了＋时量补语＋宾语　　如：我看了半小时书。
主语＋动词＋了＋动量补语＋宾语　　如：我看了三次京剧。
主语＋动词＋结果补语＋了＋宾语　　如：我做完了作业。

第一种格式可以作为"了₁"的第一个基本句式教给学生,而其他的句式都可以结合相应的补语、连动句等进行强调。

(3) 尽量用格式化的办法,强调必须用和不能用"了"的情况,以解决"了"的大部分偏误。如:

＊经常、常常、往往、每……＋动词＋了＋宾语　　如:＊他以前常常迟到了。
＊才、刚、刚刚、刚才＋动词＋了＋宾语　　　　 如:＊他才来了。
＊没有＋动词＋了　　　　　　　　　　　　　　如:＊没吃饭了。
时段词语＋没＋动词＋了　　　　　　　　　　　如:三天没吃饭了。
没有＋名词＋了　　　　　　　　　　　　　　　如:我没钱了。

(4) 到了中级阶段以上,应尽量把"了"的教学放到语段中进行。我们知道"了"的复杂性还表现在有些单句中用"了",而到了复句或语段中或者可以省略或者不能用。也就是说到了中级以上,我们最好结合语段篇章来分析"了"的使用情况。

(二) 动态助词"着"

1. "着"有什么语法意义和用法?

"着"表示动作或状态的持续,既可以是动作的持续,也可以是状态的持续。前者如:

① 她躺在沙发上无所事事地翻着杂志。(动作的持续)
② 她嘴里嚼着口香糖,还不停地吹着泡泡。(动作的持续)
③ 前台坐着三个陌生人,把我吓了一跳。(状态的持续)
④ 他的桌子上放着一摞书。(状态的持续)
⑤ 他头上戴着一顶礼帽。(状态的持续)

形容词后加"着"也可以表示状态的持续,但"形容词＋着"常常不能独立成句,要么出现在对举句中,要么前加"还"后加"呢"。如:

① 教室的灯亮着,宿舍的灯熄了。
② 她的脸还红着呢。

"着"常用于以下几种情况:

(1) 连动句中前一动作表示后一动作进行时的状态或方式,即表示伴

随状态,可在前一动词后加"着",可格式化为:"动词₁着动词₂"。如:

① 她笑着说:"哪天我请你。"
② 老师尽量不要坐着讲课。
③ 我们走着聊吧。

(2) 连动句中前一动作表示方式、状态,后一动作表示原因、目的,前一动词后加"着",可格式化为:"动词₁＋着＋动词₂"。如:

① 孩子每到周末就缠着我去买肉。
② 她小时总是闹着去天安门。
③ 她忙着装修房子呢。

(3) 存现句中用"着"。如:

① 他头上戴着一顶鸭舌帽,上身穿着西服,下身穿着喇叭裤,脚上还穿着一双老式皮鞋,很是滑稽。

(4) 祈使句中要求某人保持某种状态用"着"。如:

① 你先躺着别动。
② 你先坐着我出去看看。
③ 你拿着!

(5) 表示动作在持续进行时用"着"。如:

① 她认真地听着,仔细地观察着,还不停地在笔记本上写着。
② 我们的车在高速公路上快速行驶着。

值得注意的是,表示动作持续进行的"动词＋着"一般不能单独成句。如:

① ？她看着书。
② ？我们聊着天儿。
③ ？他们喝着酒。

要想使它们以单句的形式独立,要么前有状语,要么后有小句。最常见的是后加"呢"。如:

① 她正看着书呢。

② 我们聊着天儿呢。
③ 他们正喝着酒呢。

（6）前一动词连用两次，分别加"着"，后接另一个动词，表示第一个动作正在进行的过程中，第二个动作在不知不觉中发生了。可格式化为"动词$_1$着动词$_1$着＋动词$_2$"。如：

① 我听着听着就睡着了。
② 奶奶讲着讲着又哭了。

2. "她穿着一条裙子"和"她正在穿裙子"一样吗？

有人说汉语的"动词＋着"相当于英语的"动词＋ing"，这种观点正确吗？我们来做个对比：

I'm reading book.　　　　　She's watching TV now.
? 我看着书。　　　　　　　? 她看着电视。
我正在看书。　　　　　　　她正在看电视。
我在看书呢。　　　　　　　她在看电视呢。
我看书呢。　　　　　　　　她看电视呢。

通过上面的例句，我们发现，二者并不完全等同。英语的"动词＋ing"表示动作正在进行；而汉语中表示动作正在进行常常用"正在＋动词""在＋动词＋呢""动词＋呢"等。那么汉语的"着"到底表示什么呢？我们再看两组例句：

　　　A 组　　　　　　　　　　B 组
她穿着一条裙子。　　　　　她手里拿着一张《南方周末》。
她家开着门。　　　　　　　她脸上带着一种安详。
盆里种着一种我不认识的花。　我天天盼着你的到来。

以上例句告诉我们，"着"并不表示动作正在进行，也不相当于英语的"动词＋ing"。

A 组表示动作行为已经结束，但动作行为结束后所产生的状态正在持续。如：

她穿着一条裙子。≠她正在穿一条裙子。

"穿"这个动作已经结束,但"裙子穿在她身上"这种状态在持续着。

B组表示动作行为或情况处于持续状态。如:"拿着"并不强调动作行为正在进行,而是表示"拿"这个动作没有结束,在保持着。

有时汉语中会用"正+动词+呢"和"着"同时使用。如:

① 外面正下着雨呢。

② 她正上着课呢。

此时,"正……呢"表示的是"正在进行","着"强调的是"状态在持续"。

3. 留学生习得"着"时容易出现什么偏误?

动态助词"着"是对外汉语教学中的重点语法项目之一,也是教学难点之一。留学生关于"着"的偏误不仅频率高,而且持续时间长,在不同国家的学生中间都具有普遍性。之所以如此,一方面跟"着"的意义和用法复杂有关系,同时也和使用汉语时无法回避它有关系。至于造成偏误的原因,从大的方面来说主要有两条:第一是现代汉语语法学界关于"着"的现有研究成果不能完全适应和满足对外汉语语法教学的需要;第二是留学生在使用汉语时受其母语的干扰,很容易用母语的时态观念来看待汉语的"着",把"着"等同于他们母语的某个语法形式,从而出现偏误。留学生在学习和使用"着"的过程中经常出现的偏误大致分为以下几种:

(1)"着"的错位。如:

① *我们正吃饭着的时候,爸爸突然病倒了。("着"应在"吃饭"中间)

② *我去的时候,他们正吵架着。("着"应在"吵架"中间)

③ *我们正在考试着。("着"应在"考试"中间)

这类句子中都包含离合词,"着"应该放在中间。

(2)"着"的误用。如:

① *看见挂着墙上的照片,他哭了。("着"换成"在")

② *班长帮我把行李放着桌子上。("着"换成"在")

③ *我坐着汽车里看书。("着"换成"在")

这类"着"后面都是表示处所的词语,其意思是说人或事物通过动作行为达到某个处所,要表达这样的意思,动词后不应该用"着",而应该用"在"。

(3)"着"的遗漏。如:

① *很久以前在一个村子里住一对老夫妇。("住"后加上"着")
② *我的桌子上放一本书。("放"后加上"着")
③ *她牵孩子的手过马路。("牵"后加上"着")
④ *他躺看书。("躺"后加上"着")

这类是该用"着"而没用的偏误。汉语中表示某处所存现某人或某物时处所词语后应该用"着"。另外,汉语中前后两个动作,但二者地位并不平等,前者是后者的伴随动作或方式。前者是次要信息,后者才是重要信息。此时汉语要用格式"动词词组$_1$+着+动词词组$_2$"。

4. "着"的教学过程中应注意什么?

以前有的教材在一课之内集中教授"着"的所有用法。这样内容多、难度大,不利于学生对"着"的学习和掌握。既然"着"的主要功能是表示状态及动作的持续,我们首先应该给学生建立起持续的概念。对于"着"的教学,我们应采取化整为零的方法,分散在不同的课中进行。

(1)"着"表示状态的持续,这是一种静态的持续,是其基本用法,常出现在以下两种句式中。如:

名词+ 在+ 处所+ 动词+着
书   在 床上   扔   着。
衣服   在 柜子里 挂   着。

处所+ 动词+着+名词词组
图书馆里坐 着 不少学生。
桌上   放   着 一副眼镜。

很多留学生经常把持续与进行时等同起来,甚至把"着"作为进行时态的标志。其实,通过上面的例句可以看出,它们是不相同的。进行时一定是动作在进行中。如:他们正在跳舞。而持续可以是静态的持续。如:门开着呢。

(2)"着"表示动作的持续。如:

① 大雪不停地下着。
② 他们沿着河边走着。

（3）用在"动词₁＋着＋动词₂"中表示伴随状况。如：

① 孩子不应该躺着看书。

② 老师坐着讲课不太好。

同样都是在初级阶段，"着"的多种用法应该分散在不同的课中进行学习。不同的用法可采用不同的教学方法和技巧。如在教第一种用法时，可采用实物道具的办法；在教第三种用法时，可采用动作演示和格式化的办法。

（三）动态助词"过"

1. "过"的语法意义："他来了"和"他来过"有何不同？

"他来了"和"他来过"意思不同。前者是说"他来了，现在还在这儿"；而后者是说"他曾经来过，现在已经走了，不在这儿了。"这涉及"了"和"过"语法意义上的不同。"过"表示曾经发生某一动作，存在某一状态，但现在该动作已经不再进行，该状态已经不复存在。同样的例子再如：

① 他结婚了。（现在还处于"婚内"状态）

② 他结过婚。（现在已经不在"婚内"状态）

③ 这种录音笔我已经买了，你们买吧，我不买了。（现在还有）

④ 这种录音笔我曾经买过，可不知丢到哪儿去了。（现在已经没有了）

⑤ 我爸爸去了上海。（现在爸爸还在上海）

⑥ 我爸爸去过上海。（现在已经不在上海了）

从上面的例句，我们可以发现，两句的不同主要是由"了"和"过"造成的。如果要表达在过去某个时候做了某件事，要用"了"；如果要表达在过去有过某种经历、经验，而这种经历可能并没有持续到现在，要用"过"。

同时我们还应该指出，"过"前的动作或状态与现在正在讨论的事情有关系或者对正在谈论的事情有某种影响。如：

A：周末我们去天津吧。

B：我去过。（言外之意：我不去了。）

所以我们可以这样说，"过"具有说明性的表达功能，用"过"的句子常常不是单纯表达曾经发生过某事情或存在过某状态，而常常是要说明某原因,后面常常有说话人想真正表达的意思,有时这个意思在特定的上下文中不言而喻。

2. 留学生习得"过"时容易出现哪些偏误?

留学生使用动态助词"过",和"着""了"相比,偏误率稍低。结构上的偏误主要有:

(1)"过"的误加。如:

① *小时候我很喜欢看书,所以常常去过书店。(去掉"过")

② *来北京以前,我有时候看过中国的京剧。(去掉"过")

这类句中都含有表示动作多次性反复性发生的"经常、有时候"等词语,不可使用动态助词"过"。

(2)"过"的错序。如:

① *昨天我去过北大看朋友。("过"应该在"看"的后边)

② *以前我去过参观故宫。("过"应该在"参观"的后边)

③ *我们已经见面过。("过"应该在"见"的后边)

④ *她洗澡过以后躺在沙发上看电视的时候,电话响了。("过"应该在"洗"的后边)

例①②都是连动句,况且第二个动词表示的动作是第一个动词表示的动作的目的,句子意义的重点在第二个动词上。在这种条件下,第一个动词"来、去、到"等后面都不可以使用动态助词"过"。例③④都是含有离合词,动态助词应该放在离合词的中间,而不应该像"休息"等一般动词一样放在后面。

(3)"过"的遗漏。如:

① *我以前学日语,但是现在都忘了。("学"的后边要用"过")

② *小时候妈妈带我去法国。("去"的后边要用"过")

要表达曾经发生某一动作,存在某一状态,但现在该动作已经不再进行,该状态已经不复存在时,要在动词后用"过"。

3. "过"的教学中应该注意什么?

"过"的习得过程中比较难的是语义方面的偏误,即留学生不知道在什么情况下使用"过"。

动态助词"过"用在动词后表示过去曾有过的经验或经历。但到底在什么样的语言环境中使用"过"呢?要有效地掌握"过"的用法,可分为几个阶段进行教学。

第一个阶段:"过"表示曾经发生过某一动作或状态,即经历、动作或状态已经不再继续。如:

① 我曾经学过日语。(现在已经不再学习)
② 我们学校举行过大型运动会。(已经成为过去)

其肯定形式是:主语+动词+过+宾语;否定形式是:主语+没+动词+过+宾语。

在具体讲授这一用法时,我们可以采取对话法。同时老师还要就"了"和"过"的区别做出讲解。先请学生看例句:

① 王再山去年去过美国。(王再山现在在本班学习)
② 王晓娜去年去了上海。(王晓娜现在在上海,学生共知)

针对①,老师问学生:王再山现在还在美国吗?学生:不在了。他现在在北京。针对②,老师问学生:王晓娜现在还在上海吗?学生:她现在还在上海。老师总结:"过"只是说过去有过这样的经历,现在已经不再持续;而"了"表示过去的某个行为可能持续到了现在。再如:

① 我当过十年老师,从来没见过你这样的学生。(现在已经不是老师了)
② 我当了十年老师,从来没见过你这样的学生。(现在还是老师)

第二个阶段:"过"在话语中常用来说明和解释某个道理或观点,即用带"过"的句子所表达的经历作为依据,阐明道理,说明观点。如:

① 你去过那儿,应该知道人家那儿的禁忌。
② A:那部电影很有意思,快去看吧!
　　B:你怎么知道?
　　A:我刚看过,当然知道。

(四) 动态助词"来着"

1. 什么情况下用"来着"?

"来着"表示不久前发生过什么事情。常用于陈述句或特殊疑问句句

末,用于口语,如:

① 我刚才看电影来着。(表示不久前发生过某事)
② 他刚才还说你来着。(表示不久前发生过某事)
③ 你说什么来着?(询问不久前发生的事情)
④ 谁在这儿抽烟来着?(询问不久前发生的事情)

2. 使用"来着"时应注意些什么?

使用"来着"时应注意以下几点:
(1) 动词后不能再用"了、过"。如:

* 我刚才看了电影来着。

(2) "来着"只能用于已经发生的事情,所以没有否定句。如:

* 我没抽烟来着。

(3) 用"来着"的句子中,谓语动词不能带补语,也不能受状语的修饰。如:

* 我做完作业来着。　　* 我已经做作业来着。

(4) "来着"也可以用于很久以前发生的事情。如:

小时候他还打你来着。

四、助词"们"

"们"用在代词"我、你、他、它"等后是表示复数的词尾;用在指人的名词或短语后,是表示复数的助词。如:

同学们都陆续进了教室,可老师们还在外面议论着。

但在"们"的使用过程中,留学生经常会出现一些偏误。如:
(1) 在任何名词后面都加"们"。如:

① * 我买了一些书们。
② * 我打算去超市买一点儿水果们。

"们"只能用在表人的名词后表示复数,其他名词后则不能加"们"表示复数,留学生经常受母语负迁移的影响,不管是什么名词后都加"们"。

(2)"们"和确定的数量短语同现一句。如:

① *一下子来了20个同学们。

② *我们学校有50位老师们。

留学生即使知道"们"只能用在表人的名词后面,有时还会出现上述偏误,所以我们应该告诉学生,"们"只表示模糊复数,不能和表示确定数量的数量短语共现。

思考与练习十四

一、简答题:

1. 举例说明汉语有哪几类助词。
2. 举例说明"的""地"和"得"的区别。
3. 举例说明汉语的"了"和英语的过去时是否等同。
4. 举例说明汉语的"着"和英语的进行时是否等同。

二、判断下列句子是否正确,如不正确,请改正并说明原因。

1. 听说爸爸病了,她马上流着眼泪。
2. 她桌上一直在放一瓶花。
3. 大夫说:"躺,别动,我给你打针。"
4. 我奶奶从出生到去世,一直在哪儿生活了。
5. 昨天他买了很多书。
6. 过去他很不喜欢狗了。
7. 昨天有三个客人们来看你了。
8. 随着经济地发展,中国人民的生活水平越来越高。
9. 他画地漂亮极了。
10. 来中国以前,我每年都得了感冒。
11. 在北京的时候,我每年都去香山了。
12. 看到他的头发,我非常吃惊了。
13. 他爷爷刚刚去世了。

14. 他激动的睡不着。
15. 我问了他为什么不喜欢我。
16. 现在我会了说一点儿汉语。
17. 大学的时候,我一直盼望了来中国。
18. 我去那儿游泳过。
19. 我还没去海南了。
20. 他们散步着聊天。

第十四节 语气词、叹词和拟声词

一、语气词
　　(一) 什么是语气词？可分成几个小类？
　　(二) 语气词"了$_2$"
　1. "了$_2$"的语法意义:"她不参加"和"她不参加了"有何不同？
　2. "了$_2$"的语用功能是什么？
　3. "他走了一天了"和"他走了一天"意思一样吗？
　　(三) "的、了、呢、嘛、罢了、着呢"有何不同？
　　(四) 疑问语气词"吗、呢、吧、啊"有何不同？
二、叹词
三、拟声词

一、语气词

(一) 什么是语气词？可分成几个小类？

语气词是指可以单独或者和语调一起表达各种不同的语气的词。汉语语气词有两个特点：

(1) 语气词一般位于句子末尾；

(2) 语气词一般读轻声,有时两个连用的语气词可合成一个音节。如:了+啊=啦。

根据所表达的语气,我们把语气词分为四种:

用于陈述句的语气词:啊、的、了、罢了、呢、嘛等

用于疑问句的语气词:啊、吗、呢、吧等①

用于祈使句的语气词:啊

用于感叹句的语气词:啊

可见,同一个语气词可以用在不同的句子中表达不同的语气。另外,同一个语气词用在不同词语后面可能发生语流音变,有不同的读音。如:

① 谁呀？　　　　("啊"用在"-i"后变成"呀")
② 真好哇！　　　("啊"用在"-u(ao)"后变成"哇")
③ 真漂亮啊！　　("啊"用在"-g"后读成"ŋa")

语气词也可以用在句中,主要是在主语或状语的后边。例如:

④ 这个人呀,每天都迟到。
⑤ 关于这个问题嘛,我们下次再谈吧。

语气词是留学生较难掌握的语法难点之一。所以在初级阶段我们可以只要求学生掌握那些非用不可的语气词,如"吗""吧""呢"等,而对其他的语气词可在中高级阶段慢慢要求掌握。

(二) 语气词"了$_2$"

语气词"了$_2$"也是汉语中使用频率极高而又较难掌握的一个语法项目。它用在句尾,有成句的作用。

1. "了$_2$"的语法意义:"她不参加"和"她不参加了"有何不同？

"她不参加"是告诉我们她不准备参加一个活动;而"她不参加了"表达的是她原来打算参加,现在她改变主意了,不准备参加了,着重在说明情况有了变化。这主要涉及语气词"了$_2$"语法意义的问题。

---

① 陆俭明(1984)认为现代汉语中的疑问语气词有两个半,即"吗""呢"和半个"吧"。"啊"虽能出现在疑问句句尾,但它在疑问句里不起负载疑问信息的作用,所以不能看疑问语气词。但此处从教学实际需要出发,仍把它们放在一起比较。

关于"了₂"的语法意义,历来说法不一,一直就是对外汉语教学的一个难题。或说"表示在某段时间内出现的情况或发生的事情",或说"出现了新情况""发生了新变化"等等。尽管有多种说法,但它们之间都有一个基本意义贯穿着,即"到某一时刻为止出现了新情况"。下面我们把用"了₂"和不用"了₂"的句子进行对比。

① 他很胖。　　　　　他胖了。(以前他不胖)
② 今天晴天。　　　　今天晴天了。(昨天不是晴天)
③ 我妈妈身体很好。　我妈妈身体好了。(以前身体不太好)
④ 她喜欢宠物。　　　她喜欢宠物了。(以前不喜欢,现在喜欢了)
⑤ 妈妈不怕冷。　　　妈妈不怕冷了。(以前怕冷,现在不怕冷了)

可见,这个"了₂"表示的是发生了变化,出现了新情况。具体说来,"了₂"主要用于下列情况:

(1) 表示从未发生到发生。　　　如:花开了。
(2) 从未完成到完成。　　　　　如:写完了。
(3) 动作从进行到停止。　　　　如:车停下来了。
(4) 事物的状态性质发生了变化。如:他病了。　我40岁了。
(5) 意愿能力发生了变化。　　　如:他不想参加了。

无论是哪种情况,说话人用"了₂"就是想告诉听话人出现了某种变化或者说新情况。这么说的目的往往是为了引起听话人的注意、提醒、劝告、建议等。

"了₂"在句尾表示出现了新情况,既可以是现在,也可以是过去和将来。但它的时间概念不是"了₂"所具有的,往往是句中表示时间的词语决定的。如:

① 爸爸的身体好了。(现在)
② 上个星期爸爸的身体就好了。(过去)
③ 明年一开春爸爸的身体就会好了。(将来)
④ 他的身体快好了。(将来)

有时句尾的"了"到底是动态助词"了₁"还是语气词"了₂"很难分清。所以有学者和某些教材认为有些句尾的"了"是"了₁"和"了₂"的合体。

2. "了₂"的语用功能是什么?

对"了₂"的教学长期以来一直偏重于形式和语义,但要想让学生真正掌握"了₂",我们还需要对其语用功能进行研究。根据吕文华(1992)"了₂""在话语环境中具有信息提示的语用功能。'了₂'句表达信息的内容,'了₂'有提请听话人注意的功能,并进而表达说话人的某种意向,其表达意向由语境决定。"如:

唉,已经下班了!

说话人说这句话显然不是仅仅要告诉听话人时间已经从上班到下班这一变化,而是以这一信息提醒听话人注意:"该走了"或者"该休息了"等等。

在谓语是数量词语或谓语部分包含数量词语时,说话人认为这一数量达到或超过了应有的限度,从而提醒听话人注意,进而表达某种意向。如:

爸,你都七十了!

这句话很显然不是要表示爸爸从69岁进入70岁这一变化,说话人是以"七十岁"这一信息提醒听话人,并且要进一步表达自己的意向。至于什么意向,语境不同可以有所不同,比如可以是"别再出去到处旅游了""别那么操心了""别管这么多了""别再想找老伴了"等等。再如:

① 快四十度了,快送医院吧。
② 他喝了三瓶了,不能再喝了。

发话人还常用"了₂"句肯定某一事实,并把这一事实作为依据为自己所说的观点或情况做解释、引证和辩白。如:

A:去深圳根本不用带毛衣,那儿暖和着呢。
B:我看天气预报了,那儿也才18度。不穿毛衣哪行啊!

说话人是把"我看天气预报了"作为证据为自己的观点"要穿毛衣"进行辩白。

另外,和"了₁"相比,"了₂"还具有成句作用。也就是说有些句子去掉"了₂",句子就站不住脚。汉语中有下列几种情况必须使用语气词"了₂"才能成句。

(1) 某些单个名词、动词必须加"了₂"才能成句。如:

① 秋天了。

② 放假了。

(2) 单个动词、形容词作谓语必须加"了$_2$"才能成句。如：

① 她走了。

② 你胖了。

(3) 动词前有"已经、快、该"等时，必须加"了$_2$"才能成句。如：

① 他已经懂了。

② 快下课了。

(4) 动词+了$_1$+简单宾语，必须加"了$_2$"才能成句。如：

① 我吃了饭了。

② 他到了北京了。

(5) 动词+结果补语，必须加"了$_2$"才能成句。如：

① 他喝醉了。

② 孩子吓哭了。

(6) "把、被"字句中动词后无附加成分或结果补语时，必须加"了$_2$"才能成句。如：

① 把这些东西扔了。

② 衣服被雨淋了。

(7) 程度副词作补语。如：

好极了！ 热死了。 烦透了。

(8) "太"字感叹句。如：

太好了！ 太棒了！

(9) 表示劝阻的"别+动词+了"。如：

① 别喝了，再喝就站不起来了。

② 别说了，说也没有用。

(10) 表示"做某动作的时间已经到了"的"动词(宾语)+了"。如：

① 上课了,快进来吧。

② 出发了,出发了,快上车!

(11) 表示以后不再做某动作的"再也不+动词+了"。如:

① 珠穆朗玛峰上太难受了,我再也不去了,但如果你没去过,我劝你去一次。

② 烤鸭太油了,以后再也不吃了。

以上这些必须使用"了$_2$"的格式,在教学过程中我们最好不要分开处理,应该作为一个固定格式呈现给学生。

3. "他走了一天了"和"他走了一天"意思一样吗?

这两个句子虽然只有一字"了"之差,但意思差别却很大。它们的不同也给留学生造成很大困扰。"他走了一天了。"中的后一个"了"是表示变化的"了$_2$",整个句子表示从他离开到说话时间为止,已经有一天了,含有"时间不算短了"的意思。我们可以图示如下:

同样的例子再如:

① 我已经学了两年了,还是跳不好。

② 这本书我看了一个星期了,还没看完。

③ 她哭了一上午了,怎么劝都劝不好。

而"他走了一天。"因为没有表示变化的"了$_2$",所以整个句子所表示的意思和说话的时间无关,只是客观报导,说明他走路持续的时间是一天。至于状态是否持续到说话的时间要根据上下文来判断,多数表示到说话时间状态已经不再持续。这种意思可图示如下:

同样的例子如：

① 我学了两年，但没坚持下来。

② 那本书我看了一个星期，实在是看不下去了。

③ 她哭了一个上午，哭完后，自己就没事了。

但有时"……了……"也可以表示到说话时为止，状态依然持续。如：

④ 我在这儿干了十年，现在要离开还真有点舍不得。

(三) "的、了、呢、嘛、罢了、着呢"有何不同？

"的"表示确实如此（详见第六章第四节"是……的"句）。如：

① 我昨天到的。

② 放心吧，她会来的。

③ 明天会晴天的。

"了"表示情况有了变化。如：

① 外面下雨了。

② 她生气了。

"嘛"表明说话人的态度，强调实际情况显而易见。如：

① 你这么说本来就不对嘛。

② 这就是不应该嘛。

"呢"带有夸张的意味。如：

① 她考了95呢。

② 他根本就不矮，一米七几呢。

"啊"说明说话人的态度，但附加一种提醒的意味。如：

① 你记忆力不错啊。

② 你够有眼光的啊！

"罢了"表示不过如此，把事情往小里说，往简单里说。如：

① 我不过说说罢了。

② 她只是粗心罢了,并不是不会。

"着呢"表示程度深,带有夸张语气,目的是使人信服。用于口语。如:

① 去看看吧,那儿热闹着呢!
② 他女朋友漂亮着呢。

需注意的是,"着呢"不能用于形容词短语后,如:

＊我很累着呢。　　　　＊他累极着呢。

(四)疑问语气词"吗、呢、吧、啊"有何不同?

"吗""呢""吧""啊"都可以用在句子末尾表示疑问语气,但是它们在意思上存在很大的差异。那么它们的差异表现在哪些地方呢?(详见第五章第三节"疑问句")我们先来看几个例子:

① 你是韩国人吗?　　她是哪国人呢?
　 你是韩国人吧?　　你是韩国人啊?
② 你说的是她吗?　　你来不来呢?
　 你说的是她吧?　　你说的是她啊?
③ 你要的是这本吗?　我去还是不去呢?
　 你要是这本吧?　　你要的是这本啊?

我们发现,用"吗"的疑问句表示说话人要求听话人对所问的问题做出肯定或否定的回答。如"你是韩国人吗?"实际的意思是说"你是不是韩国人?"要求听话人回答"是"或者"不是"。

"呢"常用在特指疑问句或选择疑问句、正反疑问句句尾。用"呢"的特指疑问句带有说话者疑惑不解为难等语气;用"呢"的选择疑问句、正反疑问句则带有犹豫不决对某情况的担心或不确定等语气。

用"吧"的疑问句表示说话人对所问的问题已经有了一种估计、猜测和判断,但还不是十分清楚肯定,想通过问题请对方证实一下。如"你是韩国人吧?"实际意思是"你是韩国人,对吧?"

用"啊"的疑问句表示惊讶、没想到。如"你是韩国人啊?"实际意思是"我以为你不是韩国人是其他国家的人,原来你是韩国人!"有时表示表示

一种舒缓语气。(胡明扬 1981)

二、叹词

叹词是表示强烈感情或呼唤应答的词。和其他词类相比,叹词比较特殊。它既无确切的词汇意义也没有语法意义,既不是实词也不是虚词。在结构上,叹词总是独立于句子结构之外,不与句子中的任何成分发生关系,也不充当任何句子成分。叹词通常位于句首,后面用逗号、叹号。有时也可以位于句中。如:

① 哦!我懂了。
② 哎哟,好疼啊。
③ 嗯,就这样吧。
④ 这孩子,哎!真没办法。

叹词可以表达各种各样的感情,同一个叹词在不同的语言环境中伴随着不同的语调,常常表达不同的感情。如:

表达高兴、得意的叹词:哈哈、呵呵、嘿嘿等
表达失望、叹息、伤感的叹词:哎、咳、嗨等
表达赞美、羡慕的叹词:嗬、啊、啧啧等
表达惊讶的叹词:哎呀、咦、嚯等
表达不同意、抱怨的叹词:哎呀、哼等
表达轻蔑不满、气愤的叹词:呸、哼等
表达明白、领会的叹词:哦、唔等
表达呼唤、应答的叹词:喂、嗳、嗯等

三、拟声词

为了增加声音的实感和语言的生动性,我们常用一些词语来模拟事物或自然界的声音。如"轰轰、叮咚、呜呜、劈劈啪啪、叮叮当当"等。这些用来模拟事物或自然界的声音以及描写事物情状的词就叫做"拟声词",也叫"象声词"。

拟声词的语法功能如下:

(1) 拟声词的主要语法功能是作状语,一般带"地",可以加上引号。如:

① 他的脸刷地红了。
② 听到这话,他霍地站了起来。
③ 这个水龙头坏了,水哗啦哗啦流个不停。
④ 我的心"咚咚"地跳个不停。

(2) 拟声词还可以做定语,常常修饰表示"声音"一类的名词,这时拟声词一般要带"的",加上引号,作为引用成分出现在句子中。如:

① 大家发出了"哈哈哈"的笑声。
② "叮当"一声,原来是钥匙掉在地上了。

(3) 拟声词还可以作补语,拟声词作补语一般要加"的"。如:

① 外面下得哗哗的。
② 他饿得叽里咕噜的,但也不敢说。

(4) 拟声词还可以独立成句。如:

① 劈劈啪啪,外边响起了一阵鞭炮声。
② "丁零零……",电话响了。

思考与练习十五

一、简答题:

1. 请举例说明语气词有哪些小类。
2. 请举例说明拟声词有哪些语法功能。

二、判断下列句子是否正确,如果不正确请改正并说明理由。

1. 你到上海后一定要打电话我吧。
2. 别睡,快起床吧。
3. 我以后再也不吃烤鸭。
4. 你去旅游还是打球吗?
5. 你的运动鞋在哪儿买?
6. 我好像见过你,你是惠芳的姐姐呢?

7. 这张地图多少钱买了。
8. 现在我终于明白。
9. 我下了课。
10. 该回国,我打算买一些礼物。

第十五节 关于词的兼类及其他

1. 什么是兼类词?
2. 兼类词和同音词:"很方便""方便群众"中"方便"是兼类词吗?
3. "红花""花钱"中"花"是兼类词吗?
4. 常见的兼类词有哪些?
5. "去香港""你这样太香港了"中"香港"是兼类词吗?

1. 什么是兼类词?

词类是根据词的语法功能划分出来的类别,同类词具有某些相同的语法功能,不同类的词具有互相区别的语法功能。语言里大多数词都可以按照语法功能的异同分别划入不同的词类。但也有少数词既具有这一类词的语法功能,又具有那一类词的语法功能,而且彼此在词义上有联系,这样的词就是兼类词,这种现象叫词的兼类现象。如"科学"既是名词又是形容词。说它是名词是因为它指称事物,可以受数量词的修饰(如:一门科学)、可以直接受其他名词的修饰(如:自然科学),也可以直接修饰名词(如:科学知识),还可以作主、宾语(如:科学很重要/学习科学)。说它是形容词,是因为它叙述一种性质,能受程度副词的修饰(如:很科学),可以受"不"的修饰(如:不科学),这些功能都是名词所不具备而形容词才具备的语法功能。再如:

编辑　(1) 她是校报的编辑。　　　(名词)
　　　(2) 她在编辑稿子。　　　　(动词)

革命　(1) 无产阶级革命　　　　　（名词）
　　　(2) 最革命的阶级　　　　　（形容词）
冰　　(1) 井水很冰　　　　　　　（形容词）
　　　(2) 把西瓜放冰箱里冰一下。（动词）

2. 兼类词和同音词："很方便""方便群众"中"方便"是兼类词吗？

兼类词跟同音词虽然都是读音相同的词，但二者不是一回事，应该区别开来。兼类词是指一个词具有两种或多种相关的意义，但语法功能不同；而同音词只是读音相同的两个词，它们的语法功能不同，意义也没有联系。例如："白花"中的"白"和"白说"中的"白"虽然读音相同，但意义上早已看不出联系了，所以只是两个同音词，而不是兼类词。

"这儿生活很方便"中的"方便"是形容词，"为了方便群众，我们打算建座超市"中的"方便"是动词，而这二者意义上存在着联系，所以它们是读音相同，意义相关但语法功能不同的兼类词。

3. "红花""花钱"中"花"是兼类词吗？

"红花"中的"花"和"花钱"中的"花"不是兼类词，因为这两个"花"除了读音、字形相同，语法功能不同，意义也很不相同，且已看不出有什么联系了。

红花：　意思是"种子植物的有性繁殖器官"　（名词）
花钱：　意思是"用、耗费"　　　　　　　　（动词）

它们应该看做两个词，即同音同形词，而不是兼类词。像这样的例子还有：

会唱歌(动词)　　　　开个会(名词)
把着门不让进(动词)　把门关好(介词)　　一把伞(量词)
一张白纸(形容词)　　白来一趟(副词)
买米做饭(名词)　　　走了十米(量词)

可见，兼类词是指意义相关但有不同词类特性的词，同音词则是读音相同但语法功能不同且意义上没有联系的两个或两个以上的词。

4. 常见的兼类词有哪些？

汉语中兼类词数量并不多，主要有以下几种：

动、名兼类的主要有：既指某一动作行为，又指一种具体事物。常见的如：包、保管、报道、报告、病、裁判、参谋、代表、翻译、导演、雕塑、规划、合唱、贿赂、计划、记录、练习、领导、命令、设计、说明、通知、统计、展览、证明、指挥、主编、组织等。

　　动、形兼类词主要有：端正、明确、丰富、破等。

　　名、形兼类词主要有：科学、标准、经济、道德、困难、理想等。

　　名、动、形兼类词主要有：麻烦、方便、便宜等。

5．"去香港""你这样太香港了"中"香港"是兼类词吗？

　　"你这身打扮太香港了"中的"香港"虽然能受程度副词（很、非常、太）的修饰，但不是兼类词。这种现象属于词的活用。词的活用是指词的一种特殊用法。在特定的条件下，为了表达上的需要，临时借来一用。也就是说，某个词本来属于一个词类，但由于特殊表达的需要，被用作了另一类词。例如：

　　　① 你别太<u>近视眼</u>了。（"近视眼"名词活用为形容词）

　　　② 他很<u>女人</u>。（"女人"名词活用为形容词）

　　　③ A：我们今天喝点儿白干儿，怎么样？

　　　　 B：好，咱们今天就<u>白干儿</u>一下！（"白干儿"名词活用为动词）

思考与练习十六

一、简答题：

　　1．兼类词和同音词的区别是什么？请举例说明。

　　2．请举例说明"体词"和"谓词"的不同。

二、下面加点的词是兼类词还是同音词？为什么？

　　（1）a．我在这里<u>等</u>你。

　　　　 b．她喜欢游泳、打篮球<u>等</u>运动。

　　　　 c．这是一<u>等</u>车厢。

　　（2）a．她<u>给</u>我一支笔。

　　　　 b．她<u>给</u>我买了一支笔。

　　（3）a．她<u>对</u>学生很好。

　　　　 b．这个答案是<u>对</u>的。

　　　　 c．咱们<u>对</u>一下答案。

　　（4）a．她是教师<u>代表</u>。

b. 她代表我们发言。

(5) a. 这把锁很好。

b. 你锁门了吗？

词类总练习

一、指出下列词的词性。

了解	小气	刚	很	刚才	关于	愿意	今天	对于
都	讨厌	漂亮	喜欢	彩色	绿莹莹	友好	美满	冬天	一千
也	双	的	按照	再	这么	马虎	这儿	偷偷
向	还	索性	蜡黄	平常	首要	干脆	相对	热
实在	怪	会	突然	忽然	科学	任性	弹性	明天
里面	端正	他们	中式	什么	时间	良性	苍白	成果
金黄	因为	连忙	公共	红		红色	通红	将来	大型
可怜	具体	偶尔	刚刚	偶然	(三)趟	友好	友谊	珍惜
珍贵	重视	重要	重点	暗暗	暗	偷	战争	打战
繁荣	形容	经历	经验	烦恼	头脑	下边	现在	哗啦
罢了	与	然而	似的	却	发怒	愤怒	课本	关于
稍微	本人	咱们	乒乓	乒乓球	哪儿	串	或者	大概
由于	以前	害怕	恐怕	邮局	从来	放弃	旅行	假期
快乐	欢乐	重新	重复	反复	心意	愿意	确实	正确
微微	动作	行动

二、指出下列句中各词语词性。

1. 你能对客人很热情吗？

   你　能　对　客人　很　热情　吗

2. 我干脆不去了。

   我　干脆　不　去　了

3. 小王打算邀请朋友一起去旅游。

   小王　打算　邀请　朋友　一起　旅游

4. 老师白教了一遍。
   老师　白　教　一　遍
5. 奶奶总算买了一台彩色电视机。
   奶奶　总算　买　台　彩色　电视机
6. 这么贵,索性不买了。
   这么　贵　索性

三、指出下列句子中画线词语属于什么词类。

1. ① 我来把门。
   ② 抓了一把米。
   ③ 请把门关上。
   ④ 快拉我一把。
2. ① 我白花200块钱。
   ② 我买了一件白衬衫。
   ③ 他白了我一眼,转身走了。
3. ① 这是一个重大发现。
   ② 我们发现了敌情。
4. ① 他的精神值得学习。
   ② 他长得很精神。
5. ① 我们学校师生关系很好。
   ② 这关系到国计民生的大问题。
6. ① 妈妈不在家。
   ② 院长在开会呢。
   ③ 他在教室学习呢。
7. ① 他比我高多了,你怎么看不出来?
   ② 我要和他比身高。
8. ① 把那花别在头上。
   ② 你千万别去。
9. ① 他端来一盆净水。
   ② 桌子上净是水。

10. ① 他又打人了。
    ② 打今天起我不再理你。
    ③ 他买了一打鸡蛋。
11. ① 我没吃过生鱼片。
    ② 她过日子可是一把好手。
12. ① 日子会好起来的。
    ② 那是我的书。
    ③ 买东西的走了。
13. ① 我对他已经很客气了。
    ② 你永远是对的。
14. ① 我会日语。
    ② 我会做韩国饭。
15. ① 糟了,我忘了给妈妈买礼物。
    ② 我给妈妈一本书。
16. ① 但愿奶奶这次能挺过来。
    ② 这样放挺好的。
    ③ 门口架着一挺机枪。
17. ① 那边站着一位老人。
    ② 你别老打扰他,他最近特别忙。
18. ① 我没有明白怎么回事。
    ② 我看这事是没有希望了。
19. ① 你这样下结论有根据吗?
    ② 根据学校规定,你必须在第二个学期期末开题。
20. ① 农民的法律意识越来越强了。
    ② 他意识到自己错了的时候已经晚了。

四、选择题:
1. 下列各组词中,离合词是(　　)。
    A. 休息　　　　　　　　B. 聊天
    C. 地震　　　　　　　　D. 发现

2. 下列各组词中不是形容词的是（   ）。
   A. 愚蠢   B. 轻松
   C. 勤快   D. 飞快

3. 下列各组都是借用量词的是（   ）。
   A. "阵"和"张"   B. "斤"和"群"
   C. "眼"和"碗"   D. "番"和"遍"

4. "校长在开会"中的"在"是（   ）。
   A. 副词   B. 介词
   C. 名词   D. 动词

5. 下列各组动词中都是不及物动词的是（   ）。
   A. "明白"和"喜欢"   B. "知道"和"觉得"
   C. "开始"和"进行"   D. "出发"和"结婚"

6. "他可是我们学校的名人,谁不认识他呀?"中"谁"是（   ）。
   A. 疑问代词的疑问用法   B. 疑问代词的反问用法
   C. 疑问代词的任指用法   D. 疑问代词的虚指用法

7. 下列各组动词中,都属于非自主动词的一组是（   ）。
   A. "看"和"塌"   B. "吃"和"听"
   C. "找"和"长"   D. "病"和"忘"

8. 下列各组词中,不属于非持续性动词的是（   ）。
   A. 死   B. 听
   C. 看见   D. 倒

9. 下列各组词中,只能带谓词宾语的是（   ）。
   A. "发现"和"感到"   B. "进行"和"开始"
   C. "进行"和"发现"   D. "开始"和"感到"

10. 下列各组词中,能够按照 AABB 式重叠的形容词是（   ）。
    A. "大方"和"通红"   B. "恭敬"和"整齐"
    C. "漆黑"和"冰凉"   D. "笔直"和"漂亮"

五、下列句中带点的词是同音词还是兼类词?
   1. A. 他最喜欢白花。

B. 我们又白去一趟，一无所获。
2. A. 他对待工作的态度不太端正。
   B. 你应该端正学习态度。
3. A. 他端来了一盆净水。
   B. 对不起，净给您添麻烦。
4. A. 他撞倒了一位老人。
   B. 不知为什么他最近老迟到。
5. A. 饺子要趁热吃。
   B. 饭凉了，在微波炉里热一下再吃吧。

六、简答题：
1. 为什么要划分词类？
2. 划分词类的标准是什么？意义在划分词类中有什么作用？
3. 请举例说明形容词和状态词的不同。
4. 请简单说明形容词和副词的区别。
5. "他没有钱了"中的"没有"和"他没有去"中的"没有"一样吗？为什么？请简单说明。
6. 汉语形容词重叠表示什么意思？是否每个形容词都可以重叠？请举例说明。
7. 汉语动词重叠表示什么意思？是否每个动词都可以重叠？请举例分别说明。
8. 什么是区别词？简单举例说明区别词和形容词、副词的区别。
9. "爱、恨"等也可以受"很"的修饰，"可爱、可恨"也可以受"很"的修饰，它们的词性相同吗？为什么？请简单说明。
10. 请简单说明兼类词和同音词的不同。

七、判断下列句子是否正确，如果不正确，请加以改正并说明理由。
1. 昨天我和朋友聊天聊天了。
2. 他从小就养成了好逸恶劳。
3. 明天我请客你们，好吗？
4. 我千万没想到会出现这样的事。

5. 他在外面等你呢,你赶忙出去吧!
6. 这次考试过困难。
7. 既你答应了,就好好做。
8. 他这次美满完成了任务,领导对他非常满足,他觉得生活很圆满。
9. 妈妈对于客人一向特别热情。
10. 他这学期经常迟到了。
11. 他的心胸很广阔,从不因为一点小事生气。
12. 这次比赛,他们比我们很优势,我们应该加紧训练。
13. 虽然他的专业是中文,但他对物理、化学都很钻研。
14. 他身上充沛着革命的热情。
15. 出现这种事情在我们单位绝不是偶尔的。
16. 现在很忙,晚上我再电话你吧。
17. 她教了好几遍,我还不会,也她不急。
18. 教室里有多人。
19. 他很高高兴兴地回宿舍了。
20. 她是年轻,也很漂亮。
21. 这件事发生得很忽然。
22. 我同屋常常帮忙我。
23. 我游泳了一次。
24. 我明年就毕业大学了。
25. 我希望将来两个工作。
26. 我都吃过烤鸭、羊肉串、麻辣烫。
27. 你是不是 A 班的班长吗?
28. 你的词典在那家书店买了?我也想买一本。
29. 我会一点说汉语。
30. 都他们是意大利人。

第三章　词　　组[①]

【内容简介】 主要介绍汉语词组的结构类型和功能类型，特别是最基本的五种词组类型及其特点，即偏正词组、述宾词组、述补词组、主谓词组和联合词组，同时还简单介绍了层次分析法。

第一节　词组的类型

现代汉语的词组可以怎样分类？

词组是词和词按一定的句法规则组合成的比词大的语法单位。例如"买东西""快走""黄头发"与"北京上海"等。词和词之间按照不同的句法关系组合，就会形成不同类型的词组。词组可以按照不同的角度和用途，分成不同的类。

根据内部的句法结构关系来分，词组可以分成偏正词组、述宾词组、述补词组、主谓词组、联合词组、方位词组、数量词组、介词词组、"的"字词组等。其中，偏正词组、述宾词组、述补词组、主谓词组和联合词组是现代汉语最基本的结构类型。简单总结如下：

---

① 词组：有时也称为"短语"，也称"结构"。

词组 （结构类）	基本词组 { 主谓词组	如：经济繁荣、头脑聪明、味道不错
	述宾词组	如：发展经济、学习语法、开始讨论
	偏正词组	如：中国经济、非常繁荣、不参加
	述补词组	如：说清楚、说不清楚、说出来
	联合词组	如：聪明漂亮、东西南北
	其他词组 { 连谓词组	如：走着去上班、去超市买东西
	兼语词组	如：请他来、派他去
	同位词组	如：首都北京、王刚这个演员
	方位词组	如：教室里、桌子上
	数量词组	如：三个、五张、十趟
	介词词组	如：往上海（打电话）、把这本书（扔了）
	"的"字词组	如：姐姐的、漂亮的
	"所"字词组	如：所见所闻
	比况词组	如：雷鸣般（的掌声）

根据外部的功能意义来分，词组可以分成名词性词组、动词性词组、形容词性词组和副词性词组。其中名词性词组也叫体词性词组，动词性词组和形容词词组合成谓词性词组。简单总结如下：

词组 （功能类）	名词性词组	如：新买的房子、买饭的、所需、一个、你的幸福等
	动词性词组	如：增加收入、看清楚、去上课、劝他放弃等
	形容词性词组	如：活泼可爱、非常聪明、漂亮极了、乞丐似的等
	副词性词组	如：从南京（出发）、一个劲地、大规模等

除了结构和功能这两种最常用的分类角度外，有时还会遇到另外两种分类角度，我们大致举例如下：

根据词组内部词语之间的松紧程度，还可以把词组分成固定词组和非固定词组。简单总结如下：

词组 {	固定词组 { 成语	如：鹤立鸡群
	惯用语	如：穿小鞋
	非固定词组：看书、很好	

第三章 词 组

根据词组内部构成成分的多少,我们还可以把词组分为简单词组和复杂词组。如:

词组 { 简单词组 如:吃西瓜
　　　 复杂词组 如:吃一个大西瓜

最后我们还可以根据词组成句能力的强弱,把词组分为自由词组和黏着词组。如:

词组 { 自由词组 如:走来走去、总是哭、爬起来、吃了一顿饭
　　　 黏着词组 如:想来想去、再漂亮、看起来、吃了饭、怪可怜

第二节　基本词组类型

1. 何谓偏正词组?结构上有何特点?
2. 何谓复杂的偏正词组?有哪些类型?
3. 何谓述宾词组?结构上有何特点?
4. 何谓述补词组?结构上有何特点?
5. 述补词组有哪些类型?
6. 何谓主谓词组?结构上有何特点?
7. 何谓联合词组?结构上有何特点?
8. "努力学习"和"学习努力"是同一类结构吗?
9. "仔细看"和"看仔细"是同一类结构吗?
10. "浙江杭州"和"苏州杭州"是同一类结构吗?
11. "今天下雨"是偏正词组还是主谓词组?

1. 何谓偏正词组?结构上有何特点?
我们先看以下例子:

① 红苹果　　　　木头桌子
② 我的衣服　　　大大的操场

③ 一本书　　　　　东边的图书馆

④ 认真复习　　　　马上去

⑤ 非常高兴　　　　很干净

上面的例子都由两部分组成，后一部分指称某种事物、动作行为或性质，是整个词组的核心，前一部分修饰、限制、说明后一部分。例如"红苹果"中，"苹果"是该词组的核心，"红"说明"苹果"这一事物的颜色；再如"认真复习"中，"复习"是该词组的核心，"认真"说明"复习"这一动作行为的情态方式。我们称前一部分为修饰语，后一部分为中心语。

具体来说，修饰语和中心语之间在意义上并不完全一样。如例①的修饰语是说明事物的某种性质或质料，例②的修饰语是说明事物的所属或状态，例③的修饰语是说明事物的数量或处所，例④的修饰语是说明动作行为的情态方式或时间，例⑤的修饰语是说明性质的程度。从这些偏正词组可能出现的句法位置看，例①、②、③是一类，整个结构相当于一个名词，常作主语、宾语；例④、⑤是一类，整个结构相当于一个动词或形容词，常作谓语。我们把前者的修饰语叫做定语，整个词组为定中式偏正词组；把后者的修饰语叫做状语，整个词组为状中式偏正词组。

定语和中心语之间有时可以插入"的"，状语和中心语之间有时可以插入"地"。例如：

红苹果→红的苹果　　　木头桌子→木头的桌子

认真复习→认真地复习　非常高兴→非常地高兴

2. 何谓复杂的偏正词组？有哪些类型？

所谓复杂的偏正词组是指其修饰语或中心语本身又是偏正词组的偏正词组。下面分三种情况举例说明。

(1) 修饰语本身又是偏正词组。例如：

① 我妈妈的头发　　女朋友的相片　　一双鞋子

② 尽早赶回来　　　不自觉地犯了错误　很快算出来了

例①是定语本身又是偏正词组的实例；例②是状语本身又是偏正词组的实例。这两个实例中的"我妈妈的头发"和"尽早赶回来"在结构上应分析为：

```
我  妈妈 的  头发          尽  早  赶回来
└─1─┘(  )└─2─┘            └─1─┘└─2─┘
└3┘ └4┘                    └3┘ └4┘
```

1—2 "定—中"偏正关系   1—2 "状—中"偏正关系
3—4 "定—中"偏正关系   3—4 "状—中"偏正关系

(2) 中心语本身又是偏正词组。这种复杂的偏正词组使用得比较多，例如：

① 他们的工作情况　自己的老房子　　　新的语文课本
　今年的比赛规模　越南的胡椒产量　　美国的财政政策
② 都十分精巧　　　已经渐渐地亮了　　已经很了解别人了
　正在努力学习　　在食堂草草地用过了午餐　随便向他问了几句

例①属于"定中"偏正词组，例②属于"状中"偏正词组。其中的"他们的工作情况"和"都十分精巧"在结构上应分析为：

```
他们的  工作  情况          都  十分  精巧
└─1─┘ └──2──┘              └1┘ └──2──┘
      └3┘ └4┘                  └3┘ └4┘
```

1—2 "定—中"偏正关系   1—2 "状—中"偏正关系
3—4 "定—中"偏正关系   3—4 "状—中"偏正关系

(3) 修饰语和中心语分别又都是偏正词组。这种复杂的偏正词组，"定—中"偏正词组多见，"状—中"偏正词组不多见。例如：

① 中国乒乓球队整体素质很高。
② 他很快向经理作了汇报。

例①是复杂的"定—中"偏正词组，例②是复杂的"状—中"偏正词组。这两个偏正词组在结构上应分别分析为：

```
① 中国 乒乓球队 整体 素质    ② 很  快  向经理 作了汇报
   └────1────┘└──2──┘         └─1─┘└───2───┘
   └3┘└──4──┘└5┘└6┘           └3┘└4┘└─5─┘└─6─┘
```

1—2 "定—中"偏正关系   1—2 "状—中"偏正关系

3—4 "定—中"偏正关系　　　3—4 "状—中"偏正关系
5—6 "定—中"偏正关系　　　5—6 "状—中"偏正关系

3. 何谓述宾词组？结构上有何特点？

"红苹果"是偏正词组，"红"修饰限制"苹果"。但"吃苹果"中的"吃"就不是修饰限制"苹果"了。"吃"表示一个动作，"苹果"是受"吃"这个动作影响支配的事物。像"吃苹果"这样的词组我们称之为述宾词组。

述宾词组也是由两部分组成，前一部分叙述某种动作行为，后一部分指明受动作行为影响、支配的对象。前一部分一般称之为述语，这是整个词组的核心；后一部分称之为宾语，述语和宾语之间是支配关系。如：

① 洗衣服　　看书　　开车
② 盖房子　　写信　　做饭
③ 洗凉水　　吃大碗　抽烟斗
④ 出城　　　坐地上　去北京
⑤ 住一个人　来客人　晒太阳

述语和宾语之间往往可以插入"了""着""过"，而结构性质不变。例如：

洗衣服　洗了衣服　洗着衣服　洗过衣服
盖房子　盖了房子　盖着房子　盖过房子

述语和宾语在意义上的关系是各种各样的。如上面例子中的述语表示动作或行为，但例①的宾语是动作行为的对象，例②的宾语是动作行为的结果，例③的宾语是动作行为凭借的工具，例④的宾语指处所或方位，例⑤的宾语是动作行为的主动者。

4. 何谓述补词组？结构上有何特点？

"吃苹果"是上面讲的述宾词组，如果把"苹果"换成"饱"，"吃饱"就是述补词组了，"饱"补充说明"吃"的结果。

述补词组由两部分组成，前一部分是述语，是整个词组的核心；后一部分是补语，彼此之间是补充关系。如：

① 写完　　　洗干净　　写清楚
② 拿出来　　走出去　　站起来

③ 干得很高兴　　洗得很干净　　说得很明白
④ 好极了　　　　辣得很　　　　热得不得了
⑤ 吃得饱　　　　写不好　　　　来得了

　　述语表示某种动作行为或性质,补语说明动作行为的结果,如例①;补语说明动作行为的趋向,如例②;补语说明动作行为的状态,如例③;补语说明性质的程度,如例④;补语说明动作行为的可能结果或状态,如例⑤。
　　上面例子中,有的述语带有"得",如例③;有的述语不带"得",如例①②。不带"得"的述语和补语之间往往可以插入"得"或"不",例如:

写完　　　　写得完　　　　写不完
拿出来　　　拿得出来　　　拿不出来

5. 述补词组有哪些类型?
　　根据补语表示的语法意义,我们可以把述补词组分成以下几种小类:
　　(1) 述语＋结果补语:吃完、洗干净、做对、来早、收拾干净等。
　　(2) 述语＋可能补语:吃不完、听不懂、看得见、看不见、记不住、记得住等。
　　(3) 述语＋趋向补语:走出来、跑出去、挤进来、热起来、爬上去、爬下来等。
　　(4) 述语＋程度补语:好极了、热得不得了、挤得很、憋得慌、烦死了等。
　　(5) 述语＋数量补语:去一次、来两回、睡两个小时、等一会儿等。
　　(6) 述语＋情态补语:兴奋得睡不着、高兴得跳起来、激动得双手发颤等。
　　(7) 述语＋介宾补语:走到前台、放在桌子上、生于1881年等。

6. 何谓主谓词组?结构上有何特点?
　　主谓词组由两部分组成,主语是陈述的对象,一般也可看做话题;谓语是对主语所提出的对象加以陈述,或说明主语干什么,或说明主语怎么样,或说明主语是谁、是什么。主语和谓语之间是陈述关系。例如:

① 他不去　　　　我喝酒　　　　作业做完了
② 成绩不错　　　风景优美　　　钢笔坏了

③ 今天星期一　　他北京人

主语和谓语之间往往可以停顿,书面上用逗号表示,主语后还可以加上"啊、呢"等语气词。例如:

他是我好朋友　→　他,是我好朋友
　　　　　　　→　他啊,是我好朋友
客人也不多　　→　客人,也不多
　　　　　　　→　客人呢,也不多

主语和谓语之间还可以插入"是不是",变成问话形式。例如:

他不去　　→　他是不是不去?
成绩不错　→　成绩是不是不错?
今天星期一　→　今天是不是星期一?

7. 何谓联合词组?结构上有何特点?

下面的例子就是联合词组:

长江黄河　　　　北京、上海、天津
预习复习　　　　听说读写
聪明漂亮　　　　多快好省

联合词组有三个特点:(1) 组成成分可以不止两项,可以是三项,甚至更多项;(2) 各组成成分之间地位平等,没有主次之分;(3) 各组成成分一般是同类性质的成分。

联合词组的各成分之间,有的没有语音停顿,如"长江黄河";有的有语音停顿,书面上一般用顿号(、)表示,如"北京、上海、天津"。联合词组各成分之间也可以用一些关联词语。如:

哥哥和姐姐　　　研究并决定
又便宜又好看　　朴素而大方
老师或学生　　　去还是不去

8. "努力学习"和"学习努力"是同一类结构吗?

"努力学习"和"学习努力"都是由"努力、学习"这两个词组成,但是词序不同,其结构类型也不同。我们比较一下这两个词组在句法上的表现。

（1）"努力学习"中间可以插入"地"，如"努力地学习"，而且语义关系保持不变；而"学习努力"中间不能插入"地"，如"＊学习地努力"；

（2）"学习努力"中间可以插入"是不是"变成问话形式，而"努力学习"则不能。如：

  学习努力　　　→　　学习是不是努力？

  努力学习　　　→　　＊努力是不是学习？

在组成成分之间插入"地"是状中偏正词组的特点，在组成成分之间插入"是不是"变成问话形式则是主谓词组的特点。从意义上看，"努力学习"中"努力"是修饰"学习"的，"学习努力"中"努力"则是对"学习"的陈述说明。由此可见，"努力学习"是状中偏正词组，"学习努力"是主谓词组。

9．"仔细看"和"看仔细"是同一类结构吗？

"仔细看"和"看仔细"由同样的词组成，"仔细"在意义上都是说明"看"这一动作行为的情态，但是因为词序不同，其结构类型也不同。我们比较一下这两个词组在句法上的表现。

（1）"仔细看"中间可以插入"地"，如"仔细地看"，而且语义关系保持不变；而"看仔细"中间不能插入"地"，如"＊看地仔细"；

（2）"看仔细"中间可以插入"得"或"不"，如"看得仔细""看不仔细"，结构性质保持不变，"仔细"都是补充说明动作"看"的结果；而"仔细看"不能这样。

在组成成分之间插入"地"是状中偏正词组的特点，在组成成分之间插入"得"或"不"是述补词组的特点。由此可见，"仔细看"是状中偏正词组，"看仔细"是述补词组。

10．"浙江杭州"和"苏州杭州"是同一类结构吗？

"浙江杭州"和"苏州杭州"的组成成分都是地名，而且后面是同一个地名"杭州"，看起来很像同一类结构。不过从句法表现上看，"浙江杭州"中间可以插入"的"，不能插入"和"，而"苏州杭州"中间能插入"和"，不能插入"的"。

  浙江杭州　　　→　　浙江的杭州

  　　　　　　　→　　＊浙江和杭州

苏州杭州　→　*苏州的杭州
　　　　　→　苏州和杭州

在组成成分之间插入"的"是定中偏正词组的特点，在组成成分之间插入"和"是联合词组的特点。可见，"浙江杭州"是偏正词组，"苏州杭州"是联合词组。

11. "今天下雨"是偏正词组还是主谓词组？

像"今天下雨"和"墙上挂着地图"这样的结构，有的语法书说是状中偏正词组，"今天"和"墙上"是状语；有的语法书说是主谓词组，"今天"和"墙上"是主语。"今天下雨"和"墙上挂着地图"到底是什么词组呢？

我们将这两个词组和典型的偏正词组、主谓词组在句法表现上比较一下。前面说过，状中偏正词组的组成成分之间往往能插入"地"，不能插入"是不是"构成问话形式；主谓词组与之相反，组成成分之间能插入"是不是"构成问话形式，却不能插入"地"。例如：

① 努力学习　→　努力地学习　　*努力是不是学习？
　 慢慢走　　→　慢慢地走　　　*慢慢是不是走？
② 他咳嗽　　→　*他地咳嗽　　　他是不是咳嗽？
　 态度端正　→　*态度地端正　　态度是不是端正？
③ 今天下雨　→　*今天地下雨　　今天是不是下雨？
　 墙上挂着地图　→　*墙上地挂着地图　墙上是不是挂着地图？

从上面分析可以看出，在句法表现上，"今天下雨"和"墙上挂着地图"跟主谓词组相同，跟状中偏正词组不同。从意义上看，"今天下雨"和"墙上挂着地图"的前一部分表示时间或处所，后一部分是陈述说明这个时间或处所发生什么事件或出现什么状态，这也跟主谓词组的意义近似。所以我们认为，"今天下雨"和"墙上挂着地图"宜分析为主谓词组。

思考与练习十七

一、简答题：

1. 举例说明现代汉语词组最基本的类型。

2. "好好写"和"写好"属于同一结构类型吗？为什么？

二、判断下列词组属于什么结构类型？

学习语法	学习成绩	学习努力	调查报告
疼死了	特别优秀	去不去	塑料口袋
想喝水	大学老师	写好	同意退休
浙江杭州	态度端正	端正态度	进教室
没有游泳	走不动	希望成功	提前出发
看下棋	快一点儿走	走快一点儿	今天阴天
感到疲倦	讨论研究	水平很高	觉得舒服
汉语水平	提高水平	北京上海	看不见
为了理想	漂亮极了	说得很快	觉得不错
没有钱	拿起来	非常好吃	老师学生
复习课文	立刻出发	偶然的机会	偶尔参加

第三节　其他词组类型

1. 何谓数量词组？有何语法功能？
2. 何谓方位词组？在汉语教学中应注意什么？
3. 何谓介词词组？
4. 何谓"的"字词组？使用时要注意什么？
5. "吃饭的人"＝"吃饭的"，为何"吃饭的地方"≠"吃饭的"？
6. 何谓同位词组？
7. 为何不能说"《英雄》电影"而要说"电影《英雄》"？
8. 为何"女王伊丽莎白"＝"伊丽莎白女王"？
9. "小明哥哥"为何有歧义？
10. 何谓比况词组？
11. 何谓复谓词组？可分成几类？
12. 连谓词组有哪些类型？

> 13. "去超市买东西"是联合词组吗?
> 14. "躺着看书"是偏正词组吗?
> 15. 何谓兼语词组?可分成几类?
> 16. "请他来"和"希望他来"结构一样吗?
> 17. 何谓连锁词组?
> 18. 何谓复杂的复谓词组?有几种类型?

1. 何谓数量词组?有何语法功能?

数量词组是指汉语中由数词、指示代词、疑问代词加量词构成的词组,可以单独使用,作用差不多相当于名词。如:

(吃了)三个　　两个(都吃了)
(买)这个　　　这个(不好)
(看)一场　　　那场(看过了)
(去)几年　　　一年(过去了)

数量词组可以充当主语、宾语、定语,如:

① 这个学期我们有三门课,<u>一门</u>是汉语,<u>一门</u>是阅读,<u>一门</u>是听力(作主语)
② 我喜欢<u>这本</u>。(作宾语)
③ <u>第一排</u>桌子都被占领了。(作定语)
④ <u>这场</u>雨下得真是时候。(作定语)

也可以作谓语、状语和补语,如:

① 我哥哥今年都<u>三十五岁</u>了。(作谓语)
② 今天<u>5月1日</u>。(作谓语)
③ 我<u>第一次</u>去泰山时,简直是被震撼了。(作状语)
④ 他<u>一把</u>就抓住了小偷。(作状语)
⑤ 他突然拍了<u>一下</u>桌子。(作补语)
⑥ 那道题我看了<u>五分钟</u>。(作补语)

2. 何谓方位词组？在汉语教学中应注意什么？

方位词组由两部分组成。前一部分是词或词组，后一部分是方位词。比如：

实词＋方位词：　　　　院子里、操场上、考试后、小河边
时间词/处所词＋方位词：两个月以前、十年以内、图书馆旁边、北京以西
词组＋方位词：　　　　我退休之后、放假之前、高高的鼻梁上

留学生在学习和使用方位词组的过程中，比较容易出现的问题有两个。（参见第二章第二节"方位词名词"）

一是"方位词"的遗漏，如：

　　＊请把水杯放在桌子。（请把水杯放在桌子上。）

二是"方位词"的误置，如：

　　＊我打算以后放假去云南。（我打算放假以后去云南。）

这两点我们在教学过程中应特别注意，最好用格式化的办法加以强化。

3. 何谓介词词组？

介词词组是由介词加上表示处所、时间、工具、方式、对象等的名词或代词构成的词组。介词词组可以充当状语、定语，也可以充当补语。如：

介词＋词：　　对教材（提意见）　　　　为她（找工作）
　　　　　　　被他（打哭了）　　　　　凭证件（借书）
介词＋词组：对改善学习条件的（要求）　与她被杀（有关系）
　　　　　　　在雪白的墙壁上（写下了……）　在墙上的画
　　　　　　　关于这本教材的信息　　　送到上海
　　　　　　　来自印度尼西亚

4. 何谓"的"字词组？使用时要注意什么？

"的"字词组是指"X＋的"这样的词组，"X"可以是名词、动词、形容词、区别词、代词等实词，如"学校的、买的、红的、他们的、走的"，也可以是各种词组，如"我看的、卖衣服的、弄破的"。这类词组可以独立使用，并转指某类人或某类事物，在用法上大致相当于一个名词。"的"字词组经常用在以下几种情况：

第一种情况：常用在单句中，多暗含对比的意味，也可用于对比句。如：

① 我哥哥的车是<u>红色的</u>。
② 那个<u>戴白发卡的</u>是张老师的女儿。
③ 我们的辅导员是<u>女的</u>，二班的是<u>男的</u>。

第二种情况：并列使用，用于描写，有对所列举的事物进行概括的作用。如：

① 别看那超市小，但吃的、喝的、穿的、用的什么都有。
② 春天的玉渊潭真是热闹非凡，男的、女的、老的、少的都想来看看樱花。

第三种情况：用在相同的动词词组中间，对所列举的对象加以周遍性概括。如：

① 下课后大家聊天的聊天，吃东西的吃东西。
② 晚会上大家唱的唱，跳的跳。

使用"的"字词组要注意三点：

(1) "的"字词组所指的人或者事物必须是上文出现过或由语境提供或不需要指明听话人也明白的已知信息，否则不能用"的"字词组。如：

① 妈妈让我们去买西瓜，我想买大的，姐姐想买小的。

如果突然说"我想买大的"别人就不知所云，交际就无法正常进行。当然，有时生活常识会补充一些信息，如"吃的、穿的"等一般人都知道其所指。

(2) "的"字词组只能指具体的人或事物，一般不能指抽象的事物。如：

② *哥哥的品质非常好，而弟弟的却非常差。

(3) 不是任何名词性成分都可以省略形成"的"字词组的。如：

③ 开车的人——开车的　　开车的技术——*开车的

5. "吃饭的人"="吃饭的"，为何"吃饭的地方"≠"吃饭的"？

"动词词组＋的＋名词"是否能够省略后面的名词形成一个合法的"的"字词组，主要取决于这个动词的价数，即这个动词能和几个有关的名词性成分发生关系以及这些名词性成分已经出现的数量。一般来说,动词表示的动作都有必须和它发生关联的名词性成分。有的是一个。如:"休息",肯定要出现休息的人;有的是两个,如"吃"一定关系到两个对象,一个是吃东西的人,一个是所吃的东西。有的要关涉到三个对象,如"送",既涉及送东西的人,还要关系到被送的东西以及接收东西的人。我们把它们分别叫做"一价动词""二价动词"和"三价动词"。那么到底什么样的词可以省略后面的名词形成"的"字词组呢?我们先几个例子:

① 休息的人　　　　　休息的
　她休息的时间　　　＊休息的
　她休息的地方　　　＊休息的
② 吃饭的人　　　　　吃饭的
　她吃的饭　　　　　她吃的
　她吃饭的时间　　　＊她吃饭的
　她吃饭的地方　　　＊她吃饭的
　她吃饭的样子　　　＊她吃饭的

通过以上例子我们可以发现,"动词词组＋的＋名词"中只有动词所必须关系到的名词性成分才可以省略;而那些不是动词必须关涉的名词性成分则不能省略,如"时间、地方、样子"等。为了便于留学生理解,我们图示如下:

也就是说所有在圆圈之内的名词性成分都可以省略形成"的"字词组;而圆圈之外的外围成分则不可以省略形成"的"字词组。

6. 何谓同位词组?

同位词组是指由指称同一个人或事物的两个成分构成的词组,也叫复指词组。例如"同仁堂这家药店、首都北京"。从语义上看,同位词组的构

成成分分别从某一方面述说同一个人或事物,有互相注释或称代的作用;从结构上看,前后两项地位平等。再如:

  伟大的作家鲁迅   中国总理温家宝
  慢跑这种运动   国庆节那天
  你们大家   张明明他

  同位词组跟偏正词组不同,组成成分之间不能插入"的"。同位词组也不同于联合词组,组成成分之间不能插入"和",而且一般不能互换位置。例如:

  *伟大作家的鲁迅   *慢跑的这种运动
  *鲁迅伟大作家   *这种运动慢跑

7. 为何不能说"《英雄》电影"而要说"电影《英雄》"?

  同位词组前后两个组成成分虽然所指相同,但是其位置一般不能互换。其顺序一般是:

(1) 一般名词在前,专有名词在后。例如:

  首都北京 水城绍兴 小说《西游记》 电影《英雄》

(2) 含有指示代词"这、那"或数量词组的成分一般在后。例如:

  《红楼梦》这本小说 中秋节那天 他们三个人

(3) 复杂成分在前,简单成分在后。例如:

  英国女王伊丽莎白 《西游记》的作者吴承恩

8. 为何"女王伊丽莎白"="伊丽莎白女王"?

  上边我们说同位词组前后两个组成成分的位置一般不能互换,但是"女王伊丽莎白"有时候就可以说成"伊丽莎白女王",这样的例子还有:

  A: 总理周恩来 周恩来总理
     乡长王大雷 王大雷乡长
     老师李明   李明老师
  B: 王厂长他   他王厂长
     男同学他们 他们男同学
     李大民你   你李大民

A 类是由指人的一般名词跟专有名词构成的,而这个一般名词指明这个人的身份、职务等,可以用来称呼这个人。B 类是由指人的名词加人称代词"你、他"构成的。

只有 A、B 两类前后两个组成成分可以互换,其他则不能互换。如:

* 这本小说《红楼梦》

* 吴承恩《西游记》的作者

9. "小明哥哥"为何有歧义?

"小明哥哥"既可以指称"小明",是同位词组;也可以指称"小明的哥哥",是偏正词组。例如:

(1) 阿姨:小雪,这是小明,你要叫"哥哥"。

小雪:小明哥哥,你好。

(2) 小红:小明哥哥,我来找小明玩儿。

一般来说,由"人名+亲属称谓"构成的词组都有类似的歧义。例如:

张玲阿姨　　李明叔叔　　小雪姐姐　　白灵妈妈

10. 何谓比况词组?

比况词组是指一个词或词组加上助词"似的、一般、一样、般"等构成的词组。在比况词组中,"似的、一样、一般、般"等比况助词是这类结构的标志。比况词组可以充当定语、状语和补语。如:

乞丐似的老人　　　雷鸣般的掌声

逃亡一样扛着　　　木头人似的站着

淋得落汤鸡一样　　画得小丑似的

11. 何谓复谓词组?可分成几类?

前面讲的五种基本句法结构,其直接组成成分可以全是谓词性的。如:

努力学习　(偏正)

同意离开　(述宾)

洗干净　　(述补)

去比较好　(主谓)

分析讨论　(联合)

还有一种结构的两个直接成分也是谓词性的,但不属于上述五种结构。如:

  上街买菜 叫他进来 越跑越快

我们把这种由两个或两个以上谓词性成分组成,又不构成偏正、述宾、述补、主谓、联合五种基本结构的词组叫做复谓词组,这个"谓"是指谓词性成分,不是指谓语。

复谓词组的几个直接成分之间没有明显停顿,如果有停顿就是复句了。例如:

  不努力不能成功 (复谓词组)
  不努力,不能成功。(复句)

复谓词组主要充当谓语。如:

  ① 他去图书馆借书。
  ② 你叫他进来。

复谓词组并不限于做谓语,也可以充当别的句法成分,例如:

  ① <u>骑自行车去香山挺锻炼身体的</u>。(主语)
  ② 他答应<u>买蛋糕回家</u>。(宾语)
  ③ 他累得<u>躺在地上不想起来</u>。(补语)

复谓词组一般分成连谓词组、兼语词组和连锁结构三类。详见下文。

12. 连谓词组有哪些类型?

连谓词组的组成成分之间在语义上的关系很复杂,常见的有以下几类:

(1) 后一个谓词性成分表示某种动作,前一个谓词性成分表示这一动作的方式。例如:

  开着门看电视 坐在门口编竹筐

(2) 两个谓词性成分表示时间上先后发生的两件事。例如:

  下了课去商店 带些衣服回老家

(3) 后一个谓词性成分表示目的。例如:

进商店买衣服　　　　　打电话问清楚

（4）后一个谓词性成分表示结果。例如：

拿着挺累的　　　　　中弹牺牲

（5）前一个谓词性成分表示原因或假设。例如：

病了没来　　　　　　有事好好说

（6）前后两个谓词性成分一个是肯定式，一个是否定式，从正反两方面说明同一事实。例如：

抓住不放　　　　　　忘在家里没带来

（7）后一谓词性成分表示某种感觉，前一动作表示感觉的来源。连谓词组的后一部分一般是动词性成分，但也可以是形容词成分。例如：

闻着挺香　　　　看上去很年轻　　　　坐着很舒服

13."去超市买东西"是联合词组吗？

从表面上看，连谓词组跟联合词组很相似，都是由两个或两个以上的谓词性成分组成，其实二者并不相同。

从表达的意义上看，联合词组表示的是并列关系或选择关系，例如"分析研究、去不去"，而连谓结构表示的意思非常多，上面所说只是常见的几类。"去超市买东西"的组成成分之间在时间上有先后发生的顺序，而且后一成分"买东西"是前一成分"去超市"的目的。

从结构上看，联合词组的几项组成成分可以调换次序，互换后结构关系和语义都不会发生改变，中间还可以加上表示并列关系的关联词语。而连谓词组中前后几个成分不能互换位置，或者互换位置后语法结构关系或语义发生变化。如：

唱歌跳舞——跳舞唱歌　　又唱歌又跳舞　　边唱歌边跳舞
读书写字——写字读书　　又读书又写字　　边读书边写字
等米下锅——下锅等米(不通)
结婚生孩子——生孩子结婚(语义变化)
有机会出国——出国有机会(语法结构、语义都有变)

去超市买东西——买东西去超市（语义变化）

要钱打电话——打电话要钱（语义变化）

进去赶鸭子——赶鸭子进去（语义变化）

14. "躺着看书"是偏正词组吗？

有人认为"动词＋着＋宾语＋动词词组"是偏正结构，并认为"着"是动词作状语的标志。其实我们来做个对比：

A 组	B 组
躺在床上看书	躺着看书
骑自行车上班	走着上班。
坐车去	跑着去
	笑着说
	瞪着眼睛说假话

通过对比我们发现，A 组和 B 组中前一动词无论带不带宾语都是表示后一动作的方式手段，既然前者都认为是连谓词组，那么后者也应该是连谓词组，而不应该归入状中式的偏正结构。

15. 何谓兼语词组？可分成几类？

如果复谓词组的前一个谓词性组成成分是述宾词组，而且这个述宾词组的宾语与后面的谓词性成分有直接的语义联系，如"叫他进来"中的"他"是"进来"的施事。我们把这样的复谓词组叫做兼语词组。

具体来说，兼语词组有三种情况：

（1）述宾词组的宾语是后边谓词性成分的施事或其他主体。例如：

让他出去　　给你吃　　嫌她不漂亮

（2）述宾词组的宾语是后边动词的受事。例如：

借书看　　盖房子卖　　倒杯水喝

（3）述宾词组的宾语是双宾语，前边一个宾语是后边动词的施事，另一个是后边动词的受事。例如：

给你一件衣服穿　　借她一本书看

16. "请他来"和"希望他来"结构一样吗?

"请他来"和"希望他来"在形式上一样,谓语都是"动词$_1$+体词+动词$_2$"。但它们不是同一类结构。我们可以从以下几个方面来比较:

第一,它们停顿的位置不同。"请他来"在动词"请"之后不能停顿,但在"他"之后可以停顿,而"希望他来"在动词"希望"之后可以停顿;

第二,看"动词$_1$+体词"能否构成一个独立的结构。"请他"可以独立,但"希望他"不能成立,因为"希望"要求宾语是谓词性成分;

第三,看"动词$_1$+体词"之间能否插入其他成分。如"希望他来"可以说"希望明天他来",而"我请他来"不能说"我请明天他来"。

所以说,前者是兼语词组,而后者是主谓结构作宾语的述宾词组。

17. 何谓连锁词组?

连锁词组指两个谓词性词语用某些有关联作用的虚词连接起来的复谓结构,例如:

一下课就走　　边听边记　　不问不开口
非去不行　　　越走越快

连锁词组或者表示两件事时间上的关系(如"一……就……"表示后一件事紧接着前一件事发生;"边……边……"表示两件事同时进行);或者表示两件事逻辑上的关系(如"不……不……"表示假设关系,"非……不……"表示条件关系);或者表示程度加深(如"越……越……")等等。

以前有些语法书把这类结构叫做紧缩复句,也就是说认为这是复句的紧缩形式。我们认为既然不是复句,就不应叫"复句"。不过要注意的是,连锁结构中间都没有语气上的停顿。不然就成了复句,不再是复谓结构了。例如:

① 她不把事儿做完,不休息。
② 他越不说,别人越着急。

对这种结构固定的格式,在教学过程中我们最好用格式化的形式让学生整体记忆。

18. 何谓复杂的复谓词组?有几种类型?

前面举的例子都比较简单。如果组成复谓结构的成分本身又是个复

谓结构,这就构成了复杂的复谓词组。例如:

　　叫他去图书馆借书

这个复谓词组由两部分组成:"叫他"和"去图书馆借书",后一成分又是个复谓结构。从结构上看,复杂的复谓词组有两种类型:

　　一种是同类复谓词组的套叠,或者是连谓词组里套连谓词组,或者是兼语词组里套兼语词组。例如:

　　另一种是异类复谓词组的套叠,也就是连谓词组与兼语词组交错套叠。例如:

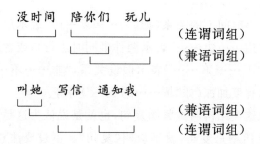

思考与练习十八

一、简答题:

1. "《汉语》这本书"和"汉语书"属于同一结构类型吗?
2. 举例说明"的"字词组的性质和作用。
3. 请举例说明什么是复谓词组。
4. 请举例说明什么是连谓词组。连谓词组常见的有哪些类型?
5. 请举例说明什么是兼语词组。兼语词组可以分成哪些类型?

6. 请举例说明什么是连锁词组。

7. "同意他去上海"和"通知他去上海"是同一类结构吗?请说明理由。

二、判断下列词组属于什么结构类型。

首都北京	两天	想去	让他去
三次	看着好看	白色的	无锡南京
去哪儿	关于房子	车里	江苏南京
有用的	往左	骑车去	去看电影
下课后	为了理想	五瓶	我的
王刚这个演员	请王刚参加	木头似的	周恩来总理

第四节　复杂词组和层次分析法

一、复杂词组
二、层次分析法
　　1. 什么是层次分析法?
　　2. 层次分析法有什么作用?
　　3. "很有能力"应该如何切分?
　　4. "鲁迅的文章"永远都是词组吗?
　　5. 怎么切分下列特殊结构?

一、复杂词组

　　上边我们所举的多数词组的组成成分都是词。如"红裙子""吃苹果""写完""北京、上海和天津"等。如果一个词组的组成成分本身是词组,或者说如果组成成分内部又包含有词组,那么这种词组就称为"复杂词组"。

例如:"我孩子喜欢看电影"是个主谓词组,主语"我孩子"是定中偏正词组,谓语"喜欢看电影"是述宾词组,其宾语"看电影"又是述宾词组。

二、层次分析法

1. 什么是层次分析法?

一个词组如果只包含两个词,内部构造很简单,也很好分析。对于一个复杂词组,该怎么分析呢?从表面上看,复杂词组里边的各个词是一个挨着一个地排列着的,但是实际上在内部构造上,它们是有层次的,相邻的词不一定直接发生结构关系。也就是说,一个词先与另一个词组合成简单词组,再作为一个整体与另外的词或词组组合,这样层层组合,最后得到一个复杂词组。

例如"看电影的小女孩"这个词组包含五个词——"看""电影""的""小"和"女孩",它们并不像人排队那样挨次发生关系,而是先由"看"和"电影"组合,"小"和"女孩"组合;然后由"看电影"和"的"组合;最后由"看电影的"和"小女孩"组合成一个复杂的定中偏正词组,从而形成不同的构造层面,如下图所示:

因此,我们在分析一个复杂词组时,一定要按照其内部的层次构造逐层分析,不断找出每一构造层面的直接组成成分,一直分析到词为止。这种分析方法就叫做"层次分析法",也称作"直接组成成分分析法"。下面我们用层次分析法分析复杂词组。

```
大家   努力   学习   科学   知识
 1        2              1—2  主谓词组
       3          4          3—4  述宾词组
     5   6      7   8        5—6  状中偏正词组
                             7—8  定中偏正词组
```

```
衣服  裤子  他    洗    干净(了)
└──1──┘           └────2────┘       1—2  主谓词组
└3┘ └4┘  └5┘  └───6────┘            3—4  联合词组
                  └7┘ └8┘            5—6  主谓词组
                                      7—8  述补词组
```

2. 层次分析法有什么作用?

层次分析法不但可以清晰地揭示复杂词组的构造层次,还可以用来分析复杂的词和复句的内部构造。例如:

```
① 碎  纸  机              ② 经  济  基  础
   └1─┘└2┘  1—2 偏正关系     └─1─┘└─2─┘  1—2 偏正关系
   └3┘└4┘   3—4 支配关系     └3┘└4┘└5┘└6┘ 3—4 并列关系
                                          5—6 并列关系
```

③ a 我们不仅因为今天科学技术落后,b 需要向外国学习,c 即使我们的科学技术赶上了世界先进水平,d 也还要学习人家的长处。(《邓小平文选》)

例③是由 4 个分句组成,要正确理解这个多重复句的意思,要先分析其内部分句之间的关系。要分析多重复句内部的结构,就要用到层次分析法。上面句子的内部构造层次是这样的:

```
  a    b    c    d
  └─1─┘    └─2─┘       1—2  递进关系
  └3┘└4┘  └5┘└6┘       3—4  因果关系; 5—6  假设关系
```

层次分析法还能更好地分化歧义句式。一个具体的句子或句法结构,能表示多种不同的意思,但这并不是由句子结构中某个词的多义现象造成的(如"菜不热了"有两个意思,因为"热"有"温度高"和"加热"的意思),这样的句子或句法结构统称为"歧义句式"。例如"咬死了猎人的狗",(1) 表示"把猎人的狗咬死了",(2) 表示"把猎人咬死了的狗"。造成歧义的原因就是这个结构的构造层次有两种可能,请看下图:

```
咬死了   猎人的   狗
└──1──┘ └──2──┘       1—2  述宾关系
        └────3────┘ └4┘   3—4  偏正关系

咬死了   猎人的   狗
└──1──┘ (的)  └2┘       1—2  偏正关系
└──3──┘ └4┘              3—4  述宾关系
```

再如"进口水果"也有歧义,(1)进口的水果,(2)(从国外)进口水果。"进口水果"的结构很简单,只有一种层次构造,那造成歧义的原因是什么呢?这是因为"进口"和"水果"之间可能有两种不同的结构关系——(1)偏正关系,(2)述宾关系。

3. "很有能力"应该如何切分?

我们用层次分析法分析复杂词组时,可能会遇到在哪儿切开的难题,如"很有能力"的内部构造是"很有/能力"还是"很/有能力"?"刚来的客人"是"刚来的/客人"还是"刚/来的客人"?"北京最繁华的街道"是"北京/最繁华的街道"还是"北京最繁华的/街道"?为什么?回答这些问题的关键就在于运用层次分析法应遵循的一些原则。(陆俭明2005a)

(1)每一个层面上切分所得到的直接组成成分,其中一个如果是合成句法形式(即不是词),那么它不能是该句式所独有的,必须能在别类句法结构中再现。例如:

① a. 很 有能力   b. 很有 能力

"很有能力"如果按 a 切分,"有能力"还可以出现在别的句法结构中,如"有能力的人""他有能力"等;如果按 b 切分,那么"很有"不能出现在别的句法结构中,只能出现在"很有…"结构中,我们不能说"我很有""我很有书"等。所以"很有能力"按 a 切分比较合理。

(2)每一个层面上切分所得到的直接组成成分,应该能按照一定的语法规则形成合法的句法结构。例如:

② a. 刚来的 客人   b. 刚 来的客人

根据第一条原则,"刚来的客人"按 a 或 b 切分都是合理的,因为"刚来的"

"来的客人"都能出现在别的句法结构中,如"他是刚来的""来的客人很多"和"介绍一下来的客人"等。不过,如果按照 b 式切分,"来的客人"是定中偏正词组,那就意味着"刚"可以修饰名词,可是汉语中不能说"刚客人""刚学生"。可见"刚来的客人"应该按 a 切分。

(3) 每一个层面上切分所得到的直接组成成分,它们之间组合所依据的规则在该语言中必须具有普遍性。如:

③ a. 他 喝咖啡　　b. 他喝 咖啡

单从这个例子看,"他喝咖啡"似乎按 a 或按 b 切分都可以,但从汉语语法整体上看,b 切分有一些问题。a 切分意味着述宾词组可以作谓语,b 切分意味着主谓词组可以带宾语。相比较而言,"述宾词组作谓语"对语言事实的解释力强,在现代汉语里具有普遍性;而"主谓词组带宾语"在现代汉语里不具有普遍性。因为类似的例子"他姓张"就只能按 a 切分,不能按 b 切分。

④ a. 他 姓张　　b. 他姓 张

因为"姓"是黏宾动词,后边必须带宾语,在回答"他姓张吗?"时,我们可以说"姓张",但不能说"他姓"。"他姓"也只能出现在"X 姓……"这个结构中,违反了上述第一条原则。可见"他喝咖啡""他姓张"都应该按 a 切分。

(4) 每一个层面上切分所得到的直接组成成分,彼此按句法规则组合起来,在意义上必须跟原先的结构体所表示的意思相一致。例如:

⑤ a. 北京 最繁华的 街道　b. 北京 最繁华的 街道

如果按 a 切分,"最繁华的"在意义上是说明"北京"的,而原结构中"最繁华的"在意义上是说明"街道"的,可见"北京最繁华的街道"应该按 b 切分。如果把例⑤中的"街道"换成"时期","北京最繁华的时期"跟"北京最繁华的街道"的词类序列相同,但是例⑥应该按 a 切分。因为"北京最繁华的时期"中"最繁华的"在意义上是说明"北京"的。

4. "鲁迅的文章"永远都是词组吗?

我们用层次分析法来分析一下"鲁迅的文章写得很好"和"这介绍鲁迅的文章写得很好"。

从上面的分析可以看出,在"鲁迅的文章写得很好"中,"鲁迅的文章"是一个词组,跟"写得很好"构成主谓关系。但在"这介绍鲁迅的文章写得很好"中,"鲁迅的文章"不是一个词组,"介绍"跟"鲁迅"先组成述宾词组,然后这个述宾词组加"的"作"文章"的修饰语。可见,一个复杂词组里边相邻的词不一定直接发生结构关系。

5. 怎么切分下列特殊结构?

汉语中有一些不太容易切分的结构。如:

(1)"状语＋动词＋宾语"结构的切分:"都吃饺子"应该如何切分?

对于这种前边有状语,后边有宾语的结构,宜采取"先切头,后切尾"的办法。如:

```
已经  去  过  上海           都  吃  饺子
 状   └──┬──┘                状  └─┬─┘
      └──中──┘                    └─中─┘
         └─述─┘─宾─┘                └述┘└宾┘
```

(2)双宾语的切分:"送她一本书"应该如何切分?

从层次分析法的原则和要求来看,对双宾语应该切分如下:

```
送   她   一本新书
└述┘ └─宾─┘
└述┘└宾┘
```

再如:

```
告诉   他   一个特大的喜讯
└述┘ └────宾────┘
└述┘└宾┘
```

(3) 兼语词组的切分:"请他参加"应该如何切分?

对兼语词组的切分应该体现出兼语成分的身兼二职的特点,所以最好切分如下:

```
请   他   参加
└述┘└宾┘
     └─主谓─┘
```

思考与练习十九

一、简答题:

举例说明什么是复杂词组并用层次分析法进行分析。

二、用层次分析法分析下列词组。

我认识那个人

那个人我认识

我认识的那个人

他的汉语说得又快又好

有没有比较便宜的水果

我们两个人五块钱

大大提高我们的汉语水平

拿出来一张老照片

我们银行新来的职员

那个刚才问我问题的孩子

大家努力学习汉语语法知识

已经做完的练习

请你看电影

我听说她坐飞机去上海了

你别板着脸不笑

我们应该想办法解决这个问题

叫她打电话通知李明来学校

我一听就知道她是南方人

希望他们来北京参观画展

越听越糊涂

我买了点儿水果给你

她让我去二楼听报告

老师答应我明天去上课

老师同意我明天去上课

老师命令我明天去上课

我叫同学去

三、用层次分析法分析下列各句的结构。

1. 他喊得嗓子都哑了。
2. 这本书我不知道他看得懂看不懂。
3. 为人民服务光荣。
4. 我们乡现在已经有一百多个有大学文化水平的青年。
5. 这是对全国人民的巨大鼓舞。
6. 新发明的专治感冒的药丸的疗效很不错。
7. 我记不起来他英语说得流利不流利。
8. 我喜欢他姐姐那一台有四个喇叭的收录机。
9. 这是恢复广播的戏曲节目。
10. 争取对人类做出较大的贡献。
11. 我们乡一百多个有大学文化水平的青年都去了。

12. 新发明的专治感冒的药丸的疗效很好。

13. 他姐姐那一台有四个喇叭的收录机丢了。

四、判断下面词组是否有歧义，对有歧义的词组请用层次分析法加以分化。

表扬我的朋友　　　　我们要学习材料

两个孩子的父亲　　　两个孩子的书

讨论出发的时间　　　讨论车祸的原因

一个公司的领导　　　我和他的弟弟

学习技巧　　　　　　学习技术

批评我的老师　　　　批评报纸的老师

第五节　歧义现象

1. 何谓歧义现象？造成歧义的原因有哪些？
2. 造成句法歧义现象的因素有哪些？
3. 句法歧义结构可用哪些方法分化？

1. 何谓歧义现象？造成歧义的原因有哪些？

前面我们说过，语法单位都是语音和意义的结合体，如词就是最小的能独立运用的音义结合体。有些词可以表示不止一个意思，如"刀口"既可以指"刀用来切削的一边"，如"你把刀口朝上"；也可以指"最能发挥作用的地方"，如"把钱花在刀口上"。像"刀口"这样的词叫做"多义词"。词组或句子也有类似的多义现象，如"咬死猎人的狗"可以理解为"把猎人的狗咬死了"，也可以理解为"把猎人咬死了的那条狗"。再如"这个字有意思，那个字没有意思。"既可以理解为"这个字不表示意思，那个字表示意思。"也可以理解为"这个字好玩儿，那个字不好玩儿"。由此可见，如果一个词、词组或句子能跟两个或两个以上的意思对应，在使用中就可能有歧义，我们把这种现象叫做歧义现象。

在汉语里,有的句子可以表示两种或两种以上的意思。具体来说句子歧义主要有三种情况:

第一种情况:由句子里的多义词造成的。例如:

① 我把书送图书馆了。

例①既可以理解为"我把书赠送给图书馆了",也可以理解为"我把书运送到图书馆了"。这两种不同的意思是由多义词"送"造成的:"送"既有"赠送"的意思,又可以表示"运送"。类似的例子还有"饭不热了。""我就管他。"

第二种情况:由语法上的原因造成的。如上面说的"咬死猎人的狗",再如:

② 我们需要进口水果。

例②既可以理解为"我们需要从国外进口水果",也可以理解为"我们需要进口的水果"。这个句子之所以有歧义,并不是因为句子里有多义词,而是因为"进口"和"水果"之间可以理解为两种不同的结构关系:述宾关系和偏正关系。

第三种情况:由语用上的原因造成的。例如:

③ 他这么做有什么意义呢?

例③既可以表示询问"他这么做的意义";也可以表示"他这么做是没有意义的"。因为这个句子既可以理解为特殊疑问句,也可以理解为反问句。

2. 造成句法歧义现象的因素有哪些?

所谓句法里的歧义现象,是指由语法上的原因造成的歧义现象。也就是说,上述几种句子歧义中只有第二种是句法里的歧义现象,第一种、第三种都不是句法里的歧义现象。

从句法平面上看,造成句法歧义现象的因素主要有以下三个。

第一、由层次构造的不同造成句法歧义现象。

我们在谈到复杂词组时已经指出,句法结构在构造上有层次性。有些歧义结构就是由于内部的层次构造不同造成的。上面举的"咬死了猎人的狗"就属于这一类。再如:

① 我们四个人坐一辆车
　　└────┴──────┘　（A）
　　└──┴────────┘　（B）

例①按（A）或按（B）都是主谓结构，但意思不同。按（A），意思是"我们四个人是坐同一辆车的"；按（B），意思是"我们每四个人坐一辆汽车"。

② 对领导的批评意见（，你们应该好好考虑。）
　　└────┴────┘　（A）
　　└──┴──────┘　（B）

例②按（A）是介词结构，意思是"那批评意见是领导提出来的"；按（B）是定中偏正结构，意思是"那批评意见是针对领导提的"。

③ 爸爸和妈妈的朋友

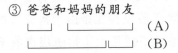

例③按（A）是联合结构，意思是"妈妈的朋友"和"爸爸"；按（B）是定中偏正结构，意思是"那朋友是爸爸和妈妈的"。

第二、由语法结构关系的不同造成的歧义现象。

所谓语法结构关系，是指主语和谓语的关系、述语和宾语的关系、定语或状语和中心语的关系等等。有时一个句法结构有歧义，其内部也只有一种构造层次，但是直接组成成分之间的关系可能有两种理解，即既可以理解为 A 结构，也可以理解为 B 结构，由此造成了歧义。例如前边举的"进口水果"，就既可以理解为定中偏正结构，意思是某一种水果（进口的水果）；也可以理解为述宾结构，表示一种行为（水果从国外进口）。正是因为"进口水果"可以被分析为两种不同的语法结构关系，所以才会有歧义。很多动词加名词构成的结构都可能有类似的歧义，如"学习文件、补充材料、研究资料、指挥人员"。再如：

④ 包裹寄去了
⑤ 鲁迅写的杂文

例④"寄去"既可以理解为述补结构，意思是"寄走"；也可以理解为连谓结构，意思是"去寄"。很多动词加"来"或"去"都可能形成类似的歧义，如"我拿来了""他送去了"等。例⑤的内部构造是：

鲁迅写的杂文

既可以理解为定中偏正结构,意思是某一类杂文;也可以理解为主谓结构,意思是"鲁迅写的文章是杂文"。像这样的例子还有:

⑥ 他买的毛衣
⑦ 小张画的竹子
⑧ 妈妈织的手套

上面谈的第一种情况(由构造层次不同造成的歧义结构)中有些歧义结构也可能理解为不同的语法结构关系。如例②"对领导的批评意见"既可以理解为介词结构(对/领导的批评意见),又可以理解为定中偏正结构(对领导的/批评意见)。但是这种歧义现象首先是由于构造层次的不同造成的,也就是说,这里语法结构关系的不同是由于构造层次的不同引起的,造成"对领导的批评意见"这类歧义结构的第一因素是构造层次的不同。

第三、由语义结构关系的不同造成的歧义现象。

所谓语义结构关系,是指句法结构中实词与实词之间的语义关系,如施事和动作的关系、动作和受事的关系、事物和性质的关系、领有者和被领有者的关系等等。

有些句法结构的歧义就是由于结构内部某两个实词之间可以有不同的语义联系造成的。试比较下面三个例子:

⑨ 妈妈不吃了
⑩ 白菜不吃了
⑪ 鸡不吃了

从内部构造层次看,它们都只有一种构造层次;从语法结构关系看,它们都是主谓结构;但从语义结构关系看,例①的"妈妈"和"吃"之间是施事跟动作的关系,例②的"白菜"和"吃"之间是受事跟动作的关系,例③的"鸡"和"吃"之间既可以理解为施事跟动作的关系,也可以理解为受事跟动作的关系。因此,例①②都没有歧义,而例③有歧义,既可以理解为"鸡不吃东西了",也可以理解为"某人不吃鸡了"。再如:

⑫ 在汽车上画米老鼠

上例既可以理解为 A."把米老鼠画在汽车上",也可以理解为 B."坐在汽车上往纸上画米老鼠"。这一歧义就是由于语义结构关系的不同造成的。按 A 理解,"在汽车上"是指明画完后米老鼠存在的位置,按 B 理解,"在汽车上"是指明进行"画米老鼠"这一动作行为的场所。

3. 句法歧义结构可用哪些方法分化?

由构造层次的不同或语法结构关系的不同造成的歧义结构都可以通过层次分析法来加以分化,不同之处在于：分化前者的方法主要是结构层次分析,分化后者的方法主要是结构关系分析,如上面举的例子,这里不再赘述。

对于由语义结构关系的不同造成的歧义结构,层次分析法就无能为力了。我们可以用变换分析法来分化这类歧义结构。所谓变换,就是语义结构关系相同而语法结构不同的两种句式之间的依存关系。如表示处置意义的"把"字句跟受事主语句之间就有一种依存关系,因为表示处置意义的"把"字句跟受事主语句有变换关系。

① a. 把衣服洗了　　　　→　　b. 衣服洗了
② a. 把桌子搬出去　　　→　　b. 桌子搬出去
③ a. 把作业做完了　　　→　　b. 作业做完了
④ a. 把地板擦得干干净净的　→　b. 地板擦得干干净净的
……

上边例子左边是把字句,右边是受事主语句,两者的语法结构不同,但是语义结构关系相同,如例①a、b 中的"衣服"跟"洗"都是受事和动作的关系,所以 a 式和 b 式有变换关系。由语义结构关系的不同造成的歧义结构,其特点是实词和实词之间有两种或以上不同的语义结构关系,因此我们可以通过分别找出语义结构关系与之相同而语法结构不同的句法格式来分化歧义。例如：

⑤ 这个人连张三都不了解

例⑤我们可以理解为："这个人"是"了解"的施事,"张三"是"了解"的受事(a 义);也可以理解为："这个人"是"了解"的受事,"张三"是"了解"的

施事(b义)。我们可以通过变换来验证以上的分析。按 a 义,例⑤可以变换为:

这个人连张三都不了解 → 这个人不了解张三

按 b 义,例⑤可以变换为:

这个人连张三都不了解 → 连张三都不了解这个人

这样就分化了例⑤这个歧义结构。

思考与练习二十

一、简答题:

1. 什么是歧义现象?
2. 什么是句法里的歧义现象?造成句法歧义现象的主要因素有哪些?
3. 怎么分化句法歧义结构?

二、判断下列结构是否有歧义,如果是,请指出造成歧义的直接原因。

1. 他拿了很多朋友的衣服
2. 这是梅兰芳的唱片
3. 小王不来了
4. 那是我的灯
5. 发现了猫的孩子
6. 刘经理在路上遇见了两个公司的员工
7. 李敏看运动员领奖时有点激动
8. 喜欢看书的女孩
9. 穿好衣服
10. 香蕉苹果
11. 我想起来了
12. 他走出去了

13. 一看他和我就知道了
14. 最反对的是他
15. 这根绳子长两尺

三、运用合适的方法分化下列歧义结构。
1. 烤红薯
2. 这是小明的信
3. 帮助过他的朋友
4. 这个人谁都不认识
5. 张三的故事说不完
6. 解释不清楚
7. 组织部来了一个年轻人
8. 他发了三天的工资

参考文献

奥田宽(1982) 论现代汉语形容词的强制性联系和非强制性联系,《南开学报》第 3 期。
北京大学中文系 1955、1957 级语言班编(1996)《现代汉语虚词例释》,商务印书馆。
北京大学中文系现代汉语教研室(2005)《现代汉语》(重排本),商务印书馆。
陈保亚(1997) 对剩余语素提取方法的限制,《汉语学习》第 3 期。
崔希亮(1992) 汉语"连"字句的语用分析,《中国语文》第 2 期。
邓守信(1999) The acquisition of "了·le"in L2 Chinese,《世界汉语教学》第 1 期。
房玉清(2008)《实用汉语语法》(第 3 版),北京语言大学出版社。
傅雨贤等(1997)《现代汉语介词研究》,中山大学出版社。
高顺全(2001) 试谈"被"字句的教学,《暨南大学大学化文学院学报》,第 1 期。
高永奇(1999) 感叹句中"多(么)""太"的语义、句法、语用分析,《殷都学刊》第 1 期。
国家对外汉语教学领导小组办公室汉语水平考试部(1996)《汉语水平等级标准与语法等级大纲》,高等教育出版社。
国家汉语办公室汉语水平考试中心编(2001)《汉语水平词汇与汉字等级大纲》,经济科学出版社。
郭锐(2002)《现代汉语词类研究》,商务印书馆。
贺阳(1994) "程度副词+有+名"浅析,《汉语学习》,第 2 期。
洪波(2003) 对外汉语成语教学探论,《中山大学学报论丛》第 23 卷第 2 期。
侯学超(1998)《现代汉语虚词词典》,北京大学出版社。
胡明扬(1981) 北京话的语气助词和叹词,《中国语文》第 5、6 期;又见《北京话初探》,胡明扬,商务印书馆,1987 年。
黄伯荣、廖序东(2002)《现代汉语》(增订二版),高等教育出版社。
黄南松(1992) 论对外汉语基础阶段的语法教学,中国对外汉语教学学会第四届年会论文。
郎大地(1987) 受副词"多么、真"强制的感叹句,《语言研究》第 1 期。
李大忠(1984) 不能重叠的双音节形容词,《语法研究和探索》(二),北京大学出版社。
李大忠(1997)《外国人学汉语语法偏误分析》,北京语言文化大学出版社。

李小荣(1997) 谈对外汉语虚词教学,《世界汉语教学》第4期。
李行健(2000)《现代汉语成语规范词典》,长春出版社。
李晓琪(2005)《现代汉语虚词讲义》,北京大学出版社。
李英哲等(1990)《实用汉语参考语法》,熊文华译,北京语言学院出版社。
刘丹青(1987) 形名同现及形容词的向,《南京师范大学学报》第3期。
刘德联、刘晓雨(2005)《汉语口语常用句式例解》,北京大学出版社。
刘叔新(1984)《词汇学和词典学研究》,天津人民出版社。
刘月华、潘文娱等(2004)《实用现代汉语语法》(增订本),商务印书馆。
刘月华主编(1998)《趋向补语通释》,北京语言文化大学出版社。
卢福波(1996)《对外汉语教学实用语法》,北京语言文化大学出版社。
卢福波(2004)《对外汉语教学语法研究》,北京语言大学出版社。
陆俭明(1980) 关于汉语副词教学,《语言教学与研究》,第4期。
陆俭明(1982) 现代汉语副词独用刍议,《语言教学与研究》,第2期。
陆俭明(1987) 说"年、月、日",《世界汉语教学》,第1期。
陆俭明(1990) 表疑问的"多少""几",《王力先生纪念论文集》,商务印书馆。
陆俭明(1991) 现代汉语时量词说略,《语言教学与研究》,第1期。
陆俭明(1993)《陆俭明自选集》,河南教育出版社。
陆俭明(2000) "对外汉语教学"中的语法教学,《语言教学与研究》,第3期。
陆俭明(2002) 英汉回答是非问句的认知差异,《暨南大学华文学院学报》,第1期。
陆俭明(2004) 词语句法、语义的多功能性:对"构式语法"理论的解释,《外国语》,第2期。
陆俭明(2005a)《现代汉语语法研究教程》(第三版),北京大学出版社。
陆俭明(2005b)《作为第二语言的汉语本体研究》,外语教学与研究出版社。
陆俭明(2005c) 要重视讲解词语和句法格式的使用环境,《对外汉语研究》,第1期。
陆俭明(2005d) 汉语教员应有的意识,《世界汉语教学》,第1期。
陆俭明、郭锐(1998) 汉语语法研究所面临的挑战,《世界汉语教学》,第4期。
陆俭明、马真(1985)《现代汉语虚词散论》,北京大学出版社。
陆俭明、沈阳(2002)《汉语和汉语研究十五讲》,北京大学出版社。
陆庆和(2006)《实用对外汉语教学语法》,北京大学出版社。
陆庆和(2008)《基础汉语教学(二)·词类教学》,台北新学林出版股份有限公司。
吕明臣(1998) 汉语的情感指向和感叹句,《汉语学习》第6期。
吕叔湘(1983) 怎样学习语法,《吕叔湘论文论集》,商务印书馆。
吕叔湘(1984)《汉语语法分析问题》,商务印书馆。
吕叔湘主编(1996)《现代汉语八百词》,商务印书馆。

吕文华(1992) "了₂"语用功能初探,《语法研究与探索》(六),语文出版社。

吕文华(1994)《对外汉语教学语法探索》,语文出版社。

吕文华(1999) 短语词的划分在对外汉语教学中的意义,《语言教学与研究》第3期。

马庆株(1992)《汉语动词和动词性结构》,北京语言学院出版社。

马真(1982) 说"也",《中国语文》,第1期。

马真(1983) 说"反而",《中国语文》,第3期。

马真(1988) 程度副词在表示程度比较的句式中的分布情况考察,《世界汉语教学》,第3期。

马真(1997)《简明实用汉语语法教程》,北京大学出版社。

马真(2001) 表加强否定语气的副词"并"和"又"——兼谈词语使用的语义背景,《世界汉语教学》,第3期。

马真(2004)《现代汉语虚词研究方法论》,商务印书馆。

聂文龙(1989) 存在和存在句的分类,《中国语文》,第2期。

彭小川、李守纪、王红(2004)《对外汉语教学语法释疑201例》,商务印书馆。

齐沪扬(2002)《语气和语气系统》,安徽教育出版社。

齐沪扬(2005)《对外汉语教学语法》,复旦大学出版社。

沈家煊(2001) 跟副词"还"有关的两个句式,《中国语文》,第6期。

施家炜(1999) 外国留学生22类现代汉语句式的习得顺序研究,《世界汉语教学》,第2期。

宋玉柱(1993) 对外汉语语法教学札记,《汉语学习》,第4期。

孙德金(2002)《汉语语法教程》,北京语言大学出版社。

孙德金主编(2006)《对外汉语语法及语法教学研究》,商务印书馆。

佟慧君(1986)《外国人学汉语病句分析》,北京语言学院出版社。

王了一(1953) 句子的分类,《语文学习》,第1期。

汪小宁(1996) 实词·虚词·中词——现代汉语基本词类划分新探,《安庆师范学院学报》,第3期。

吴门吉、周小兵(2004) "被"字句与"叫、让"被动句在教学语法中的分离,《云南师范大学学报》(对外汉语教学与研究版),第4期。

肖奚强(2002)《现代汉语语法与对外汉语教学》,学林出版社。

邢福义(1984) 说"NP 了"句式,《语文研究》,第3期。

邢红兵(2005)《基于统计的汉语字词研究》,语文出版社。

徐晶凝(1998) 语气助词的语气义及其教学探讨,《世界汉语教学》,第2期。

薛凤生(1994) "把"字句和"被"字句的结构意义,戴浩一、薛凤生主编《功能主义与汉语语法》,北京语言学院出版社。

杨寄洲(2005)《1700对近义词用法对比词典》,北京语言大学出版社。

杨寄洲、崔永华(1991) 课堂教学技巧说略,《语言教学与研究》。
杨庆蕙主编(1995)《现代汉语离合词用法词典》,北京师范大学出版社。
杨庆蕙主编(1996)《对外汉语教学中的语法难点剖析》,北京师范大学出版社。
杨玉玲(2004) "还 NP 呢",《修辞学习》,第 6 期。
杨玉玲(2006) "单个'这'和'那'篇章不对称研究",《世界汉语教学》,第 4 期。
杨玉玲(2007) 认知凸显性和带"有"的相关格式,《修辞学习》,第 5 期。
杨玉玲(2011)《国际汉语教师语法教学手册》,高等教育出版社。
叶盼云、吴中伟(2006)《外国人学汉语难点释疑》,北京语言大学出版社。
袁毓林(1993)《现代汉语祈使句研究》,北京大学出版社。
张旺熹(1991) "把字结构"的语义及其语用分析,《语言教学与研究》,第 3 期。
张旺熹(1993) 主谓谓语结构的语义模式,《世界汉语教学》,第 3 期。
张旺熹(2005) 连字句的序位框架及其对条件成分的映现,《汉语学习》,第 2 期。
张谊生(2000)《现代汉语副词研究》,学林出版社。
赵金铭(1996) 对外汉语语法教学的三个阶段及其教学主旨,《世界汉语教学》,第 3 期。
赵金铭(1997)《汉语研究与对外汉语教学》,语文出版社。
赵金铭主编(1997)《新视角汉语语法研究》,北京语言文化大学出版社。
赵淑华等(1995) 关于北京语言学院现代汉语精读教材主课文句型统计结果报告,《语言教学与研究》,第 2 期。
周小兵(1995) 谈汉语时间词,《语言教学与研究》,第 3 期。
周小兵、赵新(2002)《对外汉语教学中的副词研究》,中国社会科学出版社。
周小兵、朱其智、邓小宁等(2007)《外国人学汉语语法偏误研究》,北京语言大学出版社。
朱德熙(1982)《语法讲义》,商务印书馆。
朱德熙(1985)《语法答问》,商务印书馆。

附 录

术语索引

【说明】术语按音序排列。

褒义　76,138
比况词组　234,243,249
比况助词　186,249
贬义　74,75,132,138
不定量词　133—137
不及物动词　37,40,50,62,63,230
不可数名词　20,25,26,51
层次分析法　233,255—258,260—263,
　　267
成语　188,190,234
程度副词　41,48,49,77,86,87,90,97,
　　168,218,224,226
持续性动词　37,41,52,53,56,58
抽象名词　20,26,27,51
处所名词　20,24,25,31,32,35,36,163,
　　165
词　11
词的活用　226
词类　4,5,16—20,25,87,88,91,95,148,
　　185,222,224—228,231,259
词组　12,233

存现动词　40,58
代词　148
单数　3,4
"的"字词组　187,191,233,234,243,
　　245—247,254
定量词　134,135
动词　39
动词性词组　234
动量词　60,133,134,139,140,145
动态助词　39,42,184,186,193,194,199,
　　201,202,204,207,209—212,216
动作动词　40—42,52,58,201
度量词　134,135
二价形容词　67,72,73
范围副词　97,98
方式副词　97
方位词组　233,234,243—245
方位名词　20,25,31,33,34,36
非持续性动词　37,41,52—54,57,58,
　　60,230
非固定词组　234

非自主动词　37,41,54,58,230
负迁移　24,33,34,43,79,159,213
负向形容词　67,71,72
复数　3,111,112,186,212,213
复谓词组　243,249,250,252—254
复杂词组　12,235,255—258,260,261,264
副词　94
副词性词组　234
概数　123,128,130,131
感情色彩　74,75
个体量词　134,135
个体名词　20,25,27,28,135
固定词组　234
固定词组　234
关系动词　40,51,58,108,201
惯用语　187,234
基本词组　234,235
基数词　123—125,127,128
及物动词　37,40,50—52,54,55,63,174,192
集体量词　134,135
集体名词　20,27
兼类词　70,224—226,230,231
兼语词组　234,243,250,252—254,261
简单词组　12,235,256
结构助词　89,184,186,189,190,192
介词　161
介词词组　161,165,169—171,175,176,233,234,243,245
借用量词　134,136,145,146,230
句法歧义现象　263,264,268
句子　13
具体名词　20,26,27,51

可数名词　20,25,26,51
肯定/否定副词　97
离合词　56,187,199,207,210,229
连词　177
连谓词组　234,250—252,254
联合词组　181,182,233—235,240,242,244,248,251
量词　134
列举助词　186
名词　21
名词性词组　234
名量词　133,134,139,146
能愿动词　37,40,42—45,48,58,61,103,107,108,168
拟声词　222
黏着词组　235
偏误　2,7,16,20,24,26,30—34,36,37,43,44,46,47,50,59,61,62,70,73,76,77,79—83,85,86,88,90,92,99—101,108,110,116,120,121,124,126,130,133,136,137,139,141,143,144,147,152—154,156—160,163,167,172—175,177,182,184,186,187,189,191,192,197—200,202—204,207,208,210,212,213
偏正词组　189,233—238,241—243,248,249,252,256,259,260
频率副词　97
歧义现象　263—266,268
区别词　88
趋向动词　40,58
人称代词　20,147—151,159,249
时点　20,28—31,131,132
时段　20,28—31,53,131

时间副词　92,96—98
时间名词　20,24,25,28,35,36,92,95—97,132
时量词　133,134,141,142,144
实词　16,18—20,92,95,222,245,266,267,272
实现关系　14
使令动词　40,58
"所"字词组　234
述宾词组　17,233—235,238,252,253,256,259,260
述补词组　233—235,238,239,241,257,260
数词　124
数量词组　22,32,51,196,233,234,243,244,248
叹词　222
体宾动词　37,40,54
体　16,20,42,50,51,54,55,63,182,226,252,253
体词性词组　234
同位词组　234,243,247—249
同音词　224—226,230,231
谓宾动词　37,40,42,54—56
谓词　16,20,226
谓词性词组　234
心理动词　37,40—42,58,63,70,109,116,121,137
形容词　68
形容词性词组　234
形态变化　3—5,185
形态标志　3
虚词　4,6—8,16,18—20,92,95,177,198,222,253

序数词　123—125,127
一价形容词　67,72,73
疑问代词　20,111,112,130,147,149,154—156,158,159,230,244
语法　2
语法词汇化　62,86,175
语法单位　1,8,10—14,233,263
语法功能　16—21,24,28,32,36—40,42,44,67—69,81—84,87—97,121,144,146—148,159—161,184,185,222—225,243,244
语法关系　3,4
语法结构关系　251,265—267
语法意义　3,4,9,13,19,37,56,57,65—67,74,82,84,92,110,117,175,184,185,193,194,203,204,209,214—216,222,239
语气词　214
语气副词　97,118,119
语素　1,8—15,17
语义结构关系　266,267　正向形容词　67,71,72
指示代词　20,147—149,151—153,157—159,165,244,248
重叠　56,73,85,142
主谓词组　42,188,233—235,239,241,242,256,257,259,260
助词　185
专用量词　134,135
专有名词　25,248,249
状态词　83
自由词组　235
自主动词　37,41,54,58
组成关系　14